小売視点の
ブランド・
コミュニケーション

本 高 著

千倉書房

はじめに

　近年，かつては日本最大の小売業態として展開していた百貨店や総合スーパーは売上高の減少に歯止めがかからず，衰退傾向にある。その一方で楽天やアマゾンなどのインターネット・ショップや主要スーパーマーケットにおけるネットスーパーでの売上が急拡大するなど，消費者の購買の場が店舗からインターネットに変化してきている。インターネットでの購買が増えているということは，消費者にとってわざわざ店舗に出向くだけの価値が薄れているという見方もできよう。小売業がインターネット購買と並存して店舗購買の場を提供し続けていくためには，店頭で購買プラスアルファの付加価値をつけていかなければならない。

　この点は，小売業に商品を供給する立場である消費財メーカーにとっても，非常に重要な問題となってくる。消費財メーカーは，今まではブランドを販売する場として，小売店頭を位置づけてきた。しかし他業態，特にインターネット購買の拡大という競争環境を踏まえると，今後はブランド情報を提供する場として考えていく必要がある。

　また消費財メーカーが小売店頭に期待する成果は，従来はブランドの売上や消費者のブランドの購買であったが，それだけでなく，購買後の「態度形成」や「情報共有」も考慮していく必要がある。「売れる，買ってもらえる」というようなコミュニケーションだけでなく，「そのブランドのファンになってもらえる」「他の人にも勧めてくれる，情報を伝えてくれる」というような視点でのコミュニケーションも小売業との取り組みを通じて展開できるかどうかが，これからの消費財メーカーのブランド・コミュニケーション戦略において重要となるものと考えられる。

　このような問題意識の下，本書は，ブランドの売り手となる消費財メーカーが，購買だけでなく，態度形成，情報共有まで含めたブランド・コミュニケーションを小売視点でどう捉えていくべきかという見地から取りまとめたもので

ある。

　1章では，消費者の業態選択行動と小売店頭におけるブランド・コミュニケーションの課題について論じた。本書の意義を実務的観点から明確にするための章である。2章では，ブランド・コミュニケーションの効果分析に関する先行研究をレビューし，本書で論じていく研究の課題を提示した。本書の意義を学術的観点から明確にするための章である。

　3章からは，ブランド・コミュニケーションの成果指標として，「態度形成」を扱った。態度形成の具体的な指標として，「ブランド・コミットメント」を取り上げ，3章では，店頭での値引きとブランド・コミットメントの関係，4章では，特別陳列とブランド・コミットメントの関係，5章では，ブランド・コミットメントと長期的なブランド購買の関係についてそれぞれ明らかにした。

　6章からは，ブランド・コミュニケーションの成果指標として，「情報共有」を扱った。情報共有の捉え方として，ブランドの情報を積極的に発信する特徴を持つ消費者である「情報発信型消費者」の存在に着目し，一般の消費者と比べての彼らの意思決定プロセスと購買行動の違い，そして彼らの行動特性をマーケティング意思決定に活用する方法について論じた。6章では，情報発信型消費者の意思決定プロセスとして，考慮集合の絞込みルールに着目し，その特徴を明らかにした。7章では，情報発信型消費者の新製品購買行動の傾向を基に，新製品の立ち上げ後の成否を予測する考え方を提案した。8章では，情報発信型消費者に対し，新製品導入時に競合既存製品からスイッチ購買を促すための店頭でのコミュニケーションの要件を明らかにした。

　態度形成と情報共有がうまく機能することにより，新製品として発売されたブランドはロングセラーとして成長していくことが期待できる。そこで，9章では，新製品として店頭で発売されてからロングセラーとして定着するまでの店頭でのコミュニケーションの道筋を明らかにした。そして，終章となる10章では，全体を通じたまとめと今後の展望について論じた。

　本書の執筆にあたり，多くの方々よりお世話になった。

まず筆者の大学院博士後期課程時代の恩師である西尾チヅル先生（筑波大学）より，博士研究の進め方や内容はもちろんのこと，研究者としての姿勢や心構えに至るまでたいへん親身なご指導をいただいた。本書の3章から5章は西尾先生からのご指導の下で執筆した博士学位請求論文が基礎となっている。また博士後期課程時代の副指導教員であった佐藤忠彦先生（筑波大学），領家美奈先生（筑波大学）より，博士研究の進捗状況に合わせ，随時貴重なアドバイスをいただいた。博士前期課程時代の恩師である椿 広計先生（統計数理研究所）からは，統計の知識や分析スキルが本当に未熟な筆者に対し，基礎からご指導いただき，多忙を極める椿先生に対して失礼になるくらい稚拙な質問にもていねいにご指導いただいた。

筆者の前職場となる流通経済研究所からは，創設者の故田島義博先生，名誉会長の宮下正房先生（東京経済大学名誉教授），理事長の上原征彦先生（明治大学）より多くのご指導をいただいた。本書で取り扱っている3章から9章までの実証分析のデータは，すべて同研究所勤務時代に筆者が担当した共同研究プロジェクトにおいて収集したものである。また同研究所の加藤弘貴専務理事は，筆者が入所した時から常に上司と部下の関係にあり，流通・マーケティング研究の基礎から研究者としての心構えに至るまで本当に多くのご指導をいただいた。同研究所のOBでもある江原 淳（専修大学），中村 博（中央大学），守口 剛（早稲田大学），根本重之（拓殖大学），佐藤栄作（千葉大学），鶴見裕之（横浜国立大学）の各先生から，また書面の関係ですべて記すことはできないが，共同研究プロジェクトを共に推進した現役研究員，研究助手，プロジェクトに参画いただいた会員企業の関係各位からは，研究を進めていく中で数えきれないほどの貴重なアドバイスをいただいた。

学部時代のゼミナールの先輩である高橋郁夫先生（慶應義塾大学）と清水 聰先生（慶應義塾大学）からは，学部を卒業後約10年経過してからの大学院挑戦を歓迎していただき，お会いするときにはいつも，研究に関する多くの貴重なアドバイスをいただいている。また清水 聰先生からは，多くの共同研究の機会をいただいている。3章から5章の実証分析に用いたデータは，清水先生と

共同で行った流通経済研究所内の研究プロジェクトで収集したものである。また6章から8章の研究も，清水先生をはじめ，斉藤嘉一先生（明治学院大学），井上淳子先生（立正大学）との共同研究プロジェクトの成果の一部である。

その6章から8章の研究は，吉田秀雄記念事業財団の委託研究プロジェクト「2020年のマーケティング・コミュニケーション」の初年度成果報告書が基礎となっている。さらに本書の刊行に当たって，同財団より出版助成をいただいている。

本務校の明星大学では，マーケティング分野の工藤正敏，若木宏一，片野浩一の各先生をはじめ，経営学部所属の各先生には学務分担で大変お世話になっている。特に着任歴が浅い筆者に対し，学務負荷という面で多くの配慮をいただいている。

最後に，本書の企画と編集に多大な尽力をしていただいた千倉書房の関口聡氏と，本書の執筆に注力できる環境を作って支えてくれた妻の麻希子，無邪気な笑顔で常に疲れを癒してくれた娘の彩姫にも心から感謝の意を申し上げたい。

2012年10月

寺 本 　 高

目　次

はじめに

1　小売店頭でのブランド・コミュニケーションの課題 ………1
1.1　消費者の業態選択行動の変化 …………………………1
1.2　小売店頭における付加価値の対象 ……………………4
1.3　小売店頭における付加価値の成果の捉え方 …………7
1.4　ブランド・コミュニケーションのモデルの発展からの示唆……10
1.5　本章のまとめ ……………………………………………12

2　ブランド・コミュニケーションの効果分析に関するレビュー
………………………………………………………………15
2.1　値引きによる効果 ………………………………………16
2.2　特別陳列による効果 ……………………………………20
2.3　チラシによる効果 ………………………………………21
2.4　店頭POPによる効果 ……………………………………23
2.5　デモンストレーションによる効果 ……………………26
2.6　クーポニングによる効果 ………………………………27
2.7　店頭コミュニケーションの各手法による効果の整理 ……29
2.8　情報共有へのコミュニケーションの効果 ……………32
2.9　本章のまとめ ……………………………………………36

3　値引きとブランド・コミットメント ………………………41
3.1　ブランド・コミットメントの先行研究のレビュー ……41
3.2　分析方法 …………………………………………………50
3.3　実証分析 …………………………………………………53
3.4　分析結果 …………………………………………………56

2　目　　次

　3.5　考　　察 …………………………………………………………76
　3.6　本章のまとめ ……………………………………………………79

4　特別陳列とブランド・コミットメント ……………………………85
　4.1　分析方法 ……………………………………………………………86
　4.2　データ概要 …………………………………………………………88
　4.3　分析結果 ……………………………………………………………90
　4.4　考　　察 ……………………………………………………………92
　4.5　分析Ⅱの仮説モデル ………………………………………………95
　4.6　分析Ⅱの方法 ……………………………………………………101
　4.7　分析Ⅱの結果 ……………………………………………………108
　4.8　分析Ⅱの考察 ……………………………………………………114
　4.9　本章のまとめ ……………………………………………………115

5　ブランド・コミットメントと長期的なブランド購買 ……119
　5.1　ブランド・コミットメントの効果についてのレビュー ………120
　5.2　研究のアプローチと仮説 ………………………………………123
　5.3　データ分析の概要 ………………………………………………130
　5.4　分析結果 …………………………………………………………134
　5.5　考　　察 …………………………………………………………141
　5.6　本章のまとめ ……………………………………………………144

6　情報発信型消費者の意思決定プロセス ……………………………147
　6.1　情報発信型消費者に関する先行研究のレビュー ………………147
　6.2　考慮集合に関する先行研究のレビュー …………………………154
　6.3　マーケットメイブンと考慮集合に関する先行研究の課題 ……157
　6.4　分析Ⅰ：マーケットメイブンの考慮集合のサイズと商品特性…158
　6.5　分析Ⅱ：マーケットメイブンの情報処理プロセス ……………167
　6.6　本章のまとめ ……………………………………………………176

7 情報発信型消費者と新製品トライアル購買予測 …………181
- 7.1 新製品の需要予測に関する先行研究 ………………………182
- 7.2 分析Ⅰ：マーケットメイブンの新製品トライアル購買の特徴分析 ……………………………………………………186
- 7.3 分析Ⅱ：マーケットメイブンの購買履歴による新製品トライアル購買の予測 …………………………………190
- 7.4 考　察 ……………………………………………………194
- 7.5 本章のまとめ ……………………………………………196

8 情報発信型消費者の店頭コミュニケーション反応 ………199
- 8.1 ブランドスイッチの影響要因に関する先行研究 …………199
- 8.2 仮　説 ……………………………………………………201
- 8.3 分析方法 …………………………………………………202
- 8.4 分析結果 …………………………………………………204
- 8.5 考　察 ……………………………………………………206
- 8.6 本章のまとめ ……………………………………………207

9 店頭コミュニケーションとブランド・ライフサイクル …209
- 9.1 ロングセラー・ブランドに関する先行研究のレビュー ………210
- 9.2 仮　説 ……………………………………………………216
- 9.3 分析方法 …………………………………………………219
- 9.4 分析結果 …………………………………………………221
- 9.5 考　察 ……………………………………………………225
- 9.6 本章のまとめ ……………………………………………227

10 本書のまとめと今後の展望 …………………………………233

索　引 ………………………………………………………………245

1　小売店頭でのブランド・コミュニケーションの課題[1]

　近年，小売店舗間での激しい価格競争によって多くの商品ブランドが疲弊している。当然この要因には様々なものが考えられるが，大きな要因の1つとして，売り手となる小売業や消費財メーカー側が買い手となる消費者の業態選択行動や小売店頭での購買行動を十分に理解できておらず，消費者に対して適時適切なコミュニケーションを図ることができていない。そのため単純かつ即効性の高い値引きに頼ってしまう，という流れが考えられよう。したがって，小売業は売場生産性の向上，消費財メーカーは自社商品ブランドの価値創造と育成を実現させるためには，消費者の深い理解とそれに応じた適時適切なコミュニケーションを小売店頭で図る必要がある。ましてや，消費者によるインターネット購買が増え，店舗間だけでなく，店舗対インターネットという競争関係も生じている状況下では，小売店頭での購買の意義というものを改めて消費者に提示していく必要があるものと考えられる。

　本章では，本書の実務的意義を明確にすべく，近年の消費者の業態選択行動と小売店頭での付加価値とその成果の捉え方について検討した上で，今後小売店頭でブランド・コミュニケーションを展開するための課題について検討する。

1.1　消費者の業態選択行動の変化

　消費者の業態選択行動は変化してきており，その変化は各業態の販売実績に反映されている。業態別の年間販売額と販売額の増減率の推移を表1に示す。特に販売額増減率を見ると，百貨店や総合スーパーは販売額の減少が続いていることがわかる。またその他の店舗販売を主体とする業態は，販売額自体は増加しているものの，その増加率は鈍化傾向にある。その一方で通信販売は対前期比10％を超える増加傾向にあることがわかる。富士経済研究所（2009）は，

1　小売店頭でのブランド・コミュニケーションの課題

表1　業態別の年間販売額と販売額増減率の推移

		百貨店	総合スーパー	専門スーパー	ホームセンター	コンビニエンスストア	ドラッグストア	通信販売
販売額（百万円）	1991年	11,349,861	8,495,701	14,064,488	—	3,125,702	—	1,760,000
	1994年	10,640,330	9,335,933	17,134,894	—	4,011,482	—	2,000,500
	1997年	10,670,241	9,956,689	20,439,962	—	5,223,404	—	2,200,000
	1999年	9,705,460	8,849,658	23,121,207	2,402,371	6,126,986	1,495,041	2,270,000
	2002年	8,426,888	8,515,119	23,630,467	3,075,939	6,713,687	2,494,944	2,630,000
	2004年	8,002,348	8,406,380	24,101,939	3,141,257	6,922,202	2,587,834	3,040,000
	2007年	7,708,768	7,446,736	23,796,085	3,045,939	7,006,872	3,012,637	3,880,000
販売額増減率（％）	94/91年	－6.3	9.9	21.8	—	28.3	—	13.7
	97/94年	0.3	6.6	19.3	—	30.2	—	10.0
	99/97年	－9.0	－11.1	13.1	—	17.3	—	3.2
	02/99年	－13.2	－3.8	2.2	28.0	9.6	66.9	15.9
	04/02年	－5.0	－1.3	2.0	2.1	3.1	3.7	15.6
	07/04年	－3.7	－11.4	－1.3	－3.0	1.2	16.4	27.6

出所：商業統計および日本通信販売協会。

2009年における通信販売の市場は4兆9,000億円であり，そのうち約半分の2兆5,000億円をインターネット通販が占めるという試算を行っている[2]。通信販売は，かつてはカタログが主体であったが，近年はインターネットが中心の構成になっていることがわかる。

また流通経済研究所（2012）は，消費者の過去3ヵ月以内における業態別の利用率と1年間での利用店舗（サイト）数の変化について示している。これによると，総合スーパー，食品スーパー，コンビニエンスストア，ドラッグストアのような，食品や日用雑貨品の購買の中心となる業態の利用率は80％を超えているが，ネット販売サイトの利用率は75％と，これらの業態に次ぐ水準となっている。また「利用店舗（サイト）数が増えた」とする比率は，店舗販売を主体とする業態が10％前後であるのに対し，インターネット系販売サイトは20％台といずれも高い水準となっている[3]。

かつては日本最大の小売業態として展開していた百貨店や総合スーパーは売上高の減少に歯止めがかからず，衰退傾向にある。その一方で，楽天やアマゾンなどのインターネットストアや，主要の総合スーパーや食品スーパーの新事

図 1　業態別の利用率と 1 年前からの変化

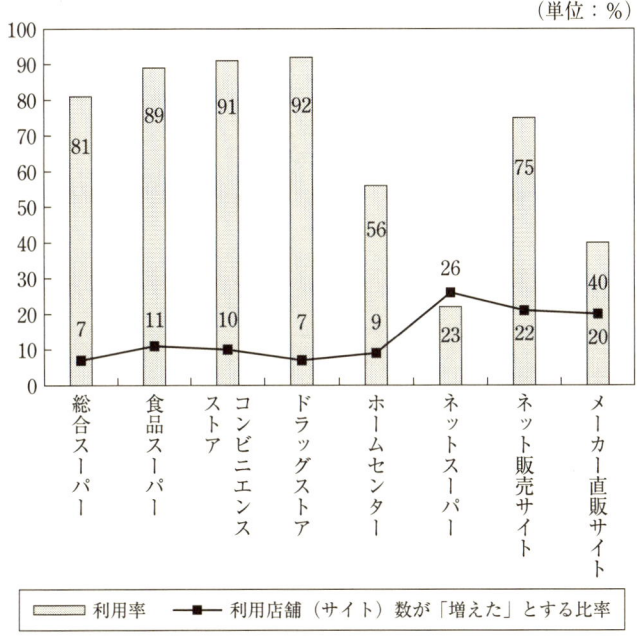

出所：流通経済研究所（2012）。

業であるネットスーパーでの売上が急拡大するなど，消費者の購買の場が店舗からインターネットに変化してきていることがこれらのデータから確認できよう。インターネットで購買する場合，自分の都合の良い時に購買できるし，商品は指定の場所に届けてくれるため，単に商品を購買するだけであれば，わざわざ店舗に出向くよりも，インターネットで済ます方が便利である。インターネットでの購買が増えているということは，消費者にとってわざわざ店舗に出向くだけの価値が薄れているという見方もできよう。これは，店舗が商品を提供する際に，消費者に対して購買以外の付加価値を十分に提供できていないという可能性がある。

1.2　小売店頭における付加価値の対象

　小売店頭における付加価値の対象は2パターンある。1つは，消費者にとっての付加価値である。消費者に対して提供している付加価値の中心は低価格や特売を提供する場であるケースが多いのが現状である。特に近年の小売業では，出店過多による商圏内競争が激化していることもあり，価格競争が熾烈化している。それによって小売業各社が体力を消耗している中，店内オペレーションコストが発生しない分，より安価で商品を提供できるインターネット購買の方がさらに競争力を増す可能性がある。

　寺本（2011）は，食品スーパーを利用する消費者を対象に，利用する際の重視点について2006年と2010年の聴取結果を比較している[4]。それを表2に示す。ここでは，2010年の重視点の回答率から2006年のそれを差し引き，差分の大きい項目順に並べている。これを見ると，「店舗のレイアウトがわかりやすい」「売場に活気や季節感がある」「通路が広く買物がしやすい」「売場に商品説明の工夫がある」というような，店内での買物のしやすさや売場での情報提供を重視する傾向が強くなってきていることがわかる。一方，「特売をよくしている」「一度に買物を済ませられる」というような，価格プロモーションやワンストップショッピングの重視傾向が弱くなってきていることがわかる。消費者は，かつて多くの食品スーパーが推進してきた価格プロモーションよりも，店頭での適時適切なコミュニケーションを重視するように変化してきたことをこの結果は示唆していると言えよう。

　また中村（2012）は，店頭での販売はサンプリングを含めた商品のトライアル購買を促進する場として，インターネットでの販売は気に入った商品のリピート購買を促進する場としての役割分担について提案している[5]。中村（2012）が指摘するように，商品のトライアル購買を促進する場として今後店頭を位置づけていくのであれば，トライアル購買を喚起するような適時適切な情報提供が必要不可欠となってくるであろう。したがって，今後小売業が店頭での付加

価値の中心に低価格や特売の提供を据えるのは，インターネット購買の拡大という競争環境上においても，また消費者の店頭購買に対する期待度という点においても難しくなってくると言え，今後は商品の情報提供の場としての店頭の価値も消費者に示していく必要がある。

　もう1つは，消費財メーカーにとっての付加価値である。従来の付加価値は，ブランドを販売する場であることが中心であった。メーカーは多額の宣伝広告費を投入して，ブランドのメッセージを織り込んだマス広告や大型プロモーションを展開しているものの，実際のブランド販売の場となる店頭ではそのメッセージと乖離した売り方がなされているという問題も聞かれている。これは，小売業の店頭は消費者に対するブランド・コミュニケーションの場であるとの認識が，消費財メーカーの組織内で十分に共有しきれていないことが要因として考えられる。

　荒生（2011）は，消費者が使用する場面だけを意識したマーケティングは限界であり，購買場面も踏まえたマーケティングの必要性を指摘している。彼によると，従来の消費者の買物目的は製品，モノを買うことであったが，現在は買うまでの気分や情報収集などのプロセスも買物目的になってきている。そのため，使用場面のインサイトを反映しただけの製品では買ってもらえず，買物場面のインサイトも反映した製品づくりが必要なのである[6]。また赤尾（2011）は，小売店頭を消費者とのコミュニケーションの場として位置づける意義について，近年の消費財メーカー側の事情から指摘している。彼によると，消費財メーカーがブランドの売上を伸ばしていく視点は大きく2つあり，1つは新製品を出してそれによって売上を伸ばすこと，もう1つは既存製品の利用場面をできるだけ広げることで消費者の購買を促すことである。今はモノが売れない時代であり，新製品を出しても売れ残り，在庫リスクが大きい。これに対し，既存製品を購買し，利用してもらうための売場を広げていくことの方が合理性は高いのである[7]。

　荒生（2011）と赤尾（2011）の指摘を踏まえると，消費財メーカーにとっての小売店頭の最大の役割は，当然消費者にブランドを購買してもらう場である

表2　食品スーパーを利用する際の重視点の比較

(2006年と2010年)

	2006年(％)	2010年(％)	差(10年-06年)
レジの待ち時間が短い	8.9	25.2	16.3
店舗のレイアウトが分かりやすい	8.8	23.9	15.1
売場に活気や季節感がある	3.6	17.6	14.0
通路が広く，買い物がしやすい	6.6	19.7	13.2
ポイントカード特典がある	22.9	34.8	11.9
店員の接客態度がよい	11.5	20.4	8.9
小さな・使い切りサイズが多い	4.0	12.9	8.8
売場に商品説明の工夫がある	2.0	9.7	7.7
チラシ商品によいものが多い	17.0	24.6	7.6
安全・安心に配慮の商品が多い	21.0	28.0	7.0
買いたいものが品切れしていない	10.5	17.4	6.9
店が明るくてきれい	10.3	16.9	6.7
新製品・話題の商品が多い	3.0	9.1	6.1
店員の商品知識がある	1.3	5.8	4.5
珍しい・こだわった商品が多い	4.2	8.2	4.0
全般的に価格が安い	51.8	50.7	-1.1
特売をよくしている	44.5	39.4	-5.1
買い物を一度に済ませられる	22.5	16.9	-5.5
駐車場が便利	32.1	25.4	-6.8
夜遅くまで営業	31.4	23.4	-8.1
自宅/勤務先から近い	75.5	57.2	-18.2
サンプル数	974	856	

出所：寺本 (2011)。
※1　店内での買い物のしやすさや売場での情報提供に関する項目。
※2　価格プロモーションやワンストップ・ショッピングに関する項目。

ことに変わりはないが，製品を買う時の気分を提供したり，製品の利用を提案するというような，消費者に向けてブランド情報を提供していく場としての役割も重視していかなければならないということである。したがって消費財メーカーは，小売店頭の付加価値をブランド販売の場としてだけでなく，ブランド情報を提供する場としても捉えていく必要がある。

1.3　小売店頭における付加価値の成果の捉え方

　前項では，小売店頭における付加価値の対象として，消費者と消費財メーカーの2者について述べたが，ここではその付加価値の成果についても考えてみたい。小売店頭における付加価値の成果の捉え方は，当然「売上」や「消費者による購買」が中心である。しかし前述のように，消費財メーカーが，小売店頭の付加価値をブランド購買の場だけでなく，ブランドに関する情報提供の場としても考えていくのであれば，それに合わせた成果の捉え方を考えなければならない。ましてや日本の消費財市場の多くが縮小傾向の中，「売れればよい」「買ってもらえればよい」だけの成果の捉え方では限界がある。つまり，購買だけでなく，そのブランドに対してファンになってもらう，さらには友人，知人など他の人にその良さを伝え，その人たちもそのブランドを購買する，好きになる，というような好循環をつくっていく必要がある。

　近年米国では，GMA（Grocery Manufacturers Association：米国食品製造業協会）が中心となって，「ショッパー・マーケティング」という概念の普及推進を図っており，GMA and booz & company（2010）は図2のようなショッパー・マーケティングの推進の枠組みを示している[8]。これは，「ブランドをどうしていきたいのか」というブランドの目的と「ショッパー（ブランド購買者）がいる場所はどこか」という購買までの経路に応じて，有効なコミュニケーション媒体を適用していくことを示したものになる。ブランドの目的は，「認知・考慮」「試用・購買」「ロイヤルティ・推奨」の3段階が設定されており，購買までの経路も，「自宅」「来店」「店内」の3段階が設定されている。この枠組みで注目すべきポイントは，ブランドの目的に「ロイヤルティ・推奨」という段階があることである。つまりブランドを買ってもらえば終わりではなく，その後そのブランドを気に入ってもらい，繰り返し買い続けてロイヤルティを形成する，それに併せて他の友人，知人などにブランドを推奨していくというプロセスまで考えて，ブランド・コミュニケーションのプランを考えていくべ

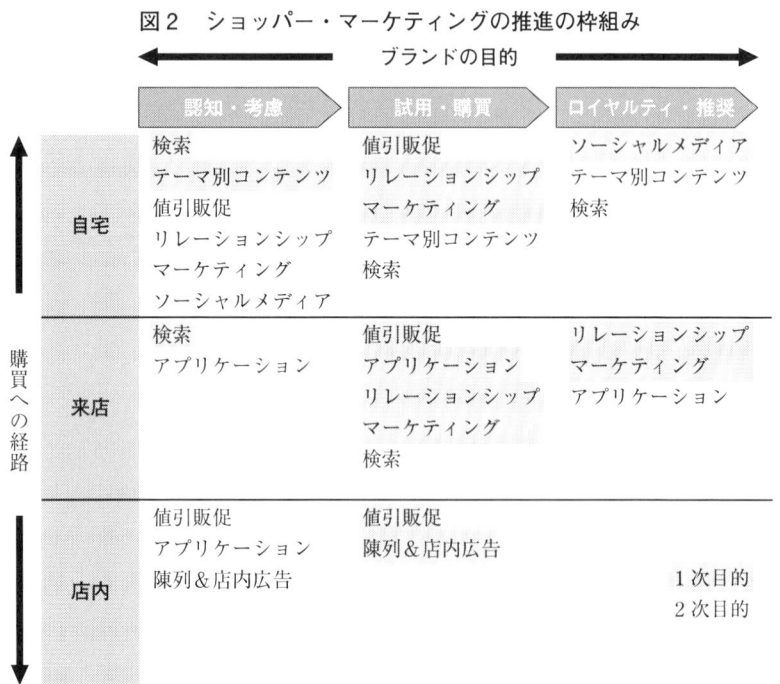

図2 ショッパー・マーケティングの推進の枠組み

出所：GMA, booz & company（2010）.

きであるということである。

　購買段階だけでなく，購買後の意思決定段階も踏まえたブランド・コミュニケーションの展開例や効果測定例はいくつか存在する。Brown *et al.*（2011）は，ブランドの目的を消費者の意思決定プロセスになぞらえて，認知→来店前計画→小売選択→カテゴリー選択→ブランド選択→態度強化という意思決定段階を設定し，各段階において効果的なブランド・コミュニケーションを展開する上での従来型メディアとデジタル・ソーシャルメディアの併用を提案している[9]。各意思決定段階とメディア配置の対応関係を図3に示す。ここでは，ブランドの目的の他，ターゲットとなる消費者の条件，小売業の優先順位，費用対効果に応じてメディアの採用プランを決定することを補足している。彼らは「ブランド選択」という購買段階以降に，「態度強化」という購買後の態度形成

1.3 小売店頭における付加価値の成果の捉え方

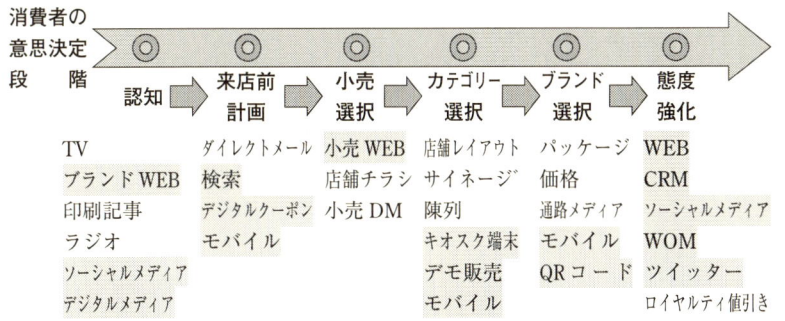

図3 消費者の意思決定段階とメディア配置の関係

出所：Brown et al. (2011).

段階を設定し，この態度強化で有効な従来型メディアとしてロイヤルティ値引きを，デジタル・ソーシャルメディアとしてWEB，WOM，ツイッター等をそれぞれ提示している。

これは今までは，購買後の態度形成に向けてメーカーや小売業がアプローチできる手法はロイヤルティ値引きくらいであったのが，インターネットの普及により，そのアプローチ手法が多様になってきていることを示唆している。

またQuintana and Allin (2011) は，取引先小売業へのスナックカテゴリーの棚割とプロモーション提案において，購買段階だけでなく，認知や態度段階の成果指標も用いて売場やプロモーションの評価を行っている[10]。まず棚割では，改定用棚割案を実験店舗でテストし，そこでの購買者のスナック購買金額実績をコントロール店舗（未改定店舗）の実績と比較しているが，それだけでなく，改定用棚割案と従来棚割の画像をWEBに掲載し，スナック購買者からの評価や推奨意向についても聴取している。次に，プロモーションでは，スナックとレンタルビデオショップとの協働プロモーションの専用什器を実験店舗に配置し，コントロール店舗との売上実績の比較だけでなく，脳波測定器を用いて専用什器のデザインへの反応度や店頭インタビューによる什器や陳列内容に対する想起度ついても測定している。

このように売上や購買以外の指標を多面的に用いる背景として,「売れた」「買ってもらえた」という成果の提示だけでは,なぜそういう成果に至ったのかについての把握ができないため,「さらに買ってもらう」「ファンになってもらう」ためにはどのような展開に移ればよいのか,という次のステップに向けた仮説を抽出できず,単発の提案に終わってしまうという問題が生じてしまうことが考えられる。特に,このような取り組みをPDCAサイクルで運用していく意向の強い小売業に対しては,購買に至るまでのメカニズムや購買後の動きまで捉えた上での提案が必要になっていることが推察できる。

1.4 ブランド・コミュニケーションのモデルの発展からの示唆

このような付加価値の成果の体系は,コミュニケーション・モデルのフレームで考えると理解がしやすい。コミュニケーション・モデルはSt. Elmos Lewisによって提唱されたAIDAモデルに始まり,多くのモデルが提案されてきている(Barry, 1987[11];仁科ら,1991[12])。現在において一般的に用いられるモデルはAIDMAである。このモデルは,消費者が広告などのブランドに関するメッセージに対し,「注意(Attention)」を喚起され,メッセージに対して「関心(Interest)」を抱き,購入したいという「欲求(Desire)」が生じ,購買機会においてその「記憶(Memory)」が想起され,「購買(Action)」に至るというプロセスを表している。しかし,近年のインターネットの普及を反映し,その発展モデルが提案されている。

杉山・秋山(2004)は,消費者がインターネット上で検索し,商品に関する情報を集め,購買の意思決定を行い,またブログなどを通じて自分の意見をシェアするという消費者の行動を反映した,AISAS®モデルを提案している。これは消費者の行動が,「Attention → Interest → Search(検索)→ Action → Share(情報共有)」と変化していることを主張している[13]。また片平(2006)はAIDEESモデルを提案している。このモデルは,「Attention → Interest → Desire → Experience(経験)→ Enthusiasm(熱中,心酔)→ Sharing(情報共

1.4 ブランド・コミュニケーションのモデルの発展からの示唆

図4 従来型と近年発展しているコミュニケーション・モデル

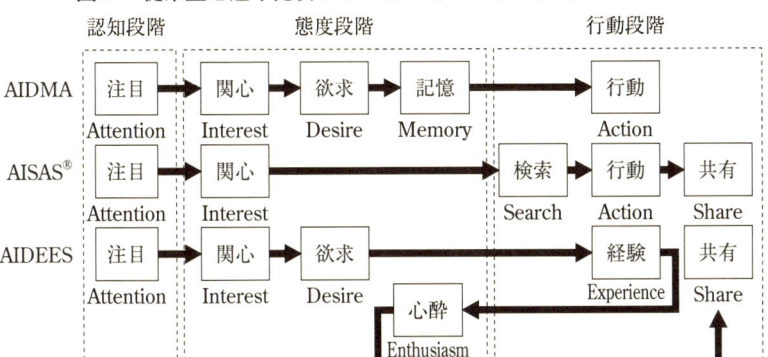

有)」という流れを表している。「Experience」は，試用や購買によるブランド経験を示す。「Enthusiasm」は，ブランド経験を経て，心酔し，満足し，ファンになるという態度状態を示している。「Sharing」は，ブランド経験とその態度を他者と情報共有する状態を示している[14]。

　従来型のAIDMAと近年発展型のAISAS®およびAIDEESの体系を整理したものを図4に示す。これらのコミュニケーション・モデルの発展の大きなポイントは，従来のブランド・コミュニケーションの終着点は「買うこと」であったが，そこで終わりではなく，買った後にその商品が好きになり，それを他の人に伝えたり，話題にすることまで考えなければならないということである。つまり，ブランド・コミュニケーションの効果は「購買」までではなく，その後の「態度形成」と「情報共有」まで捉えていく必要があることをこれらのコミュニケーション・モデルは示唆している。最近のブランド・コミュニケーションのモデルになぞらえれば，ブランドを供給する消費財メーカーは，小売店頭の付加価値の成果を購買だけでなく，購買後の態度形成，情報共有まで踏まえたブランド・コミュニケーションを企図すべく，小売業との取り組みを進めていく必要がある。

1.5 本章のまとめ

　本章では，消費者の業態選択行動の変化とそれを受けてのブランド・コミュニケーションの課題について，小売店頭での付加価値の対象と成果の捉え方の観点から論じた。本章で検討したポイントを整理したものを表3に示す。

　小売店頭での付加価値の対象は消費者と消費財メーカーであり，前者にとっては低価格や特売の場であり，後者にとってはブランドを販売する場として捉えられてきた。しかし他業態，特にインターネット購買の拡大という競争環境を踏まえると，今後はブランド情報を提供する場として考えていく必要がある。消費財メーカーがインターネット購買と並存して店頭をブランド購買の場として捉え続けていくためには，店頭での単なる購買だけではなく，それ以上の付加価値もつける形で小売業と取り組んでいく必要がある。それができなければ，消費者はインターネット購買に益々シフトし，店頭購買の意義が薄れていってしまうおそれがある。

　また付加価値の成果の捉え方についても，従来は売上や消費者の購買であったが，近年の米国の動向や，最近のブランド・コミュニケーション・モデルの発展のポイントを踏まえると，購買後の「態度形成」や「情報共有」も考慮していく必要がある。「売れる，買ってもらえる」というようなコミュニケーションだけでなく，「そのブランドのファンになってもらえる」「他の人にも勧めてくれる，情報を伝えてくれる」というような視点でのコミュニケーションも

表3　小売店頭の従来の付加価値と今後考慮すべき視点

		従来の付加価値	今後考慮すべき視点
対象	消費者	低価格，特売を提供する場	ブランド情報を提供する場
	メーカー	ブランドを販売する場	
成果の捉え方		売上 消費者の購買	消費者の態度形成 他者への情報発信

展開できるかどうかが，これからの消費財メーカーのブランド・コミュニケーション戦略において重要となるものと考えられる。

(1) 本章は，寺本 高 (2012),「消費者の業態選択行動と小売店頭でのブランド・コミュニケーションの課題」,『流通情報』, 第495号, 41-48. を加筆修正したものである。
(2) 富士経済研究所 (2009),『通販・e-コマースビジネスの実態と今後 2009-2010 市場編』。
(3) 流通経済研究所 (2012),『消費者の業態・店舗選択に関する調査報告書』の結果による。本章では，東京在住の女性895名の回答結果を記載している。
(4) 寺本 高 (2011),「消費者の業態店舗選択行動の過去調査のレビュー」,『ショッパー・マーケティング研究会 2011年度第3回定例研究会』, 流通経済研究所。なおここでのデータについては，流通経済研究所が実施している『消費者の業態・店舗選択に関する調査報告書』の2006年度および2010年度の結果を用いている。共に東京在住の女性を対象にしており，サンプル数は，2006年度974名，2010年度856名となっている。
(5) 中村 博 (2012),「ネット・ショッピングの展望と課題」,『業態研究セミナー2012：ネット・ショッピングの成長とメーカーの対応戦略』, 流通経済研究所。
(6) 荒生 均 (2011),「ロッテのショッパー・マーケティングへの取り組み」, 流通経済研究所編,『ショッパー・マーケティング』, 日本経済新聞出版社, 第12章所収, 276-295。
(7) 赤尾一成 (2011),「日本コカ・コーラのショッパー・マーケティングへの取り組み」, 流通経済研究所編,『ショッパー・マーケティング』, 日本経済新聞出版社, 第11章所収, 259-275。
(8) GMA, booz & company (2010), *Shopper Marketing 4.0 Building Scalable Playbooks That Drive Results*, GMA Sales Committee.
(9) Brown, T., R. Norton, J. Shen (2011), Integrating Digital Strategy into Your Shopper Marketing Discipline, *Shopper Marketing Expo 2011*, Path to Purchase Institute.
(10) Quintana, M., C. Allin (2011), Behave Yourself! How Behavioral Research is Changing the Face of Shopper Marketing, *Shopper Marketing Expo 2011*, Path to Purchase Institute.
(11) Barry, T. E. (1987), The Development of the Hierarchy of Effects: An Historical Perspective, *Current Issues and Research in Advertising*, 251-259.
(12) 仁科貞文, 田中 洋, 丸岡吉人 (1991),『新広告心理』, 電通。
(13) 秋山隆平, 杉山恒太郎 (2004),『ホリスティック・コミュニケーション』, 宣伝会議。
(14) 山本 晶, 片平秀貴 (2008),「インフルエンサーの発見と口コミの効果—AIDEESモデルの実証分析—」,『マーケティング・ジャーナル』, 第109号, 4-18. および片平秀貴 (2006),「消費者行動モデルはAIDMA（アイドマ）からAIDEES（愛で〜す）の時代へ」,『日経BP LAP』, 18。

2 ブランド・コミュニケーションの効果分析に関するレビュー

本章では，小売店頭におけるブランド・コミュニケーションの効果分析に関する先行研究をレビューし，本書で論じていく研究課題を抽出する。

守口（2002）は，店頭におけるコミュニケーションの分類方法の観点として，実施主体，アプローチ方法，訴求ポイントの3つを挙げている[1]。それぞれの

表1　店頭コミュニケーションの分類

	実施主体		アプローチ方法						訴求ポイント			
	消費者向け	小売業者主体	店頭	街頭	パッケージ	ダイレクト	世帯向け	キャンペーン	価格訴求型	情報提供型	商品体験型	インセンティブ提供型
値　引		○	○						○			
特別陳列		○	○							○		
チ ラ シ		○	○			○	○			○		
店頭POP		○	○							○		
デモンストレーション		○	○								○	
クーポニング		○	○	○		○	○		○			
サンプリング	○			○		○					○	
モニタリング	○										○	
懸　賞	○							○				○
プレミアム	○		○		○							○
増　量	○				○				○			
バンドル	○				○				○			
キャッシュバック	○								○			
コンテスト	○							○				○

出所：守口（2002）を基に作成。

観点によるコミュニケーションの分類は表1のようになる。本章では，これらのコミュニケーションのうち，実施主体が小売業者，アプローチ方法が店頭という位置づけである値引き，特別陳列，チラシ，店頭POP，デモンストレーション，クーポニングに着目し，これらのブランドへの効果についてレビューする。

また効果の観点だが，恩蔵・守口（1994）は，コミュニケーションの効果の尺度は，商品の売上への影響と消費者行動への影響の大きく2つに分けることができることを指摘しており，その中でも刺激反応型モデルである前者の観点による影響測定を中心にレビューを行っている[2]。さらに清水（2006）は，認知，態度形成，選択という消費者行動プロセスの各段階に分けてコミュニケーションの影響を測るという，消費者の情報処理モデルの観点による影響測定の考え方を提示している[3]。以下では，恩蔵・守口（1994）と清水（2006）の観点を適用し，ブランド・コミュニケーションの効果を，①売上への効果，②消費者行動プロセスへの効果の2つの観点からレビューする。

2.1 値引きによる効果

値引きとは，通常の販売価格から，いくらかの金額を差し引いて販売することである。需要を刺激し，販売促進効果を明確に生み出す手法とされている[4]。

値引きに関する古典的な研究事例として，スーパーマーケットにおける様々なブランドに対して価格水準を変更することで売上がどのように変化するのかを比較したHawkins（1957）の研究[5]や，野菜や果物を用いて売上の変化を見たWaugh（1958）の研究[6]が挙げられる。しかしこれらの研究では単品に対して売上が増えたかどうかという議論に留まっている。複数の商品を用いて商品カテゴリーの特徴と売上の関係を捉えた研究はCotton and Babb（1978）が挙げられる。彼らは，ミルク，ヨーグルト，バターなどの9つの商品カテゴリーの売上高を値引きの実施前，実施期間中，実施後の3期間に分けて測定した。その結果，まず値引き実施期間中の売上高は大きく伸びるが，実施後の繰

越効果は非常に小さいこと，次に値引きの効果は商品によって異なり，ヨーグルトのような商品の方が，ミルクのような日常的な商品よりも値引きに対する反応が強いことが明らかになっている[7]。

それ以来，値引きは売上増加に大きく貢献するということが一般的な効果として定着していくが，値引きによる消費者行動プロセスへの影響を扱った研究も多く見られる。その中でも認知への効果に関する研究例として，消費者の参照価格への影響に着目したものが挙げられる。参照価格とは，Gijsbrechts (1993) によると，消費者が当初から持っている，当該商品に対する価格イメージのことを指し，消費者はその価格と実際の観察された価格とを比較し，そこから判断を下して商品を購買するという考え方である[8]。

例えば Kalwani and Yim (1992) の研究では，ある2種類のシャンプーブランドを対象商品，200人の学生を被験者とし，10週間の間に4種類のコミュニケーション頻度（1週間，3週間，5週間，7週間）を設定し，さらにその4つの頻度ごとに4種類の値引き率（10%，20%，30%，40%）を設定するという，合計16パターンの刺激を被験者に与え，被験者が抱く内的参照価格を測定するという実験方法を採っている[9]。図1は，横軸が値引きの頻度，縦軸が頻度別の平均参照価格を示している。この結果を見ると，値引きの頻度が多いほど，参照価格を低下させることがわかる。さらに同じ値引き率でのコミュニケーション頻度の差を見ると，同じ値引き率のコミュニケーションに3回接した時の参照価格と5回接した時の参照価格の差が大きいことが確認できる（5%水準で有意）。つまりこの結果は，同じ値引きに3回以上接すると，参照価格が大きく低下し，再び参照価格を上昇させることができなくなってしまうことを示唆している。

また図2は，横軸が値引き率，縦軸がコミュニケーション頻度別の平均参照価格を示している。この結果を見ると，値引き率の水準が高いほど，参照価格を低下させることがわかる。さらに同頻度の値引き率間の差を見ると，10%―30%の間の値引き率に接した時の参照価格と30%―40%の値引き率に接した時の参照価格の差が大きいことが確認できる（10%水準で有意）。つまりこの結果

図1 値引きへの接触頻度と参照価格の関係

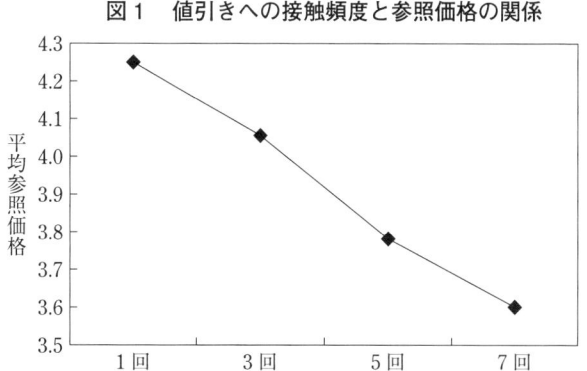

図2 値引き率の水準と参照価格の関係

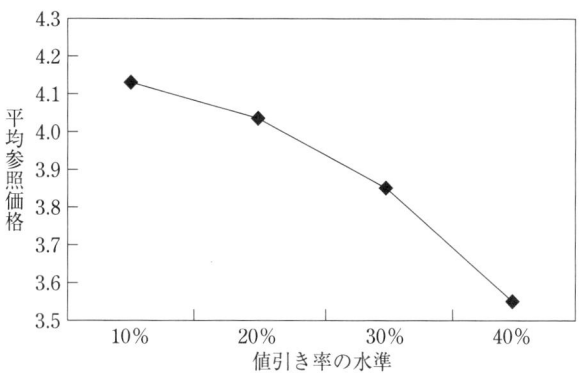

は，20％より大きい値引き率のコミュニケーションに接すると，参照価格が大きく低下してしまい，再び参照価格を上昇させることができなくなってしまうことを示唆している。

　また消費者行動プロセスへの影響の中でも対象ブランドの評価への影響に着目した研究も挙げられる。例えばSuri *et al.* (2000) の研究では，ある1種類のオックスフォードシャツを対象商品，44人の学生を被験者とし，通常価格からの2つのパターンの値引き率（15％値引き，25％値引き）に接した時のそのシャツに対する評価（知覚品質，知覚価値，失望感）を0―8点の9段階評価で聴

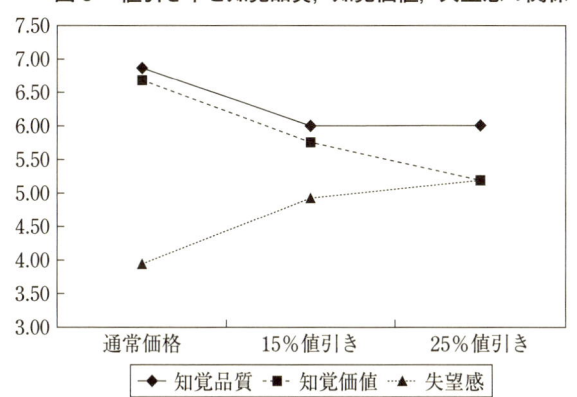

図3 値引き率と知覚品質，知覚価値，失望感の関係

取している[10]。図3はその調査結果である，値引き率と知覚品質，知覚価値，失望感の関係を示したものである。これを見ると，知覚品質については値引き率の高さによる変化はないものの，知覚価値と失望感については値引き率の高さと関係があることがわかる。この結果は，過度な値引きは，消費者が考えるブランドに対する価値を下げ，ブランドに対する失望感を増幅させてしまうということを示唆している。

さらに消費者の消費者行動プロセスへの影響として，商品選択への効果に着目した研究も挙げられる。例えばGupta（1988）の研究では，IRI（Information Resources, Inc.）が提供するスキャンパネル・データを用いて，レギュラーコーヒー・カテゴリーの値引き時の消費者の購買の構造を明らかにしている。彼によると，レギュラーコーヒーの売上増の84％は他ブランドからのスイッチ購買によるもので，購買間隔の短縮によるものは14％，ストック増によるものはわずかに2％であることを示した[11]。守口・恩蔵（1989）は，42の商品カテゴリーを対象に，商品購入時やブランド選択時の消費者の情報処理のタイプによって商品カテゴリーを分類した上で，各情報処理タイプとプロモーションへの反応パターンの関係を導き出している。分析の結果,「リスク回避型」の商品カテゴリーでは，プロモーション時の売上が需要の先食いになっていること，値引きや特別陳列を行っても，ブランドスイッチではなく，ストック増が起こ

ってしまっていることを示している[12]。

2.2 特別陳列による効果

　小売店頭における値引き以外のコミュニケーションで多いのは特別陳列である。特別陳列とは，定番と呼ばれる通常の陳列棚とは切り離された場所に商品を陳列する手法である。特別陳列は，エンド陳列と島陳列の2つに大別できる。島陳列とは，平台等の什器の上に商品を陳列することであり，あたかも陸から離れた島のような状態であることからこう呼ばれる。エンド陳列とは，定番の棚の端に商品を陳列することである。どちらも新製品の販売や特売品の販売促進で用いられることが多く，対象となる商品を大量に陳列することができる[13]。

　特別陳列の売上への効果に関する研究事例として，Chevalier（1975）が挙げられる。彼は，特別陳列対象の商品特性として，陳列商品の成長率（5％未満，5％以上），広告費率（5％未満，5％以上），カテゴリーの競争構造（強力なリーダーが存在するカテゴリー，互角の競合ブランドから成るカテゴリー），ブランド地位（リーダー，フォロワー），値引き幅（6％，12％）を取り上げ，これらの特性と売上数量の関係を実験している。その結果，陳列商品の成長率とカテゴリーの競争構造の違いが特別陳列による売上数量の差異に関係があることを明らかにしている。またWilkinson et al.（1982）は，石鹸，りんごジュース，米，パイ生地の4商品について，値引き，特別陳列，広告の効果を分析している。その結果，スーパーマーケットでのこれらの商品の売上を増加させる効果があるのは，広告よりも特別陳列や値引きであること，さらに石鹸と米においては，値引きと特別陳列の相乗効果もあることが明らかになっている[14]。

　消費者の消費者行動プロセスへの影響として，渡邊（1989）は特別陳列商品の認知と商品選択への効果を，スーパーマーケットの店舗内で特定商品を購買した消費者を対象とした購買選択理由調査から導き出している[15]。その回答結果を表2に示す。ここでは，「売場で製品が目立った」という項目の回答率が最も高いことから，この調査結果は，特別陳列による露出によって，陳列商

表2　購買選択理由の回答率（複数回答）

（単位：％）

1　売場で製品が目立った	22.6
2　知っているブランドだった	18.7
3　売場で広告を思い出した	17.9
4　テレビで広告を見た	13.2
5　値引きをしていた	12.7
6　売場のPOPを見た	8.0
7　取りやすかった	8.0
8　家族に依頼された	6.7
9　使ってみて良かった	5.0
10　同行者の推奨	2.9
11　チラシを見た	2.2

品の認知と購買選択が行われている確率が高いことを示唆している。

　消費者の消費者行動プロセスへの影響の中でも，陳列対象商品の評価に着目した研究例として，牧野・高木（1996），守口（2007）が挙げられる。ただしこれらの研究は，特別陳列場所に掲出する店頭POPのタイプ別効果分析に主眼が置かれているため，店頭POPによる効果の箇所において後述する。

2.3　チラシによる効果

　チラシは広告メッセージを掲載した一枚刷の印刷物で，主として新聞に折り込まれている。小売店舗が商圏に向けて配布することが多い。値引きやデモンストレーションと同時に配布されることが多いため[16]，本書では店頭コミュニケーションの手法の1つとして検討する。

　Berman and Evans（2007）によると，小売業が展開するチラシの効果は，短期的な店舗売上の向上，来店客数の向上，小売イメージの形成と強化，商品やサービス等の消費者に対する情報提供，販売員業務の緩和，プライベート・ブランドに対する需要の創造である[17]。また佐藤ら（2008）は，消費者の買物行動のプロセスの観点からチラシの影響に関する先行研究を整理している[18]。

彼らの枠組みによると，消費者の買物行動プロセスは来店前行動と来店後行動に分けられるが，来店前行動におけるチラシの影響は，概ね消費者のチラシ閲覧行動の特徴を把握することと，買物出向意図や店舗イメージの形成に主眼が置かれており，特定のブランドへの影響について焦点を当てた研究はほとんど見られない。よってここでは，特定のブランドへの影響について焦点を当てた来店後行動のプロセスに絞って先行研究をレビューする。

チラシの売上への効果に関する研究では，Kumar and Leone（1988）は商品の短期的な売上数量に対する値引きや特別陳列およびチラシの影響をPOSデータに基づいて分析し，チラシが特定商品の売上に影響することを確認している[19]。またBemmaor and Mouchoux（1990）もチラシが特定商品の売上に影響することを同様に確認しており[20]，Blattberg et al.（1995）はこれらの研究を基に，チラシによるコミュニケーションは特定の商品の売上に影響を与えることは一般化可能な知見として結論づけている[21]。

消費者行動プロセスの中でも認知に着目した研究として，Cox and Cox（1990）が挙げられる。彼らは店舗の価格イメージへの影響について分析しており，その結果，チラシに掲載されている商品の価格が通常価格からの値引きとして表示されている時，店舗に対してより低い価格イメージを形成することを示している[22]。ただし，特定商品へのイメージ形成に着目した研究はほとんど見られないのが現状である。

またチラシに対する態度に基づいて消費者セグメンテーションを行うことで，チラシを利用する消費者の特徴を明らかにした研究も見られる。Schmidt and Bjerre（2003）は，消費者調査によって得られたチラシに対する態度データから消費者セグメンテーションを行い，「チラシ好きセグメント」，「ほどほどチラシ好きセグメント」，「チラシ懐疑的セグメント」の3つに分類している[23]。またMartines and Montaner（2006）も消費者調査による態度データから，チラシ志向，クーポン志向，値引き志向の3つの消費者セグメントを導き出し，チラシ志向の消費者は，価格意識が強く，自分を目利きと思っており，買物計画を立てて行動し，その行動を楽しむ傾向にあるとしている[24]。ただしこれ

らの研究では，あくまでチラシ自体に対する態度に基づいた測定に留まっており，特定商品への態度に着目した研究例はほとんど見られないのが現状である。

またチラシ掲載の選択と他商品の選択への波及効果についての研究事例も見られる。Mulhern and Padgett（1995）は，消費者調査とレシートデータを組み合わせたデータを用い，チラシ効果の測定を試みている。彼らによると，チラシ対象商品の購買とチラシ対象外商品の購買には正の関連性があることが示されている[25]。Burton et al.（1999）は，チラシを見て来店した消費者は，見ていない消費者よりもより多くの商品を購買していることを示している[26]。

2.4 店頭POPによる効果

店頭POPは特別陳列の演出の1つとして，その陳列場所に店頭POPを掲出する場合が非常に多い。恩蔵・守口（1994）では，店頭POPは値引きや特別陳列といった主要な店頭コミュニケーションの補助的な手法として位置づけている[27]。

POPの訴求機能を整理した研究ではPOPAI（2001）が挙げられる。彼らは，POP広告の機能を「表記・コピー（Signage）」と「物品（Collateral）」の2つに分類して捉えている。POP広告内に織り込む表記・コピーの種類では，プロモーション／特売訴求や割引率訴求，ブランド（製品）訴求，テーマ（特定のテーマや季節，スポーツ関係イベント等）訴求，小売業者のロゴを含んだ訴求，などがある。POP広告の「物品」の種類では，クーポン機やクーポン・パッド，ラッピング，プロップ，スタンディ（ダンボールでつくられた，床に置くタイプのPOP），床面広告，膨張タイプ・可動タイプPOP，ぶら下がり式POPなどがある。また「物品」では，小売業者が用意するものと製造業者が用意するものがあることを指摘している[28]。

また，POP訴求機能の役割の変化について指摘した研究として，棚谷（1982），家弓（1990），牧野ら（1994a）が挙げられる。棚谷（1982）は，高度成長時代のマーケティング活動におけるPOP広告の目的は大量販売にすぎなか

ったが，現在では，POP広告が消費者と商品を結びつけるコミュニケーション・ツールとして見直されていることを指摘している[29]。家弓（1990）は，POP広告の最近の傾向の1つとして，量販店などの店内ムードづくり，ディスプレイ演出の強いPOP類と，商品の情報提供に徹したものとの分化が見られることを指摘している[30]。牧野ら（1994）は，これまでは主として価格訴求を目的とするPOP広告が掲出されていたが，近年は，売場づくりを念頭に置き，イメージ訴求を主な目的とするPOP広告も掲出されるようになってきた点を指摘している。また彼女らは，イメージ訴求を目的とした場合，POP広告によって訴求されるイメージは，特定商品のイメージに留まらず，その商品を消費する場面全体のイメージを含んでいるというように，イメージを訴求するPOP広告における訴求内容の範囲についても指摘している[31]。

POPの売上への効果に関する研究として，Woodside and Waddle（1975），Muller（1985），Greco and Swayne（1992），POPAI（2004）などが挙げられる。中でもWoodside and Waddle（1975）は，値引きとPOP掲載の連動効果について捉えている。彼らは，「値引きあり・POPあり」，「値引きなし・POPあり」，「値引きあり・POPなし」，「値引きなし・POPなし」の4つの測定パターンを設定し，その結果として，「値引きあり・POPあり＞値引きなし・POPあり＞値引きあり・POPなし＞値引きなし・POPなし」の順序で販売数量が多くなったことを確認している[32]。またPOPAI（2004）は，値引きの際のPOPの訴求メッセージタイプによる効果について捉えている。ここでは，訴求メッセージタイプとして，「価格」，「セール／値引き（お買い得）」，「広告の商品」，「おまけ情報（1つ買えば，もう1つもらえる）」，「どれだけ得か（金額または％）の提示」の5つを設定し，その結果として，おまけ情報および価格についてのメッセージ訴求による売上効果を確認している[33]。

POPの消費者行動プロセスへの影響についても多くの研究が挙げられる。まず認知への効果に関する研究として牧野ら（1994），清野（2007），清野ら（2006）が挙げられる。牧野ら（1994）は，POPの訴求タイプを価格訴求型とイメージ訴求型に分け，店頭面接調査を基に各々の認知効果の比較を行ってい

2.4 店頭POPによる効果

る。その結果として消費者は,価格訴求型POPの影響を受けているという認識を持っているが,イメージ訴求型POPの影響を受けているという認識をほとんど持っていないことを明らかにしている[34]。また清野 (2007),清野ら (2006) は,白色を基調としたPOPものとカラーを基調としたPOPについて,アイカメラを用いて視認率の比較を行っている。その結果として,カラーを貴重としたPOPの方が,より遠い場所からPOPが認識され,その知覚回数も多くなるなど,消費者の外部情報の取得に影響を与えることを明らかにしている[35]。

次に陳列商品評価への効果に関する研究として,牧野・高木 (1996),守口 (2007) が挙げられる。牧野・高木 (1996) は,高額商品の販促においてPOPの訴求タイプを価格訴求型とイメージ訴求型に分け,消費者の感情的反応の比較を行っている。その結果として,高額商品の販促の場合には,消費者に肯定的な感情反応を与えたのは価格訴求型POPであることを明らかにしている[36]。守口 (2007) は,価値訴求型POPへの評価が店舗への評価,当該カテゴリー,ブランドの評価に与える影響について捉えている。その結果として,価値訴求型POPへの評価は,店舗への評価,当該カテゴリー,ブランドの評価を高めていたことを明らかにしている[37]。

そして商品選択への効果に関する研究として,牧野ら (1994),清野 (2007),清野ら (2006) が挙げられる。牧野ら (1994) は,価格訴求型POPとイメージ訴求型POPに分け,売り場における広告との接触行動および商品選択行動への影響について検討している。その結果として,イメージ訴求型POPは迷いや商品検討の頻度を減らし,関連購買を増やす効果があることを明らかにしている[38]。清野 (2007),清野ら (2006) は,アイカメラによるPOPの視認状況の測定を行っているが,その結果として,POPを添付した商品を基準として,探索対象カテゴリー内の他商品との比較や,それら商品のPOPに対する知覚を明らかにしている[39]。

2.5 デモンストレーションによる効果

　デモンストレーションは実演販売とも呼ばれている。実際に商品を使ったり調理したりして，その機能や性能を消費者に説明することで売上を高めようとするコミュニケーション手法である[40]。

　デモンストレーションの売上への影響に関する研究例として，Roberts and Urban（1988）が挙げられる。彼らは，自動車の新モデルと旧モデルについてのデモンストレーション用のビデオ映像を消費者に視聴させ，ポジティブなバージョンとネガティブなバージョンの間での売上の差を比較している。その結果，新モデルのデモンストレーションでは，ネガティブなバージョンの映像を見せると売上が低下することを示している[41]。また渡邊（2011）は食品や日用雑貨品を扱うスーパーマーケットを対象に，店舗内でのデモンストレーションの実施場所と売上の関係を明らかにしている。彼は，ハンバーグのメニュー提案を目的としたデモンストレーションを，店舗入口付近，精肉売場手前，精肉売場後方の3パターンで実施し，各パターンにおける売上数量の比較を行っている。その結果，精肉売場手前での売上数量が最も高いということになったことから，各部門・売場の動線上手前の部分でデモンストレーションを行った方が，後方となる売場で行うよりも効果が高いことを導き出している[42]。

　デモンストレーションの消費者行動プロセスへの影響についての研究例として，Barczak et al.（1993）はデモンストレーションによる対象商品の認知と態度への効果を明らかにしている。彼らは，米国の主要都市で開催されているいくつかの新製品のイベントショーの参加者が実際に当該新製品を採用したかどうかについて，6ヵ月後に対象参加者に対して電話調査を行っている。その結果，当該新製品を早期に採用（購買）した消費者は，デモンストレーションで得た情報を好意的に受け止めていること，採用しなかった消費者は，デモンストレーションで得た情報から当該新製品を採用することに対するリスクを感じていることが示されている[43]。

また，Heiman and Muller（1996）は認知と商品選択への効果を明らかにしている。彼らは自動車の購買意向のある消費者を対象に，ある中型高級車のデモンストレーションを実施し，デモンストレーションを受けた時間別および当該自動車の事前知識の有無別に購買確率を計算している。その結果，事前知識のない消費者については，デモンストレーションを受ける時間が長いほど購買確率が高いことが，事前知識のある消費者については，デモンストレーションを受ける時間と購買確率には関係がないことが示されている[44]。

2.6　クーポニングによる効果

クーポンとは，ある商品に対して一定の値引きを約束した証書である。クーポンを特定の小売店に持ってゆき，対象となっている商品を購買すれば，クーポンに記載されているだけの値引きを受けることができる。すべての消費者に対する値引きではないので，クーポンを持っていない消費者は値引きを受けることができない[45]。クーポンは，米国では古典的な店頭コミュニケーションの手法であるが，1990年代にわが国に導入された当初は，日常に根づくほど定着しなかった。しかし近年では，米国で普及したカタリナ社のレジクーポンが大手のスーパーマーケットに導入されたり[46]，コンビニエンスストア，スーパーマーケット，ドラッグストアの各社も独自の発券システムを導入し，改めて注目されてきている。

クーポンに関する研究は数多く存在する。清水（2004）は，クーポンの売上（償還率）に関する研究はクーポンの額面，償還時期，クーポンの種類との関係に区別できることを指摘している[47]。

クーポンの額面に関する研究例として，Bawa and Shoemaker（1987）は，当該ブランドの購買未経験者の間で，クーポンの額面に対する反応が上昇することが示されている。彼らによると，額面の高いクーポンには，今まで購買していない消費者が反応しやすく，結果として償還者は，購買経験者よりも購買未経験者の方が多くなることが明らかになっている[48]。Krishna and Shoemaker（1992）は，クーポンの額面が高いと，購買未経験者も購買経験者も償還率が上昇すること，当該商品カテゴリーの購買タイミングが早まることが明らかになっているが，クーポンの額面が高くても，パッケージサイズ，購買数量には影響しないことを示している[49]。

クーポンの償還時期に関する研究では，Inman and McAlister（1994）は，1988年から1990年の2年間に配布されたスパゲティソースのクーポンの使用タイミングをモデル構築によって示している。彼らによると，クーポンの配布直後の償還率が一番高く，期限切れ直前に再び高くなる傾向が明らかになっている[50]。また Neslin and Clarke（1987）は，クーポン配布後2週間以内では，当該ブランドのロイヤルユーザーが使用する傾向にあり，3週以降から，当該ブランドのライトユーザーやノンユーザーが使い始め，その段階から初めて通常よりも高い売上が記録されることを明らかにしている[51]。

クーポンの種類に関する研究では，Zhang et al.（2000）は，商品カテゴリーをバラエティ・シーキング型とブランド・ロイヤル型に分けた上で，どちらのタイプのクーポンが効果的か明らかにしている。彼らによると，売上面では，バラエティ・シーキング型やブランド・ロイヤル型にかかわらず通常のクーポンの方の効果が大きいが，利益面では，オンパッククーポンの方の効果が大きいことが示されている[52]。また Raju et al.（1994）は，パッケージクーポンの効果を測定している。彼らによると，ブランド・パッケージを通じて流通されるクーポンは年間110億枚と総数に対する比率は高くないが，その償還率は，それ以外のクーポンに比べて4倍高く，高い収益をもたらしていることを示している。その理由として，ブランド・パッケージを通じて流通されたクーポンは，そのブランドに対して好意的な消費者をターゲットにしており，その結果として顧客ロイヤルティが上昇したことを指摘している[53]。

クーポンの消費者行動プロセスへの影響への研究例として，Cheema and Patrick（2008）はクーポンの利用目的とクーポンの利用条件の違いによる対象商品の購買意向の違いを分析している。彼らは，クーポンの利用目的を「ある商品を購入するための手段の1つ」であるのか，あるいは「クーポンを使っ

て買物をすること自体が目的」なのかという2パターンの心理統制をした上で，「期間内であれば何回でも有効」なのか「期間内1回限り有効」という2パターンのクーポン利用条件に対する購買意向を聴取している。その結果，クーポンの利用目的を「ある商品を購買するための手段の1つ」である消費者は，「期間内であれば何回でも有効」という条件のクーポンでの購買意向が高く，一方，「クーポンを使って買物をすること自体が目的」である消費者は，「期間内1回限り有効」という条件のクーポンでの購買意向が高いことが明らかになっている[54]。

また商品選択への効果に関する研究として，先に述べた Bawa and Shoemaker (1987)[55], Krishna and Shoemaker (1992)[56], Inman and McAlister (1994)[57], Neslin and Clarke (1987)[58] が挙げられる。消費者によるクーポンの使用は，そのまま当該商品の選択につながることを意味するため，先に述べたコミュニケーション方法とは異なり，売上（償還率）に対する効果と消費者行動プロセス上の商品選択に対する効果に関する研究は，ほぼ連動しているのが特徴である。

2.7 店頭コミュニケーションの各手法による効果の整理

以上，店頭コミュニケーションの手法として値引き，特別陳列，チラシ，店頭POP，デモンストレーション，クーポニングに着目し，これらのブランドへの効果を，①売上への効果，②消費者行動プロセスへの効果の2つの観点からレビューした。そのレビュー内容を店頭コミュニケーション手法と効果の観点の尺度で整理したものを表3に示す。なお消費者行動プロセスは，認知，態度，選択，の3つの段階で整理している。

まず各手法において目立つのが，売上と選択の研究例が多いということである。これらの店頭コミュニケーションの各手法は，消費者の実際の購買の場である小売店頭において販売促進を主目的として実施されるため，販売促進の成果となる売上をまず確認するというのは当然の流れと言えよう。また近年の消

表3　店頭コミュニケーションの各手法による効果のレビューの整理

		効果の尺度		
	売　上	認　知	態　度	選　択
		消費者行動プロセス		
値引き	Hawkins (1957) Waugh (1958) Cotton and Babb (1978)	Kalwani and Yim (1992)	Suri *et al.* (2000)	Gupta (1988) 守口・恩藏 (1989)
特別陳列	Chevalier (1975) Wilkinson *et al.* (1982)	渡邊 (1989)	牧野・高木 (1996) 守口 (2007)	渡邊 (1989)
チラシ	Kumar and Leone (1988) Bemmaor and Mouchoux (1990) Blattberg *et al.* (1995)	Cox and Cox (1990)	Schmidt and Bjerre (2003) Martines and Montaner (2006)	Mulhern and Padgett (1995) Burton *et al.* (1999)
店頭POP	Woodside and Waddle (1975) Muller (1985) Greco and Swayne (1992) POPAI (2004)	牧野ら (1994) 清野 (2007) 清野ら (2006)	牧野・高木 (1996) 守口 (2007)	牧野ら (1994) 清野 (2007) 清野ら (2006)
デモンストレーション	Roberts and Urban (1988) 渡邊 (2011)	Barczak *et al.* (1993) Heiman and Muller (1996)	Barczak *et al.* (1993)	Heiman and Muller (1996)
クーポン	Bawa and Shoemaker (1987) Krishna and Shoemaker (1992) Inman and McAlister (1994) Neslin and Clarke (1987) Zhang *et al.* (2000) Raju *et al.* (1994)	Cheema and Patrick (2008)	Cheema and Patrick (2008)	Bawa and Shoemaker (1987) Krishna and Shoemaker (1992) Inman and McAlister (1994) Neslin and Clarke (1987)

2.7 店頭コミュニケーションの各手法による効果の整理　31

費者スキャンパネル・データの普及に伴い，消費者の選択という観点で店頭コミュニケーションの効果を捉え，売上のメカニズムを捉えるという流れに発展してきている。

　次に目立つのが，消費者行動プロセスへの効果として，認知と選択を連動して扱っている研究例が多いということである。特別陳列の効果を扱った渡邊（1989）や，店頭POPの効果を扱った牧野ら（1994），清野（2007），清野ら（2006），デモンストレーションの効果を扱ったHeiman and Muller（1996）がそれに該当する。これらの研究の多くは，商品の選択という購買の結果を捉えることが最終的な目的となっているが，その選択の前提として，そのコミュニケーションに気づいていたのか，それとも気づいていなかったのかについて確認したケースが多い。そのコミュニケーションに気づいた上で，商品を選択していれば，それはコミュニケーションの効果として捉えることができるが，コミュニケーションに気づいていない状況で商品を選択していれば，それはコミュニケーションの効果として扱うわけにはいかないということである。

　これらのレビューから得られる課題として挙げられることは，まず第1に，認知と選択を連動して扱っている研究例が多いのに対し，態度と選択を連動して扱った研究例がほとんど見られないことである。つまり，「店頭コミュニケーションに接触して当該ブランドに対して好意的な態度を持ち，その結果として当該ブランドを選択した」あるいは「そのコミュニケーションに接触して当該ブランドを選択し，その結果として当該ブランドに対して好意的な態度を持つようになった」というように，店頭コミュニケーションの展開による態度と選択の関係がほとんど明らかにされていないということである。また態度を扱った研究例では，店頭コミュニケーションへの接触行動と態度状態の変数は共に一時点でしか捉えておらず，店頭コミュニケーションへの接触経験とその経験によって態度状態がどのように変化するのかというような因果関係を捉えた研究もほとんど見られない。佐藤・樋口（2006）は，消費者の価格反応は小売業やメーカーの価格戦略やプロモーション戦略の変化などに伴って，時間と共に変化することを指摘している[59]。この点を踏まえると，消費者が小売店頭

でのコミュニケーションへの接触を経験するうちに，消費者の態度状態に変化が生じると仮定することが自然である。

第2の課題として挙げられることは，選択後のプロセスに着目した研究例がほとんど見られないことである。1章では，近年のブランド・コミュニケーションのモデルの発展のポイントを踏まえると，消費財メーカーは，小売店頭の付加価値の成果を購買だけでなく，購買後の態度形成，情報共有まで捉えていく必要があることを述べた。しかし，店頭コミュニケーション手法の観点から見ると，これらの先行研究では，やはり購買を表す「選択」までの段階を把握するに留まっており，選択後の動向にまで踏み込んだ研究は扱われていないのが現状である。「売れる，買ってもらえる」というようなコミュニケーションだけでなく，「そのブランドのファンになってもらえる」「他の人にも勧めてくれる，情報を伝えてくれる」というような視点でも，店頭でのブランド・コミュニケーションの効果を明らかにしていくことは，実務的に意義があるだけでなく，学術的にも意義があると言えよう。

ここでは選択後のプロセスとして，態度形成と情報共有について挙げている。態度形成という個別のプロセスについては前述の店頭コミュニケーションの各手法のレビューの中でも扱われているが，情報共有についてはそこでは一切触れられていない。次節からは，店頭に限らず広いコミュニケーションの観点から，情報共有に関する先行研究をレビューする。

2.8 情報共有へのコミュニケーションの効果

選択後の情報共有では，消費者個人から個人へと伝達される情報である「クチコミ」が，広告よりも強い影響を与えることが多くの研究によって指摘されている（濱岡・片平, 1997）[60]。米国のクチコミマーケティング団体 WOMMA (Word-of-Mouth Marketing Association) では，クチコミを「消費者による，マーケティング上意味のある情報を作り出す行為，またはその情報を他者に伝達する行為」と定義している（松村・山本, 2011）[61]。近年ブログやソーシャル

ネットワーキングサイト（SNS）といったインターネット上のソーシャルメディアの発展により，消費者は購買後にその体験を他者に伝えることが容易になっている（山本・片平，2008）[62]。ここでは情報共有へのコミュニケーションの効果についてレビューするが，ここでの情報共有は，クチコミを中心に扱っていく。

情報共有へのコミュニケーションの効果についての研究は，①情報共有メディアの役割に関する研究，②情報共有に対して影響力を持つ消費者（インフルエンサー）の役割に関する研究，③情報共有の規定要因となるコミュニケーション内容に関する研究，の3つの観点に整理できる。ここでは①から③の観点でレビューする。

まず①情報共有メディアの役割に関する研究では，金森・西尾（2005）や山本（2006）が挙げられる。金森・西尾（2005）は，ネットコミュニティの中での情報共有が対象ブランドに対する良好な態度形成に貢献することを明らかにしている。彼らは，ネットコミュニティの情報を実際に商品選択の際の参考にしたことのあるインターネット調査パネルを用い，利用経験者の発言量，利用経験者のニーズや状況を踏まえたワン・トゥ・ワン発言の量，対象ブランドの認知的および感情的態度について聴取した上で，それらの因果関係について分析している。その結果，利用経験者の発言が多いほど対象ブランドの認知的態度が強くなること，ワン・トゥ・ワン発言の量が多いほど対象ブランドの感情的態度が強くなること，信頼できるメンバーが多いほど対象ブランドの感情的態度が強くなること，が明らかになっている[63]。

山本（2006）は，顧客間のインタラクションの場であるネットコミュニティのサイトと顧客生存時間，サイトへのロイヤルティの関係を明らかにしている。具体的には，@cosmeという化粧品ユーザーのクチコミが展開されているコミュニティサイトと，比較対象として化粧品メーカー（資生堂，花王ソフィーナ，カネボウ，ファンケル）のサイトを用い，各ウェブサイトの訪問状況とウェブサイトの生存時間を分析している。その結果，ネットコミュニティサイトは，そうでないウェブサイトに比べて，顧客生存時間が長く，ウェブサイトへのロ

イヤルティが高いことが明らかになっている[64]。

次に②情報共有に対して影響力を持つインフルエンサーの役割に関する研究として，山本・片平（2008），清水ら（2008），松村・山本（2011）が挙げられる。山本・片平（2008）はインフルエンサーが発信した情報の受信者がどのレベルまで影響を受けるかを明らかにしている。具体的には，自動車，PC周辺機器，コンビニ菓子，音楽の4つのカテゴリーに関するクチコミ経験を聴取結果からインフルエンサーを抽出し，彼らが発信した情報の受信影響レベルを，AIDEES（Attention, Interest, Desire, Experience, Enthusiasm, Share）という新しい広告効果階層モデルになぞらえて測定している。その結果，インフルエンサーを起点としたクチコミは高い確率で購買・試用（Experience）に結びつくこと，インフルエンサーの中でも，インターネット上で情報源として頼りにされ，積極的に消費経験を共有する「バーチャル・オピニオン・リーダー」が発信するクチコミは，AIDEESのプロセスにより強く影響を及ぼすことが明らかになっている。

清水ら（2008）は，インフルエンサー自身が情報発信する場であるブログの掲載による売上への効果について測定している。彼らは，対象商品ブランドに関する話題が掲載されているブログの件数，検索エンジンによる検索数，そのブランドの販売状況と売上の増分のデータを用いて，売上の増分に係る因果関係を導き出している。その結果，販売状況の方が検索数よりも約3倍の売上増分に対して効果があるものの，検索数も一定の効果があり，その検索数にはブログ件数が大きく影響している。つまりブログの件数は販売状況に比べて効果が小さいものの，検索数を通じて売上の増分に影響することが明らかになっている。

松村・山本（2011）は，インフルエンサーの役割を他者の関心を集める話題を発信する「影響力」と，他者の記事から興味をひかれた話題を収集する「被影響力」の2つと捉え，その2つの指標を基に，ブロガーに影響を受けている潜在顧客を抽出している。その結果，影響力と被影響力の双方が強いブロガーの方が，被リンク数，被トラックバック数の多いブロガーよりも潜在顧客が多

く含まれていることが明らかになっている。

そして③情報共有の規定要因となるコミュニケーション内容に関する研究として，Bristor (1990)，濱岡 (2007)，濱岡・里村 (2009) が挙げられる。Bristor (1990) は，消費者間の情報共有であるクチコミの動機について，個人要因，製品要因，状況要因の3つに整理している。そのうち状況要因については，購買意思決定の段階，購買後の認知的不協和，時間の有無，購買意思決定の簡便化に対する欲求の有無などを指摘している[65]。

濱岡 (2007) は，消費者が様々な情報源にどのように接触し，どの情報源を重視しているかのインターネット調査結果を示している。その結果によると，まず「店頭」が，「利用」，「重視」共に最も回答率が高くなっており，次いで「友人，家族からのクチコミ」，「クチコミサイト」となっている。また「クチコミサイト」と「企業のホームページ」を比べると，後者の方が利用率は高いものの，前者の方が重視率は高いという状況である。彼は，これらの結果から，インターネット調査での結果であるだけに，回答者はインターネットユーザーが中心であるにもかかわらず，店頭の情報提供の役割の大きさが改めて確認できることと，「クチコミサイト」の利用率はまだ高くないものの，伝統的なクチコミと同程度重視されており，実体験に基づく評価の情報が必要とされていることを指摘している[66]。

濱岡・里村 (2009) は映画の観覧とその後の情報発信に関するインターネット調査を用いて，情報発信の動機について明らかにしている。彼らは，情報発信の動機を，「感情」，「私的な動機 (コミュニケーションの楽しさ，経済的報酬)」，「社会を意識した動機と阻害要因 (アイデンティティ，自己効力感，一般的交換，阻害要因)」，「個人の資源 (伝える情報や知識)」の4つに区分し，それらがクチコミ発信やインターネットを通じた「eクチコミ」発信に与える影響を分析している。その結果，ポジティブな感情をクチコミで，ネガティブな感情は企業への苦情によって解消していること，コミュニケーションを楽しいと思っていることがクチコミやeクチコミ発信に関係があること，アフィリエイトやポイント制などの経済的報酬はeクチコミ発信に関係があること，アイデン

ティティを重視する人ほどクチコミではなく，eクチコミを発信すること，クチコミについては知識に基づいた情報発信になるが，eクチコミ，つまりインターネットへの投稿については必ずしもそうでないこと，等が明らかになっている[67]。

以上，情報共有へのコミュニケーションの効果について，①情報共有メディアの役割に関する研究，②情報共有に対して影響力を持つ消費者（インフルエンサー）の役割に関する研究，③情報共有の規定要因となるコミュニケーション内容に関する研究，の3つの観点からレビューした。

近年のインターネット上のソーシャルメディアの発展に伴い，情報共有へのコミュニケーションの効果についての研究は，ソーシャルメディアというコミュニケーション媒体をフィールドとしたものが多く，ソーシャルメディア上での情報共有のきっかけや消費者行動プロセスに与える影響，伝達力の強いとされるインフルエンサーの行動特徴について着目したものが多いのが特徴である。しかし前述の通り，小売店頭でのコミュニケーションと情報共有に着目した研究はほとんど見られないのが現状である。その中でも濱岡（2007）は，消費者の意思決定の際の情報源として店頭の重要性を指摘しているが，その店頭で得た情報を他者に発信するといった情報共有のレベルまでには至っていない点は今後の研究余地として考えることができよう。

2.9　本章のまとめ

本章では，小売店頭におけるブランド・コミュニケーションの効果分析に関する先行研究をレビューし，本書で論じていく研究課題を抽出した。ブランド・コミュニケーションの効果分析の課題として，以下2点を挙げた。

第1に，認知と選択を連動して扱っている研究例が多いのに対し，態度と選択を連動して扱った研究例がほとんど見られないことである。また態度を扱った先行研究例では，店頭コミュニケーションへの接触行動と態度状態の変数は共に一時点でしか捉えておらず，店頭コミュニケーションへの接触経験とその

経験によって態度状態がどのように変化するのかというような因果関係を捉えた研究もほとんど見られない。

　第2に，選択後のプロセスに着目した研究例がほとんど見られないことである。店頭コミュニケーション手法の先行研究では，購買を表す「選択」までの段階を把握するに留まっており，選択後の動向として考えられる，態度形成，情報共有にまで踏み込んだ研究は扱われていないのが現状である。

　これらの課題を受け，特に情報共有に着目する形で，コミュニケーションへの効果についてのレビューを加えた。これらの研究では，ソーシャルメディアというコミュニケーション媒体をフィールドとしたものが多く，小売店頭でのコミュニケーションと情報共有に着目した研究はほとんど見られない点を挙げた。「売れる，買ってもらえる」というような，店頭でのブランド・コミュニケーションだけでなく，「そのブランドのファンになってもらえる」「他の人にも勧めてくれる，情報を伝えてくれる」というような視点でも，店頭でのブランド・コミュニケーションの効果を明らかにしていくことは，実務的に意義があるだけでなく，学術的にも意義があると言えよう。

　本書では，これらの課題を踏まえ，次章以降では，購買だけでなく，態度形成，情報共有まで含めた店頭でのブランド・コミュニケーションの有効性について明らかにしていく。

（1）守口　剛（2002），『プロモーション効果分析』，朝倉書店．
（2）恩蔵直人，守口　剛（1994），『セールス・プロモーション―その理論，分析手法，戦略―』，同文舘．
（3）清水　聰（2006），『戦略的消費者行動論』，千倉書房．
（4）恩蔵直人，守口　剛（1994）前掲書．
（5）Hawkins, E. R. (1957), Methods of Estimating Demand, *Journal of Marketing*, 21 (4), 428-438.
（6）Walgh, F. V. (1959), Needed Research on the Effectiveness of Farm Products Promotions, *Journal of Farm Economics*, 41 (2), 364-376.
（7）Cotton, B. C., E. M. Babb (1978), Consumer Response to Promotional Deals, *Journal of Marketing*, 42 (3), 109-113.
（8）Gijsbrechts, E. (1993), Prices and Pricing Research in Consumer Marketing : Some Recent Developments, *International Journal of Research in Marketing*, 10 (2), 115-151.

(9) Kalwani, M. U., C. K. Yim (1992), Consumer Price and Promotion Expectations: An Experimental Study, *Journal of Marketing Research*, 29 (1), 90-100.
(10) Suri, R., R. V. Manchanda, C. S. Kohli (2000), Brand Evaluations :A Comparison of Fixed Price and Discounted Price Offers, *Journal of Product & Brand management*, 9, 193-206.
(11) Guputa, S. (1988), Impact of Sales Promotions on When, What, and How much to Buy, *Journal of Marketing Research*, 25 (4), 342-355.
(12) 守口 剛, 恩蔵直人 (1989), 「プロモーションの質的効果―情報処理タイプと反応パターンの商品カテゴリーによる相違―」, 『マーケティング・サイエンス』, 34, 13-24。
(13) 恩蔵直人, 守口 剛 (1994) 前掲書。
(14) Wilkinson, J. B., J. B. Mason, C. H. Paksoy (1982), Assessing the Impact of Short-Term Supermarket Strategy Variables, *Journal of Marketing Research*, 19 (1), 72-86.
(15) 渡邊隆之 (1989), 「購買意思決定時における広告と店頭刺激の効果」, 田島義博・青木幸弘編著『店頭研究と消費者行動分析』, 誠文堂新光社, 第9章所収, 305-322。
(16) 恩蔵直人, 守口 剛 (1994) 前掲書。
(17) Berman, B., J. R. Evans (2007), *Retail Management : A Strategic Approach*, 10th ed., Pearson Prentice Hall.
(18) 佐藤栄作, 中川宏道, 宮下雄治 (2008), 「チラシ研究の体系的整理と今後の研究課題」, 『プロモーショナル・マーケティング研究』, 第1巻, 51-65。
(19) Kumar, V., R. P. Leone (1988), Measuring the Effect of Retail Store Promotions on Brand and Store Substitution, *Journal of Marketing Research*, 25 (2), 178-185.
(20) Bemmaor, A. C., D. Mouchoux (1991), Measuring the Short-Term Effect of In-Store Promotion and Retail Advertising on Brand Sales : A Factorial Experiment, *Journal of Marketing Research*, 28 (2), 202-214.
(21) Blattberg, R. C., R. Briesch, E. J. Fox (1995), How Promotions Work, *Marketing Science*, 14 (3), 122-132.
(22) Cox, A. D., D. Cox (1990), Competing on Price : The Role of Retail Price Advertisements in Shaping Store-Price Image, *Journal of Retailing*, 66 (4), 428-445.
(23) Schmidt M., M. Bjerre (2003), Can recipients of sales flyers be segmented?, *International Journal of Advertising*, 22 (3), 375-39.
(24) Martines, E., T. Montaner (2006), The Effect of Consumer's Psychographic Variables upon Dealproneness, *Journal of Retailing and Consumer Services*, 13 (2), 157-168.
(25) Mulhern, F. J., D. T. Padgett (1995), The Relationship between Retail Price Promotions and Regular Price Purchase, *Journal of Marketing*, 59 (4), 83-90.
(26) Burton, S., D. R. Lichtensyein, R. G. Netemeyer (1999), Exposure to Sales Flyers and Increased Purchases in Retail Supermarkets, *Journal of Advertising Research*, 39 (5), 7-14.
(27) 恩蔵直人, 守口 剛 (1994) 前掲書。
(28) POPAI (2001), *P-O-P Measures UP ~ Learnings from the Supermarket Class of Ttrade ~*, POPAI.

(29) 棚谷 喬（1982），『POP広告―理論と実際―』，電通．
(30) 家弓正明（1990），「サービス化社会における店頭コミュニケーション」，『マーケティング・ジャーナル』，第36号，48-54．
(31) 牧野圭子，高木 修，林 英夫（1994），「購買計画の有無とPOP広告の掲出状況が売り場内消費者行動に及ぼす効果―イメージ訴求型POPと価格訴求型POPを用いた現場実験―」，『社会心理学研究』，第10巻第1号，11-23．
(32) Woodside, A. G. and G. L. Waddle (1975), Sales Effects of In-Store Advertising, *Journal of Advertising Research*, 15 (3), 29-33.
(33) POPAI (2004), *Measuring At-Retail Advertising in Chain Drug Stores : Sales Effectiveness & Presence Reporting*, POPAI.
(34) 牧野圭子，高木 修，林 英夫（1994）前掲論文．
(35) 清野誠喜（2007），「店頭における消費者の青果物購買行動とPOPの影響」，『農業および園芸』，第82巻第1号，86-92．および清野誠喜，上田賢悦，中嶋直美（2006），「青果物購買行動におけるPOPの影響―アイカメラとプロトコルを併用した購買行動分析―」，『農林業問題研究』，第42巻第1号，139-144．
(36) 牧野圭子，高木 修（1996），「POP広告効果測定―高額商品（フグ）を訴求対象として―」，『広告科学』，第32集，1-18．
(37) 守口 剛（2007），「価格プロモーションと非価格プロモーション―訴求ポイントと役割の相違―」，イノベーション研究会報告資料．
(38) 牧野圭子，高木 修，林 英夫（1994）前掲論文．
(39) 清野誠喜（2007）および清野誠喜，上田賢悦，中嶋直美（2006）前掲論文．
(40) 恩蔵直人，守口 剛（1994）前掲書．
(41) Roberts, J. H., G. L. Urban (1988), Modeling Multi-Attribute Utility, Risk, and Belief Dynamics for New Consumer Durable Brand Choice, *Management Science*, 34 (2), 167-185.
(42) 渡邊隆之（2011），「購買情報処理意欲逓減仮説の検証と示唆―入店後の買物意欲の変化と売場の対応方法―」，『流通情報』，第488号，86-100．
(43) Barczak, G. J., D. C. Bello, E. S. Wallace (1993), The Role of Consumer Shows in New Product Adoption, *Journal of Product & Brand Management*, 2 (4), 61-73.
(44) Heiman, A., E. Muller (1996), Using Demonstration to Increase New Product Acceptance : Controlling Demonstration Time, *Journal of Marketing Research*, 33 (4), 422-430.
(45) 恩蔵直人，守口 剛（1994）前掲書．
(46) 清水 聰（2004），『消費者視点の小売戦略』，千倉書房．
(47) 清水 聰（2004）前掲書．
(48) Bawa, K., R. W. Shoemaker (1987), The Effects of a Direct Mail Coupon No Brand Choice Behavior, *Journal of Marketing Research*, 24 (4), 370-376.
(49) Krishna, A., R. W. Shoemaker (1992), Estimating the Effects of Higher Coupon Face Values on the Timing of Redemptions, the Mix of Coupon Redeemers, and Purchase Quality, *Psychology & Marketing*, 9, 453-467.
(50) Inman, J. J., L. McAlister (1994), Do Coupon Expiration Dates Affect Consumer

Behavior?, *Journal of Marketing Research*, 31 (3), 423-428.
(51) Neslin, S. A., D. G. Clarke (1987), Ralating the Brand Use Profile of Coupon Redeemers to Brand and Coupon Characteristics, *Journal of Advertising Research*, 27 (1), 23-32.
(52) Zhang, Z. J., A. Krishna, S. K. Dhar (2000), The Optimal Choice of Promotional Vehicles : Front-Loaded or Rear-Loaded Incentives?, *Management Science*, 46 (3), 348-362.
(53) Raju, J. S., S. K. Dhar, D. G. Morrison (1994), The Effect of Package Coupons on Brand Choice, *Marketing Science*, 13 (2), 145-164.
(54) Cheema, A., V. M. Patrick (2008), Anytime Versus Only : Mind-Sets Moderate the Effect of Expansive Versus Restrictive Frames on Promotion Evaluation, *Journal of Marketing Research*, 45 (4), 462-472.
(55) Bawa, K., R. W. Shoemaker (1987) 前掲論文。
(56) Krishna, A., R. W. Shoemaker (1992) 前掲論文。
(57) Inman, J. J., L. McAlister (1994) 前掲論文。
(58) Neslin, S. A., D. G. Clarke (1987) 前掲論文。
(59) 佐藤忠彦，樋口知之（2006），「動学的売上反応モデルによる POS データの解析」，『マーケティング・サイエンス』，第12巻1・2号，1-26。
(60) 濱岡豊，片平秀貴（1997），「クチコミの影響メカニズム―信頼の形成過程の情報システムモデル―」，『マーケティング・サイエンス』，第15巻第1・2号，19-38。
(61) 松村真宏，山本晶（2011），「ブログ空間におけるインフルエンサーおよび消費者インサイトの発見」，『マーケティング・ジャーナル』，第119号，82-94。
(62) 山本晶，片平秀貴（2008），「インフルエンサーの発見と口コミの効果―AIDEES モデルの実証分析―」，『マーケティング・ジャーナル』，第109号，4-18。
(63) 金森剛，西尾チヅル（2005），「ネットコミュニティのブランド態度形成効果」，『日経広告研究所報』，第221号，65-76。
(64) 山本晶（2006），「顧客間インタラクションがサイト・ロイヤルティに与える影響―インターネット視聴率データの分析」，『消費者行動研究』，第12巻1・2号，23-36。
(65) Bristor, J. M. (1990), Enhansed Explanations of Word of Mouth Communications: the Power of Relations, *Research in Consumer Behavior*, 4, 51-83.
(66) 濱岡豊（2007），「消費者間の相互作用 クチコミを中心に」，田中洋，清水聰編『消費者・コミュニケーション戦略』，有斐閣アルマ，第3章所収，57-93。
(67) 濱岡豊，里村卓也（2009），『消費者間の相互作用についての基礎研究 クチコミ、e クチコミを中心に』，慶應義塾大学出版会。

3 値引きとブランド・コミットメント[1]

本章では，ブランド・コミュニケーションの成果指標として，「態度形成」を扱っていく。態度形成の具体的な指標として，「ブランド・コミットメント」を取り上げ，まず小売店頭におけるブランド・コミュニケーションの中でも最も多く用いられる手法である値引きとブランド・コミットメントの関係について明らかにする。

3.1 ブランド・コミットメントの先行研究のレビュー

ここでは，ブランド・コミットメントの概念とその効果，測定方法についてレビューする。

ブランド・コミットメントは，態度的な概念であり（青木, 2004）[2]，製品クラス内での特定ブランドに向けられた情動的ないしは心理的な愛着として定義され（Lastvicka and Gardner, 1978）[3]，当該ブランドが製品クラスの中で受容可能な選択肢として消費者の心の中に根を下ろしている程度を反映するものとして捉えられてきている（Traylor, 1981）[4]。

ブランド・コミットメントの向上，維持を目指すことによるメリットは様々な研究により指摘されている。青木（2004）は，ブランド・コミットメントは，消費者の他ブランドへの代替傾向を低減させる傾向があることを指摘している[5]。また井上（2009）はブランド・コミットメントの強い消費者に見られる行動や特徴を整理しており，その中でブランド・コミットメントのメリットとして，当該ブランドの他者への推奨，当該ブランドのネガティブな情報に対しても動じない頑健な態度の保持，マーケティング・コミュニケーションにおけるポジティブなスピルオーバー効果，高いWTP（Willingness to Pay：支払ってもよい価格），狭い考慮集合サイズ，の5つを挙げている[6]。

近年ではブランド・コミットメントの多次元性を指摘する研究が多く見られるようになっている。ブランド・コミットメントは感情的コミットメントと計算的コミットメントという二次元で捉えられるべきものと指摘されている（例えば，Geyskens *et al*., 1996など）[7]。井上（2003）は，感情的コミットメントは，リレーションシップを維持しようとするモチベーションとしての肯定的な感覚や愛着を示すものであり，一方計算的コミットメントは，リレーションシップの解消やスイッチングに伴うコストを照らし合わせた上で生じる打算的な感覚を示すものとしている[8]。

また久保田・井上（2004）は，ブランド・コミットメントを多次元で捉える理由として，リレーションシップを継続しようとする場合，そのモチベーションの種類や程度に違いがあると考えられること，それらを無視してブランド・コミットメントを包括的尺度で測定した場合，重要な情報を取り逃したり，間違った結果を導く可能性があること，そしてブランド・コミットメントの次元が異なれば，その行動も違ったものになると考えられることを挙げている[9]。青木（2004）は，感情的コミットメントは，消費者の他ブランドへの代替傾向を低減させる特徴があることを指摘している[10]。

ブランド・コミットメントを計算的と感情的の2次元で捉えることに加え，さらに3次元で捉えた研究も登場している。3次元目のコミットメントとして，組織あるいは取引先へのコミットメントを示す「規範的コミットメント」(Mayer and Allen, 1991 ; Gruen *et al*., 2000 ; Bansal *et al*., 2004)[11]や特定のブランドに対する排他的で強い思い入れを有する「陶酔的コミットメント」(井上, 2009)[12]が挙げられる。しかし「規範的コミットメント」を適用した実証研究では，いずれも仮説が支持されていない（久保田・井上, 2004）[13]。また陶酔的コミットメントについても感情的コミットメントに似た心理的あるいは情緒的な要素が多分に含まれているということで，感情的コミットメントとの相関が高い上，リレーションシップ・マーケティング研究では井上（2009）で取り扱われたのみで十分な議論がなされていない。

したがって，複数のリレーションシップ・マーケティング研究において主張

され、またその妥当性が経験的に確認されているブランド・コミットメントの次元は、計算的コミットメントと感情的コミットメントの2次元であると捉えることができる（久保田, 2006）[14]。

このブランド・コミットメントと近接した概念としてブランド・ロイヤルティがあるが、ここではブランド・コミットメントとブランド・ロイヤルティの関係についてもレビューする。

ブランド・ロイヤルティは、特定の意思決定ユニットが長い期間にわたって表明する、一連のブランドの中の特定の1つまたは複数のブランドに対する偏向的な行動的反応（購買）であり、心理的なプロセスの関数である（Jacoby and Chestnut, 1978）[15]。ブランド・ロイヤルティは消費者の行動的特性を捉えた概念として用いられ、多くの場合、同一ブランドの経時的な反復購買行動を指す概念として指定されてきている（青木, 2004）[16]。青木（2004）は、ブランド・ロイヤルティは購買という行動面の視点でブランドとの関係性を捉えているのに対し、ブランド・コミットメントは売り手と買い手双方のリレーションに対する態度であるというように、ブランド・ロイヤルティとブランド・コミットメントを対比づける形で定義づけている。また彼は、ブランド・ロイヤルティは存在するが、ブランド・ロイヤルティがあるからといってブランド・コミットメントが存在するわけではないことを指摘している。

また Dick and Basu（1994）による枠組み[17]は、ブランド・コミットメントとブランド・ロイヤルティを構造的に捉える概念に応用できる。彼らは、反復的行動と相対的態度の2つの尺度によって、「真のロイヤルティ」を識別する概念を提示している。この概念図を図1に示す。この概念では、相対的態度の伴った反復的行動は「真のロイヤルティ」であり、逆に相対的態度の伴わない反復的行動は「見せかけのロイヤルティ」としている。ここでブランド・コミットメントを相対的態度の尺度として捉えると、この概念は、消費者のブランド・ロイヤルティを捉える際には、背景となるブランド・コミットメントとの構造的な関係を考慮する必要性を示唆している。

さらに Peter and Olson（1999）は、Dick and Basu（1994）が示した反復的

図1 反復的行動と相対的態度の関係

	反復的行動 強	反復的行動 弱
相対的態度 強	真のロイヤルティ	潜在的ロイヤルティ
相対的態度 弱	見せかけのロイヤルティ	ロイヤルティなし

出所：Dick and Basu (1994).

図2 ブランド・コミットメントと購買ブランド数の関係

	特定期間の購買ブランド数 単一	特定期間の購買ブランド数 複数
ブランド・コミットメント 強	ロイヤルティ	バラエティ・シーキング
ブランド・コミットメント 弱	反復的購買行動	派生的多様性行動

出所：Peter and Olson (1999).

行動を購買ブランド数として捉えた上で，購買パターンを分類している[18]。この分類の概念図を図2に示す。この概念では，単一ブランドの購買の中でも，ブランド・コミットメントの強弱によって，それぞれ「ロイヤルティ」と「反復的購買行動 (Inertia)」に識別されている。また強いブランド・コミットメントの中でも，ブランドの単一購買，複数購買によって，それぞれ「ロイヤルティ」と「バラエティ・シーキング」に識別されている。この概念も Dick and Basu (1994) のそれと同様に，消費者のブランド・ロイヤルティを捉える際には，背景となるブランド・コミットメントとの構造的な関係を考慮する必要性を示唆している。

◆ブランド・コミットメントの効果に関する研究

ブランド・コミットメントの効果に関する研究は，消費者の態度形成の観点による効果と消費者の実際の購買行動の観点による効果に大別できる。さらに前者については，購買意図，WTP，考慮集合のサイズの各々の観点による効果に分類することができる。後者については購買確率に分類することができる。以下では，購買意図，WTP，考慮集合のサイズ，購買確率，の4つの観点からコミットメントの効果についてレビューする。

(1) 購買意図

Fullerton (2005) は，紳士衣料店と食料品店を利用する消費者を対象に，感情的コミットメントと利用継続意向，スイッチ意向との関係について店舗間での違いを分析している[19]。その結果，紳士衣料店と食料品店の双方において，感情的コミットメントと利用継続意向との間に正の有意な関係があることが示されている。また Bansal et al. (2004) は，感情的コミットメントを認知的，情緒的，評価的の3つの成分から捉え，これらの成分と利用継続意向との関係について，自動車修理サービスの利用者を対象に分析している[20]。久保田 (2006) は，美容店舗を利用する消費者を対象に，感情的コミットメントと計算的コミットメント，店舗との関係継続意向との関係について分析しており，その結果，感情的コミットメントと計算的コミットメントの双方において関係継続意向との間に正の有意な関係があることを示している[21]。

(2) WTP

Chaudhuri and Holbrook (2001) は，ブランドに対する感情的コミットメントと当該ブランドの市場シェア，市場内での相対価格との関係を分析しており，その結果，感情的コミットメントと市場内での相対価格との間に正の有意な関係があることが示されている[22]。また Chaudhuri (2006) は，小売店舗に対する感情的コミットメントと当該店舗に支払ってもよいとする価格の関係を分析しており，その結果，感情的コミットメントは特定店舗における高価格を

受容する意思に対して直接的な正の影響を与えることが示されている[23]。さらに清水（2007）は，ブランドに対する感情的コミットメントの強い消費者は，当該ブランドを定番時（通常価格）に購買する比率が高いことを示している[24]。

（3）考慮集合のサイズ

Desai and Raju（2007）は，ブランドに対するコミットメントと当該ブランドが属する商品カテゴリー内での購入選択肢となるブランド数との関係を分析しており，その結果，ブランド・コミットメントの強い消費者の方が，購入選択肢となるブランド数が少ないことが示されている[25]。

（4）購買確率

井上（2009）は，当該ブランドに対する感情的コミットメント，計算的コミットメント，陶酔的コミットメントと当該ブランドの購買確率との関係を分析している。その結果，感情的コミットメントと陶酔的コミットメントは購買確率との間に正の有意な関係があり，計算的コミットメントについてはバラエティ・シーキング行動を介して購買確率との正の有意な関係があることが示されている[26]。

◆ブランド・コミットメントの測定に関する研究

ブランド・コミットメントの測定に関する研究では，質問票などによる消費者サーベイから得られる回答データに基づくものが中心となる。またブランド・コミットメントの変数設定の方法として，複数の変数を合成化する方法と，操作的な知見を得ることを企図して単独の変数を用いる方法の2つに分かれる。

（1）複数の変数を合成化する方法

中谷（1987）は，特定ブランドに対する心理的な絆をブランド・コミットメントとして捉える研究を行っている。第1問目にはブランドに対する信頼感を聴取し，そこから価格差是認（高くても買うか），自発的推奨（他人に勧めるか）

3.1 ブランド・コミットメントの先行研究のレビュー 47

などを経て，最終設問で品切れ抵抗感について聴取するというように，いわゆる特定ブランドに対する思い入れの強弱を表す質問を段階的に設定し，その回答率をブランド・コミットメントの尺度としている[27]。

日経産業消費研究所（1994）は，Aaker（1991）が提示したブランド・エクイティの構成要素[28]を基に，独自で検討した設問のブランド別回答率から算出した偏差値を測定尺度としている[29]。星野（1996）も，Aaker（1991）の概念を基に測定モデルを構築しているが，満足度，カテゴリー関与度，競合に対する魅力度というブランド・スイッチの可能性を探索できるような測定項目を設定している[30]。木戸（1996）は，Aaker（1991）の概念と Keller（1993）が提示したブランド知識モデルを基に，日本のマーケット特有の概念である企業ブランドに対するイメージを織り込んだ因果モデルを構築している[31]。また複数の観測変数を潜在化した変数として測定する方法もあるが，ブランド・コミットメントに関する近年の実証研究ではこの方法が多くなってきている。中でも井上（2009）は発泡酒やビールといった最寄品を対象に，感情的コミットメントと計算的コミットメントを構成する観測変数の設定を試みている[32]。

（2）単独の変数を用いる方法

小嶋ら（1985）は，ブランド・コミットメント概念に対して，「訪れた小売店に選好ブランドがなかった場合，代替ブランドを購買せずに他の小売店舗を買い回る」という操作的変数を用いている[33]。また青木（1990）は，「相対的に値上がりしてもブランドをスイッチしない」という変数を用いてブランド・コミットメントの測定を行っている[34]。

◆ブランド・ロイヤルティとの関係を捉えた測定

またブランド・ロイヤルティとブランド・コミットメントの双方で捉えた測定事例も見られる。ここでは，ブランド・ロイヤルティの測定でよく用いられるスキャン・パネルデータの他，業界統計データと，ブランド・コミットメントの測定でよく用いられる質問票などによる消費者回答データを組み合わせた

測定が中心となる。また、そのデータの組み合わせの特徴として、購買行動のデータと消費者回答データのデータ収集ソースが異なるという、マルチソースデータによる測定と、データ収集ソースが一致する、シングルソースデータによる測定とに大きく分かれる。

(1) マルチソースデータによる測定

Chaudhuri and Holbrook (2001) は、ブランド・マネージャーから収集したブランドの市場シェア、相対価格と消費者から収集した購買意向に関する回答データを変数として組み込んでいる[35]。また Humbert and Khandelwal (2006) は、消費者の態度データから構成されるブランド・エクイティ指標と市場シェアの2軸によるマトリクスを用いたブランド評価モデルを構築している[36]。

(2) シングルソースデータによる測定

清水 (1996) は、スキャン・パネルに登録されている消費者に対して質問票調査を行い、商品カテゴリーに対する関与についての回答データとその回答者の購買履歴データを付け合わせることで、ブランドに対するロイヤルティの水準はそのブランドが属するカテゴリーへの関与度の水準によって異なることを確認している[37]。また佐藤 (2006) も、消費者への質問票調査結果と回答者の購買履歴データを付け合せることで、当該ブランドの連続購買率が感情的コミットメントと計算的コミットメントに与える影響度について測定している[38]。井上 (2009) は当該ブランドのコミットメントおよび購買経験に関する質問票回答データを用いてコミットメントと購買確率の関係について測定している[39]。

以上のように、ブランド・コミットメントに関する概念、効果および測定手法に関する先行研究のレビューを行ったが、これらの研究の課題として2点指摘できる。

第1に，特定のブランドに対する反復的行動と相対的態度を構造的に捉える概念（Dick and Basu, 1994）が提示されているが，特定のブランドに対するコミットメントとロイヤルティの構造を考慮したブランド選択行動の把握は行われていない。例えば，ある消費者の特定ブランドに対するロイヤルティは高いが，コミットメントは低いという場合がある。これは特定ブランドへの購買に結びついているものの，消極的な態度で購買していることを示している。一方，ブランド・ロイヤルティは低いが，ブランド・コミットメントは高いという場合もある。これは特定ブランドへの積極的な態度を持っているものの，それが購買には結びついていないことを示している。特定のブランドに対するコミットメントとロイヤルティの構造を考慮したブランド選択行動のセグメンテーションを行うことができれば，このように特定のブランドに対するコミットメントとロイヤルティの水準に格差がある場合のブランド戦略再検討に向けた仮説抽出を行うことができる。

　第2に，ブランド・コミットメントは消費者の他ブランドへの代替傾向を低減させる傾向がある（青木, 2004）という指摘があるが，ブランド・コミットメントという態度状態とブランド・コミュニケーション，実際の購買行動の関係がほとんど明らかにされていない。態度状態とブランド・コミュニケーションの関係を定量化した研究の中でも，特に値引きに着目した研究として，値引率の高低，値引きへの接触回数と参照価格の関係（Kalwani and Yim, 1992）[40]や値引率の高低とブランド知覚品質・価値の関係（Suri et al., 2000）[41]があるが，これらの研究は値引きの条件提示に対する態度状態の影響把握に留まっており，実際の購買との関係付けは行われていない。

　したがって本章では，前述の2点の研究課題に対応するために，次の2点を明らかにする。

　まず1点目は，Dick and Basu（1994）が提示している概念を明らかにすることである。この概念では，ブランド・コミットメントの伴ったロイヤルティは「真のロイヤルティ」であり，逆にブランド・コミットメントの伴わないロイヤルティは「見せかけのロイヤルティ」としている。またブランド・ロイヤ

ルティの伴わないコミットメントは「潜在的ロイヤルティ」としており，ブランド・ロイヤルティもコミットメントも伴わない場合は「ロイヤルティなし」としている。したがって本章では，ブランド・コミットメントの強弱とブランド・ロイヤルティの強弱を併せて測定することにより，この概念で提示されている構造を明らかにする。

2 点目は，青木（2004）が指摘している，「ブランド・コミットメントは，消費者の他ブランドへの代替傾向を低減させる傾向がある」という点を明らかにすることである。つまり，青木（2004）の視点を踏まえると，次のような仮説が考えられる。

仮説Ⅰ：ある特定のブランドに対するコミットメントの強い消費者は，他ブランドの価格の値引きに接しても，他ブランドにスイッチせず，当該ブランドを反復的に購買しやすい。逆にブランド・コミットメントの弱い消費者は，値引きによって，他ブランドにスイッチしやすい。

したがって本章では，消費者のブランド・コミットメントの水準によって，購買時の値引きへの反応状況が異なる点についても明らかにすることで，上記の仮説を定量的に確認する。

3.2 分析方法

本研究では，複数のブランドに対するロイヤルティとコミットメントの関係および値引きへの反応状況を考慮したブランド購買行動のセグメンテーションを行う。ここでは，①各消費者における対象ブランドのロイヤルティとコミットメントの水準を基に消費者のセグメンテーションを行った上で，②セグメント別の値引きへの反応状況を識別する分析を行う，という 2 段階の手順を踏む。まず①として，消費者によって特定のブランドに対するロイヤルティとコミットメントの水準が異なることが考えられることを踏まえ，各消費者における対

象ブランドのロイヤルティとコミットメントの水準を基に消費者のセグメンテーションを行う。

食品や日用雑貨品といった最寄品では，消費者は必ずしも特定の1ブランドのみに対して強いロイヤルティあるいはコミットメントを持っているとは限らず，消費者によっては複数のブランドに対して強いロイヤルティあるいはコミットメントを持っている場合がある。ここでは，複数存在するブランドの中で，消費者は各ブランドのブランド・ロイヤルティとブランド・コミットメントをどのような水準で持っているのかという特徴についてのセグメンテーションを行う。

セグメンテーションの方法は，各消費者における対象ブランドのロイヤルティとコミットメントの変数を基にしたk-means法のクラスター分析を適用する[42]。ブランド・ロイヤルティの変数は対象製品カテゴリーに占める当該ブランドの購買回数比率を，ブランド・コミットメントの変数は「他のブランドより高くてもこの商品ブランドを購入したい」という，価格差是認（中谷, 1987；青木, 1990)[43]に関するブランド・コミットメントの回答結果を用いる。この回答結果は，「大いに思う，思う，あまり思わない，思わない」の4点尺度で測定している。またセグメンテーションでは，それを行うこと自体の有効性を確認するために，まず消費者セグメントを考慮しないパターンによる分析を行う。

本章では，ブランド・ロイヤルティとブランド・コミットメントの構造を捉えることを目的の1つとしているため，この構造を捉える上で消費者のセグメンテーションを行うことが適切であることを示すためには，消費者セグメントを考慮しないパターンも示す必要があると考えた。その上で，ブランド・ロイヤルティとブランド・コミットメントの2軸によって消費者を分類する方法として，ブランド・ロイヤルティのみによる分類とブランド・コミットメントのみによる分類を統合した分類（以下，提案分類）を検討する。さらにブランド・ロイヤルティとブランド・コミットメント統合分類の有効性を確認するために，ブランド・ロイヤルティの変数のみによる分類（以下，比較分類①)，ブ

ランド・コミットメントの変数のみによる分類（以下，比較分類②）の3つの分類方法で行う。なお提案分類，比較分類①，比較分類②の3つの分類方法ごとにセグメント数を検討する際には，情報量規準などの統計的基準による評価だけでなく，マーケティングでの有用性の観点からの評価も重視することとする。

次に，②セグメント別の値引きへの反応状況を識別すべく，前述で規定したセグメントの差異の識別を考慮した多項ロジットモデルを分析モデルとして適用する。分析モデルの定式化として，まず購買機会 t にブランド i を購買した消費者 h のブランド i に対する効用 $U_{ht}(i)$ を（1）式で表す。

$$U_{ht}(i) = V_{ht}(i) + \varepsilon_{ht}(i) \tag{1}$$

この時，誤差項 $\varepsilon_{ht}(i)$ がそれぞれ独立に第1種極値分布（二重指数分布）に従うと仮定する（McFadden, 1974）[44]と，選択候補となるブランド群 k の中からブランド i を購買する確率 $P_{ht}(i)$ は（2）式のように定式化される。

$$P_{ht}(i) = \frac{\exp(V_{ht}(i))}{\sum_k \exp(V_{ht}(k))} \tag{2}$$

効用関数の定式化は，多項ロジット・モデルを基礎に構築する。値引き関連の変数として購買時価格掛け率，特別陳列実施の有無を組み込み，事前に規定したセグメントごとのパラメータを設定する効用関数 $V_{ht}(i)$ は（3）式のようになる。この効用関数により，ブランド・ロイヤルティとブランド・コミットメントの構造の把握と，ブランド・コミットメントの水準による購買時の値引きへの反応度の違いを把握することが可能となる。

$$V_{ht}(i) = \alpha_i + \beta PR_{ht}(i) + \beta_s PR_{ht}^s(i) + \gamma SD_{ht}(i) + \gamma_s SD_{ht}^s(i) \tag{3}$$

ここで，$PR_{ht}(i)$ は，消費者 h の購買機会 t におけるブランド i の購買時価格掛け率変数である。$PR_{ht}^s(i)$ は，セグメント $s(s=2, \cdots, S)$ に所属する消費者 h の購買機会 t におけるブランド i の購買時価格掛け率変数である。SD_{ht}

(i) は，消費者 h の購買機会 t におけるブランド i の特別陳列実施変数であり，実施ありを1，実施なしを0とした2値変数としている。$SD_{ht}^s(i)$ は，セグメント s に所属する消費者 h の購買機会 t におけるブランド i の特別陳列実施変数である。α_i は消費者ブランド i の固有パラメータ，β は価格反応の基準パラメータ，β_s は β に対する消費者セグメント s の価格反応の差分パラメータ，γ は特別陳列への反応の基準パラメータ，γ_s は γ に対する消費者セグメント s の特別陳列反応の差分パラメータをそれぞれ示す。

3.3 実 証 分 析

分析データは，首都圏に立地するスーパーマーケットを利用する消費者の購買履歴となるスキャンパネル・データ（以下，購買履歴データ）と，その消費者のブランドに対する評価に関する質問票回答データを利用した。以下，購買履歴データおよび分析対象製品カテゴリー／ブランド，質問票回答データの概要を示す。

購買履歴データの収集期間は，2005年5月1日から2006年4月30日までの1年間である。対象世帯の条件は，データ収集期間中の対象製品カテゴリー購買回数が3回以上であることと，同期間中に少なくとも2つ以上のブランドを購買していることとしている。購買回数の少ない世帯は，対象製品カテゴリーを対象店舗以外で購入している可能性があり，そのような場合には，消費者のブランド購買行動を捉える上で問題がある。また，特定の1つのブランドのみを購買している世帯を分析に含めてしまうと，他ブランドとの競合関係が低く見積もられてしまう可能性がある。本章では，複数のブランドが競合関係にある状況下で，特定のブランドに対するコミットメントの強弱と価格の値引きとの関係を確認することを目的の1つとして捉えているため，競合関係をより明確に出力することに主眼を置くようなサンプル条件とした。以上の理由より，条件に満たない対象世帯を分析から除外している。対象世帯数は271，サンプル（購買履歴）数は1,395である。

分析上考慮した値引き関連の変数は，価格掛け率と特別陳列の2つである。価格掛け率は通常価格を1とした時の販売価格の掛け率であり，例えば10％引きの販売であれば0.9となる。分析対象ブランドの各々にはサイズの異なる複数の製品が含まれており，そのサイズによって価格が異なるため，価格の変数として販売価格そのものではなく，価格掛け率を適用した。なお，同ブランドで同一の購買機会における各サイズの価格掛け率が異なる場合には，次の方法によって代表値を設定した。

まず，ある消費者が対象ブランドのいずれかのサイズを購買した場合には，購買したサイズの価格掛け率を適用した。その消費者が他ブランドを購買した場合には，そのブランドの各サイズのうち最も低い価格掛け率を適用した。特別陳列では，当該購買機会における当該ブランドの特別陳列の有無について2値変数（特別陳列の実施の場合1，そうでない場合0）によって捉えた。特別陳列についても，価格掛け率と同様に同一ブランドの複数のサイズごとに特別陳列の有無が異なる場合があるため，ここでも次の方法によって代表値を設定した。まずある消費者が対象ブランドのいずれかのサイズを購買した場合には，購買したサイズの特別陳列の有無を適用する。その消費者が他ブランドを購買した場合には，そのブランドのいずれかのサイズの特別陳列があれば1，それ以外は0とした。

対象製品カテゴリーは，①世帯での普及率が高い，②新規ブランドの投入が少ない，③競合ブランド数が限定される，という3つの点から，つゆ（ペットボトルサイズ）カテゴリー を用いる。新規ブランドの投入が多く，競合ブランド数が多いカテゴリーでは，分析対象期間中にカテゴリーの市場構造が大きく変わる可能性があるため，分析対象期間中において市場構造が安定しているカテゴリーを選定した。

対象ブランドは，対象製品カテゴリーの購買回数比率上位5ブランド（ブランドA，ブランドB，ブランドC，ブランドD，ブランドE）と残りのブランドを1つにまとめたその他ブランド（ブランドF）である。実証分析対象期間における上位5ブランドの購買回数比率の合計は，対象製品カテゴリー全体の89.6

3.3 実証分析

表1 対象ブランドの購買回数比率（単位%）

	購買回数比率
ブランドA	23.3
ブランドB	18.5
ブランドC	21.0
ブランドD	11.4
ブランドE	15.5
ブランドF（その他ブランド）	10.4
上位5ブランド（A〜E）	89.6

%を占めている。実証分析の対象期間における対象ブランドの購買回数比率を表1に示す。また各ブランドにはそれぞれの異なるサイズの製品が含まれているが，ここではサイズの相違は考慮せず，ブランド単位での購買を捕捉している。

ブランド・コミットメントの測定尺度は，感情的コミットメントに限定し，「他のブランドより相対的に高くてもスイッチしない」（青木, 1990）[45] とする。ブランド・コミットメントのデータは，前述の購買履歴を持つ消費者を対象に，2005年5月に実施した質問票調査結果を用いている。本章の分析では，質問票回答データのうち，「他のブランドより高くてもこの商品ブランドを購入したい」という，価格差是認（中谷, 1987；青木, 1990）[46] に関するコミットメントの回答結果を用いている。

なお青木（1990）では，「他のブランドより相対的に高くてもスイッチしない」という測定尺度について，感情的コミットメントまたは計算的コミットメントのどちらに該当するのかという点には触れていないが，井上（2003）[47] が示している定義に則すと，上記の測定尺度は「リレーションシップを維持しようとするモチベーション」である感情的コミットメントを表現する尺度として捉えることができる。この回答結果は，「大いに思う，やや思う，あまり思わない，思わない」の4点尺度で測定している。各ブランドに対する回答尺度別の回答世帯数を表2に示す。

表2 各ブランドに対する回答尺度別の回答世帯数と構成比

回答尺度		大いに思う	やや思う	あまり思わない	思わない	計
回答尺度のスコア		4点	3点	2点	1点	
ブランドAコミットメント (他のブランドより高くても ブランドAを買いたい)	世帯数 構成比(％)	10 3.7	38 14.0	168 62.0	55 20.3	271 100.0
ブランドBコミットメント (他のブランドより高くても ブランドBを買いたい)	世帯数 構成比(％)	32 11.8	54 19.9	137 50.6	48 17.7	271 100.0
ブランドCコミットメント (他のブランドより高くても ブランドCを買いたい)	世帯数 構成比(％)	10 3.7	57 21.0	154 56.8	50 18.5	271 100.0
ブランドDコミットメント (他のブランドより高くても ブランドDを買いたい)	世帯数 構成比(％)	11 4.1	43 15.9	160 59.0	57 21.0	271 100.0
ブランドEコミットメント (他のブランドより高くても ブランドEを買いたい)	世帯数 構成比(％)	14 5.2	39 14.4	165 60.9	53 19.6	271 100.0

　ブランド・ロイヤルティの測定尺度は，「特定ブランドの一定以上の購買比率」(Krishnamurthi and Raj, 1991)[48]とする。ブランド・ロイヤルティのデータは，前述の購買履歴を持つ消費者を対象に，2005年5月1日から2006年4月30日までの1年間の購買履歴データから対象製品カテゴリーに占める各対象ブランドの期間購買回数比率を算出した数値を用いている。

3.4 分析結果

　まず前節で示した提案分類，比較分類①，比較分類②の3つの分類方法ごとにセグメント数を検討する。これら3つの分類方法におけるセグメントの軸の設定パターンおよびセグメント数の適切性の評価には，後述する情報量規準などの統計的基準による評価だけでなく，マーケティングでの有用性の観点から

の評価も必要となる。Wedel and Kamakura（1998）は，市場セグメンテーションにおいては，頑健性（形成されるセグメントは基準に関して十分に同質的であり，時間的に安定したものでなければならない），識別性（セグメントは他と比較して違いがなければならない），収益性（当該セグメントをターゲットとするには十分な大きさがなければならない），アクセス可能性（各セグメントは他と比較して個別的に接近可能でなくてはならない）などの観点から評価する必要性を提示している[49]。したがって，3つの分類方法におけるセグメントの軸の設定パターンおよびセグメント数の適切性の評価には，統計的基準だけでなく，マーケティングでの有用性の観点も考慮することとする。

まず，セグメント数を段階的に増やす形でk-means法によるクラスター分析を，提案分類，比較分類①，比較分類②の3つのパターンで行った。その際，提案分類については，比較分類①と比較分類②のセグメント数を事後的に組み合わせ，合計セグメント数を4から9まで増加させた。次に（1）～（3）式を基に，合計セグメント数を4から9までの段階ごとに設定し，パラメータの推定を行った。比較分類①と比較分類②については，各々のセグメント数を1から4まで増加させた。ここでのセグメント数1とは，消費者セグメントを考慮しないパターンを意味する。パラメータの推定には最尤法を用いた。購買機会 $t(=1, \cdots, T)$ における消費者 $h(=1, \cdots, H)$ の購買頻度を y_{ht} とする。この時の尤度を（4）式に示す。

$$L = \prod_{h=1}^{H} \prod_{t=1}^{T} P_{ht}(t)^{y_{ht}} \qquad (4)$$

なおパラメータの推定にはR 2.10.1を使用した。モデル選択用の指標となる適合度指標の結果について，提案分類を表3に，比較分類①を表4に，比較分類②を表5にそれぞれ示す。セグメント数を決定するための判断指標には，Goodman（1971, 1972）の提唱する適合度指標や，それを自由度で調整した自由度修正済み適合度指標および情報量規準のAIC（Akaike's Information Criterion），BIC（Bayesian Information Criterion），CAIC（Consistent AIC）な

表3　提案分類におけるモデル選択指標

セグメント数	コミットメントセグメント数	ロイヤルティセグメント数	パラメータ数	自由度	対数尤度	AIC	BIC	CAIC
4	2	2	13	258	−1128.166	2282.331	2340.651	2340.671
6	2	3	17	254	−1122.339	2278.677	2354.942	2354.968
6	3	2	17	254	−1116.605	2267.211	2343.475	2343.501
8	2	4	21	250	−1091.329	2224.659	2318.868	2318.900
9	3	3	23	248	−1105.424	2256.847	2360.029	2360.064

表4　比較分類①におけるモデル選択指標

セグメント数	パラメータ数	自由度	対数尤度	AIC	BIC	CAIC
1	7	264	−1140.176	2294.353	2325.756	2325.767
2	9	262	−1129.849	2277.699	2318.074	2318.088
3	11	260	−1125.520	2273.040	2322.388	2322.404
4	13	258	−1094.284	2214.568	2272.888	2272.908

表5　比較分類②におけるモデル選択指標

セグメント数	パラメータ数	自由度	対数尤度	AIC	BIC	CAIC
1	7	264	−1140.176	2294.353	2325.756	2325.767
2	9	262	−1132.580	2283.160	2323.536	2323.549
3	11	260	−1129.261	2280.522	2329.869	2329.886
4	13	258	−1124.450	2274.901	2333.221	2333.241

どが提唱されている。情報量規準は，その数値が低いほどモデルとしての適合が優れていることを意味する。渡辺（2001）は，情報量規準ではAICを用いることが一般的であるが，単一の指標に基づいて判断するのではなく，複数の指標を総合的に評価して判断するのが望ましいとしている[50]。本章では，それぞれの情報量規準によるモデル選択の性格の差についての議論には踏み込まず，複数の指標を計算し，それらの結果を総合的に評価することとした。

まず，表4と表5に示されているセグメント数1のモデルの情報量規準を見

3.4 分析結果

ると,セグメンテーションを行っているセグメント数2以上のモデルに比べ,どの指標においても数値が大きい。つまり,消費者セグメントを考慮しないパターンは,モデルとしての適合が優れていないことがわかる。

次に,複数の情報量規準を基に最適なセグメント数を検討する。ここでは,BICおよびCAICという2つの情報量規準において検討すると,提案分類ではセグメント数8のモデルが,比較分類①ではセグメント数4のモデルが,比較分類②ではセグメント数2のモデルがそれぞれ最も優れていることになる。しかし,これらの情報量規準を分類間で比べると,提案分類の数値よりも2つの比較分類の数値の方が優れていることになる。ただし前述の通り,セグメントの軸の設定パターンおよびセグメント数の適切性の評価には,情報量規準による評価だけでなく,マーケティングでの有用性の観点からの評価も必要となる。そこで以降では,各分類方法において情報量規準が最も優れているモデルを用いて,マーケティングでの有用性の観点からの評価も検討する。

クラスター分析の結果に基づき,各セグメントの特徴を記述する。その際,各セグメントにおけるブランドAからブランドEのコミットメントとロイヤルティの状況を見た上で,マーケティングでの有用性として,識別性,収益性,アクセス可能性の観点[51]から各セグメントの消費者属性,対象店舗での購買実績を確認する。

各セグメントにおけるブランドAからブランドEのコミットメントとロイヤルティの実績値をDick and Basu (1994) の概念図に基づいて布置した上で,各セグメントの特徴について述べる。その際には,まず消費者セグメントを考慮しないパターンを示した上で,次に消費者セグメントを考慮するパターンとして,提案分類,比較分類①,比較分類②の3つの分類方法ごとに述べる。Dick and Basu (1994) の概念図に基づいて布置する際には,ブランド・ロイヤルティおよびブランド・コミットメントの強弱の境界となる基準値の設定が必要となる。その基準値は,分析対象サンプルにおけるブランド・ロイヤルティおよびブランド・コミットメントの分布状況を基に設定するのが適切であると考えられる。

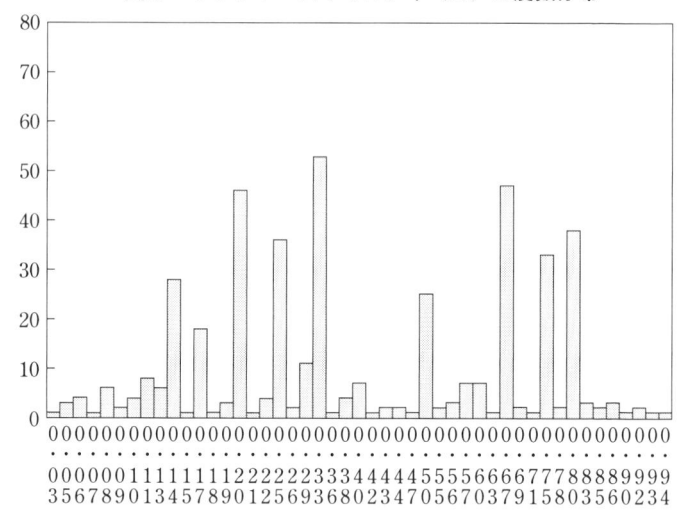

図3 ブランド・ロイヤルティ（BL）の度数分布

分析対象サンプルにおけるブランドAからブランドEまでのブランド・ロイヤルティの度数分布を図3に示す。ここでは，平均値 μ が0.325，標準偏差 σ が0.249となっている。平均値に標準偏差を加えると，$\mu + \sigma = 0.574$ となることから，ブランド・コミットメントの基準値を0.574近辺で設定するのが妥当と考えられる。なおブランド・ロイヤルティの基準値については購買比率尺度の場合の基準値は任意で設定される（守口, 2003）[52] ものであり，0.7, 0.5, 0.3などに設定されるが，ここでは設定の根拠についての明確な指摘はされていない。しかし清水（2004）は，当該ブランドの購買度合いについての質問票調査結果と，回答者の実際の当該ブランド購買実績を組み合わせることによってブランド・ロイヤルティの基準値を説明している。ここでは，「いつも同じブランドを購入する」と回答した消費者の実際のブランド・ロイヤルティは0.7,「たまに別のブランドを購入する」と回答した消費者のそれは0.6であるという実証分析結果が示されている[53]。本章の分析対象サンプルの条件では，同期間中に少なくとも2つ以上のブランドを購買していることとしていることから，ブランド・ロイヤルティの基準値を0.6とするのが，本分析サンプルの分布状

図4 ブランド・コミットメント（BC）の度数分布

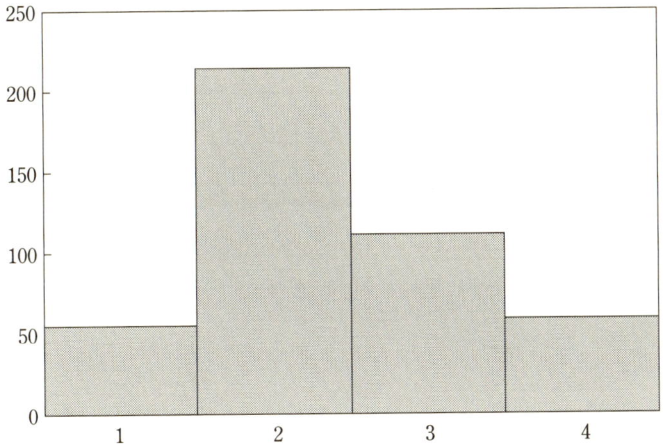

況の点だけでなく，先行研究の点からも適切であると言える。

　同様に，分析対象サンプルにおけるブランドAからブランドEまでのブランド・コミットメントの度数分布を図4に示す。ここでは，平均値μが2.292，標準偏差σが0.870となっている。平均値に標準偏差を加えると，$\mu+\sigma=3.162$となることから，ブランド・コミットメントの基準値を3.162近辺で設定することが妥当と考えられる。なお本分析で適用しているブランド・コミットメントの質問票回答データは，「大いに思う，やや思う，あまり思わない，思わない」の4点尺度で測定しており，「ややそう思う」というポジティブ評価の最低スコアは3点である。したがって，ブランド・コミットメントの基準値を3.000に設定することは，本分析のサンプルの分布状況という点だけでなく，ポジティブ評価という質問票の特性という点からも適切と言える。

　以上の検討を踏まえ，本分析におけるブランド・ロイヤルティの強弱の基準値を0.600，ブランド・コミットメントの強弱の基準値を3.000とする。ここで設定したブランド・ロイヤルティとブランド・コミットメントの基準値を基にした対象サンプルの分布状況を図5に示す。前述の基準値を基にすると，対象サンプルのうち，ブランド・ロイヤルティが0.600以上かつブランド・コミット

62　3　値引きとブランド・コミットメント

図5　BLとBCによる対象サンプルの分布

潜在的ロイヤルティ　　　　　真のロイヤルティ

ロイヤルティなし　　　　　見せかけのロイヤルティ

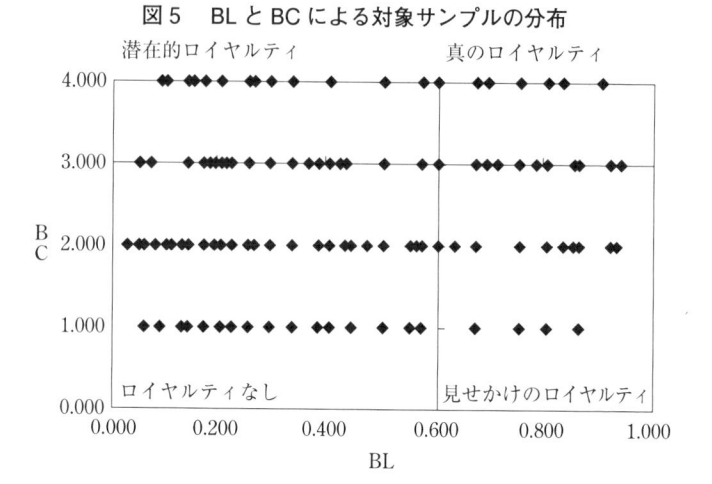

BC / BL

メントが3.000以上のセグメントは「真のロイヤルティ」という特徴づけができる。同様に、ブランド・ロイヤルティが0.600未満かつブランド・コミットメントが3.000以上のセグメントは「潜在的ロイヤルティ」、ブランド・ロイヤルティが0.600以上かつブランド・コミットメントが3.000未満のセグメントは「見せかけのロイヤルティ」、ブランド・ロイヤルティが0.600未満かつブランド・コミットメントが3.000未満のセグメントは「ロイヤルティなし」となる。

前述の基準値を基に、3つの分類方法ごとに各セグメントの特徴について記述する。

まず、消費者セグメントを考慮しないパターンでの特徴について述べる。その場合の各セグメントのブランドをDick and Basu（1994）の概念図に基づいて布置したものを図6に示す。このパターンでは、ブランドAからブランドEのいずれもブランド・コミットメントとブランド・ロイヤルティの基準値に満たない状況である。したがってこのセグメントでは、対象となるブランドのすべてが「ロイヤルティなし」に該当することになる。したがって、このパターンでは、ブランド・ロイヤルティとブランド・コミットメントの2軸によって識別される、「真のロイヤルティ層」、「潜在的ロイヤルティ層」、「見せかけのロイヤルティ層」が抽出できていないという問題が生じている。

**図6　セグメントなしのモデルにおける
BLとBCの関係**

セグメント無（1.000）

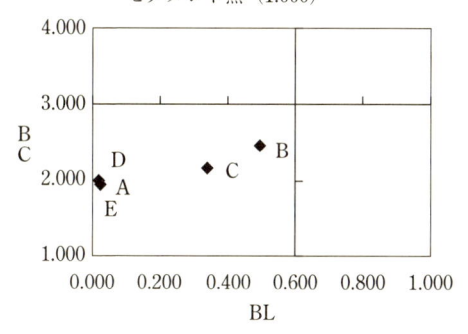

次に，消費者セグメントを考慮する分類方法として，提案分類による分類の特徴を述べる。提案分類の各セグメントのブランドを Dick and Basu（1994）の概念図に基づいて布置したものを図7に示す。

セグメント1では，ブランドAからブランドEのいずれもブランド・コミットメントとブランド・ロイヤルティの基準値に満たない状況である。したがってセグメント1は，「ロイヤルティなし層」という特徴づけができる。セグメント2，セグメント3，セグメント4ではそれぞれ，ブランドE，ブランドA，ブランドDがブランド・コミットメントの基準値に達していないが，ブランド・ロイヤルティの基準値に達している状況である。したがってセグメント2は，「ブランドE見せかけのロイヤルティ層」，セグメント3は，「ブランドA見せかけのロイヤルティ層」，セグメント4は，「ブランドD見せかけのロイヤルティ層」という特徴づけができる。

セグメント5とセグメント6ではそれぞれ，ブランドB，ブランドEがブランド・ロイヤルティとブランド・コミットメントの双方の基準値に達している状況である。したがってセグメント5は，「ブランドB真のロイヤルティ層」，セグメント6は，「ブランドE真のロイヤルティ層」という特徴づけができる。セグメント7では，ブランドAがブランド・ロイヤルティとブランド・コミットメントの双方の基準値に達している状況である。またブランドE

図7　提案分類における各セグメントのBLとBCの状況（セグメント数8）

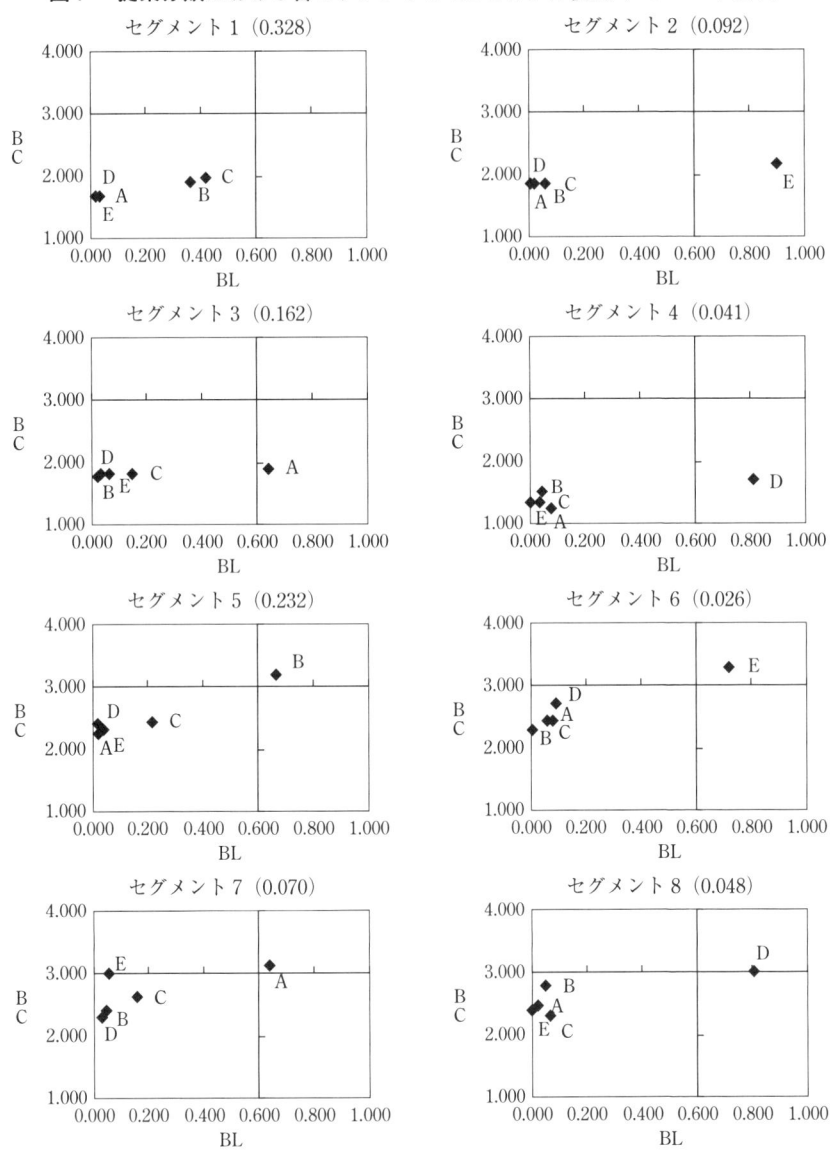

がブランド・ロイヤルティの基準値に達していないが，ブランド・コミットメントの基準値に達している状況である．したがって，セグメント7は，「ブランドA真のロイヤルティ&ブランドE潜在的ロイヤルティ層」という特徴づけができる．セグメント8では，ブランドDがブランド・ロイヤルティとブランド・コミットメントの双方の基準値に達している状況である．したがってセグメント8は，「ブランドD真のロイヤルティ層」という特徴づけができる．

このように，提案分類では，ブランド・ロイヤルティとブランド・コミットメントの2軸によって識別される，「真のロイヤルティ層」，「潜在的ロイヤルティ層」，「見せかけのロイヤルティ層」を抽出することができていることを確認できる．

比較分類①では，各セグメントのブランドをDick and Basu (1994) の概念図に基づいて布置したものを図8に示す．

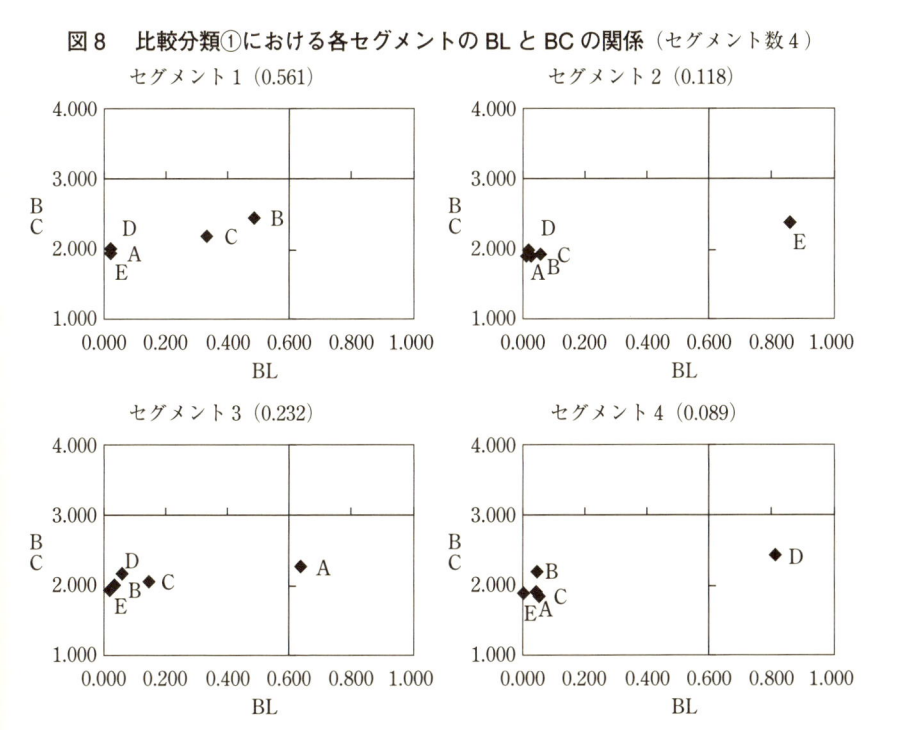

図8 比較分類①における各セグメントのBLとBCの関係（セグメント数4）

セグメント1では，ブランドAからブランドEのいずれもブランド・コミットメントとブランド・ロイヤルティの基準値に満たない状況である。したがってこのセグメントでは，対象となるブランドのすべてが「ロイヤルティなし」に該当するため，このセグメントは，「ロイヤルティなし層」という特徴づけができる。セグメント2では，ブランドEがブランド・コミットメントの基準値に達していないが，ブランド・ロイヤルティの基準値に達している状況である。したがってこのセグメントでは，ブランドEが「見せかけのロイヤルティ」に該当するため，このセグメントは，「ブランドE見せかけのロイヤルティ層」という特徴づけができる。同様の見方をすると，セグメント3とセグメント4では，それぞれ「ブランドA見せかけのロイヤルティ層」，「ブランドD見せかけのロイヤルティ層」という特徴づけができる。しかし，比較分類①では，ブランド・ロイヤルティの水準による識別から，「見せかけのロイヤルティ層」と「ロイヤルティなし層」が抽出できているが，ブランド・コミットメントが強いセグメントである，「真のロイヤルティ層」と「潜在的ロイヤルティ層」が抽出できておらず，提案分類に比べて識別の精度が不十分であることが確認できる。

比較分類②では，各セグメントのブランドをDick and Basu (1994)の概念図に基づいて布置したものを図9に示す。

セグメント1とセグメント2では共に，ブランドAからブランドEのいずれもブランド・コミットメントとブランド・ロイヤルティの基準値に満たない状況である。したがってセグメント3とセグメント4は共に，「ロイヤルティなし層」という特徴づけができる。ここでも比較分類①で見られた傾向と同様に，提案分類によって識別される，「真のロイヤルティ層」，「潜在的ロイヤルティ層」，「見せかけのロイヤルティ層」が抽出されておらず，提案分類に比べて識別の精度が不十分であることが確認できる。

マーケティングでの有用性の面から各セグメントを評価すべく，識別性，収益性，アクセス可能性の観点からセグメントの特徴を記述する。具体的には，識別性およびアクセス可能性に対応できるものとして各セグメントの年代構成

図9　比較分類②における各セグメントのBLとBCの状況（セグメント数2）

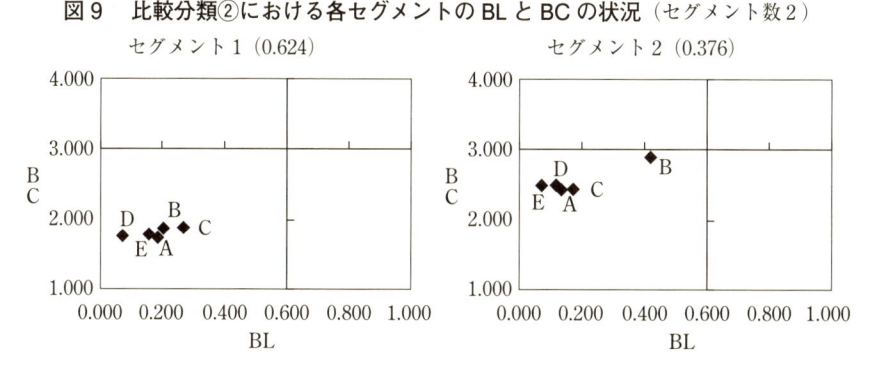

セグメント1 (0.624)　　　　　　セグメント2 (0.376)

を，識別性，収益性，アクセス可能性に対応できるものとして各セグメントの消費者の対象店舗での購買実績（来店回数，来店1回当たり購買金額）を適用する。

まず提案分類，比較分類①，比較分類②という3つの分類方法ごとに抽出された各セグメントの年代構成について見てみる。調査対象店舗利用者全体，対象サンプル全体および分類方法別の各セグメントの年代構成を表6に示す。

調査対象店舗の利用者全体での構成比は，40代が33.6%と最も多く，次いで50代（29.3%），30代以下（25.2%），60代以上（11.9%）の順となっている。対象サンプル全体では，40代が39.1%と最も多く，次いで50代（32.8%），30代以下（15.1%），60代以上（12.5%）の順となっており，人数の多い年代の順は調査対象店舗利用者全体と同様の傾向である。ただし対象サンプル全体では，調査対象店舗の利用者全体に比べて30代以下の構成比が小さく，40代，50代の構成比が大きい傾向にある。

各セグメントの年代構成について見ると，提案分類では，セグメントによって構成比の最も大きい年代が異なる。例えば，セグメント1，セグメント2，セグメント5，セグメント7では40代の構成比が最も大きく，セグメント3，セグメント4，セグメント6では50代が，セグメント8では60代以上の構成比が最も大きい。またセグメント2とセグメント6，セグメント3とセグメント7，セグメント4とセグメント8のように，特定ブランドに対する「見せかけ

表6　分類方法別の各セグメントの年代構成

(単位%)

		ブランド・ロイヤルティとブランド・コミットメントの状況	サンプル数	30代以下	40代	50代	60代以上
提案分類	セグメント1	ロイヤルティなし	89	15.7	38.2	34.8	11.2
	セグメント2	ブランドE見せかけ	25	20.0	44.0	28.0	8.0
	セグメント3	ブランドA見せかけ	43	18.6	32.6	34.9	14.0
	セグメント4	ブランドD見せかけ	11	27.3	27.3	45.5	0.0
	セグメント5	ブランドB真	63	14.3	44.4	31.7	9.5
	セグメント6	ブランドE真	7	0.0	14.3	57.1	28.6
	セグメント7	ブランドA真&E潜在	19	5.3	52.6	31.6	10.5
	セグメント8	ブランドD真	13	7.7	38.5	7.7	46.2
	合計		270	15.2	39.3	33.0	12.6
比較分類①	セグメント1	ロイヤルティなし	152	15.1	40.8	33.6	10.5
	セグメント2	ブランドE見せかけ	32	15.6	37.5	34.4	12.5
	セグメント3	ブランドA見せかけ	62	14.5	38.7	33.9	12.9
	セグメント4	ブランドD見せかけ	24	16.7	33.3	25.0	25.0
	合計		270	15.2	39.3	33.0	12.6
比較分類②	セグメント1	ロイヤルティなし	168	17.9	36.9	34.5	10.7
	セグメント2	ロイヤルティなし	102	10.8	43.1	30.4	15.7
	合計		270	15.2	39.3	33.0	12.6
調査対象店舗の利用者全体				25.2	33.6	29.3	11.9

のロイヤルティ層」と「真のロイヤルティ層」で比べると，「真のロイヤルティ層」の方が60代以上の構成比が大きい傾向にある。比較分類①では，セグメント1からセグメント4までの各セグメントにおいて40代の構成比が最も大きい状況である。次いで構成比が大きい年代は，セグメント1からセグメント3では50代となっているが，セグメント4においては50代と60代以上が同じ構成比となっている。比較分類②では，セグメント1とセグメント2は共に40代の

表7 分類方法別の各セグメントの対象店舗での購買実績

		ブランド・ロイヤルティとブランド・コミットメントの状況	サンプル数	月当たり来店回数(回)	月当たり購買金額(円)	来店1回当たり購買金額(円)
提案分類	セグメント1	ロイヤルティなし	89	11.4	31,609	2,762
	セグメント2	ブランドE見せかけ	25	11.6	30,289	2,601
	セグメント3	ブランドA見せかけ	44	11.8	31,807	2,694
	セグメント4	ブランドD見せかけ	11	10.0	28,979	2,887
	セグメント5	ブランドB真	63	11.9	30,214	2,549
	セグメント6	ブランドE真	7	16.5	44,052	2,674
	セグメント7	ブランドA真&E潜在	19	13.4	31,381	2,337
	セグメント8	ブランドD真	13	12.6	26,722	2,115
	合計		271	11.9	31,159	2,622
比較分類①	セグメント1	ロイヤルティなし	152	11.6	31,031	2,672
	セグメント2	ブランドE見せかけ	32	12.7	33,299	2,621
	セグメント3	ブランドA見せかけ	63	12.3	31,678	2,577
	セグメント4	ブランドD見せかけ	24	11.4	27,756	2,425
	合計		271	11.9	31,159	2,622
比較分類②	セグメント1	ロイヤルティなし	169	11.5	31,294	2,727
	セグメント2	ロイヤルティなし	102	12.6	30,936	2,463
	合計		271	11.9	31,159	2,622
調査対象店舗の利用者全体				9.0	16,866	1,874

構成比が最も大きく，次いで50代が大きい。このように，提案分類では，比較分類①および比較分類②に比べて購買の主要年代の差異も識別しやすいことが確認できる。

次に各セグメントの対象店舗での購買実績について見る。調査対象店舗利用者全体，対象サンプル全体および分類方法別の各セグメントの対象店舗での購買実績を表7に示す。調査対象店舗の利用者全体では，1月あたり来店回数

(以下，来店回数) が9.0回，1月あたり購買金額 (以下，購買金額) が16,866円である。対象サンプル全体では，来店回数が11.9回，購買金額が31,159円であり，調査対象店舗の利用者全体に比べて来店回数が多い上，購買金額も多いことがわかる。

分類方法別に各セグメントの購買実績について見ると，提案分類では，セグメント6（ブランドE真のロイヤルティ層）において来店回数，購買金額共に最も大きい。一方，来店回数が最も少ないセグメントはセグメント4（ブランドD見せかけのロイヤルティ層），購買金額が最も少ないセグメントはセグメント8（ブランドD真のロイヤルティ層）である。またセグメント2とセグメント6，セグメント3とセグメント7，セグメント4とセグメント8のように，特定ブランドに対する「見せかけのロイヤルティ層」と「真のロイヤルティ層」で比べると，「真のロイヤルティ層」の方の購買回数が多い傾向にある。

比較分類①では，セグメント2（ブランドE見せかけのロイヤルティ層）は来店回数と購買金額が共に最も多く，一方セグメント4（ブランドD見せかけのロイヤルティ層）は来店回数と購買金額が共に最も少ない。

比較分類②では，来店回数はセグメント2（ロイヤルティなし層）の方が多いが，購買金額はセグメント1（ロイヤルティなし層）の方が多い。このように，提案分類では，当該ブランドの真のロイヤルティ層や見せかけのロイヤルティ層が店舗にとっての収益性にどのくらい貢献しているのかという観点でも，比較分類①および比較分類②に比べて，その差異を識別しやすいことが確認できる。

パラメータの推定においては，まず消費者セグメントを考慮しないパターンを分析モデルに適用した結果について述べる。消費者セグメントを考慮しないパターンに基づくパラメータ推定結果を表8に示す。消費者セグメントを考慮しないパターンでは，価格反応パラメータと特別陳列反応パラメータが共に1％水準で有意となっている。しかしこの結果では，消費者は一律に値引きにも反応し，特別陳列にも反応するということを意味することになり，消費者によって，価格に強く反応する者もいれば，そうでない者もいるというような，価

**表 8 セグメントなしのモデルにおける
パラメータ推定結果**

サンプル数		271
価　格	β	-1.523***
特別陳列	γ	0.418***
定数項（ブランドB）	a_1	-0.369***
定数項（ブランドC）	a_2	-0.637***
定数項（ブランドD）	a_3	-0.570***
定数項（ブランドE）	a_4	-0.324***
定数項（ブランドF）	a_5	-0.903***

*** 1％水準
定数項はセグメント間で共通。

格反応における消費者の異質性を捉えることができないことがわかる。

次に，提案分類，比較分類①，比較分類②という3つの分類方法ごとに分析モデルに適用した結果について述べる。提案分類に基づくパラメータ推定結果を表9に，比較分類①に基づくパラメータ推定結果を表10に，比較分類②に基づくパラメータ推定結果を表11にそれぞれ示す。なお価格反応パラメータと特別陳列反応パラメータ共に，セグメント1の数値を基準としており，他のセグメントのパラメータの数値はその基準値からの差分値を意味する。したがって，他のセグメントのパラメータの数値が有意である場合，基準パラメータであるセグメント1との差が有意であることを示す。

提案分類では，セグメント5の価格反応パラメータは5％水準で有意である以外には，すべてのセグメントにおいて1％水準で有意となっている。特別陳列反応パラメータについては，セグメント1とセグメント4では1％水準で有意であり，セグメント6とセグメント8では5％水準で有意となっている。しかしセグメント2，セグメント3，セグメント5では10％水準でも有意とならなかった。比較分類①では，セグメント1からセグメント4までの価格反応パラメータのすべてが1％水準で有意となっている。特別陳列反応パラメータの

72　3　値引きとブランド・コミットメント

表9　提案分類におけるパラメータ推定結果

	セグメント1 ロイヤルティなし層 (基準パラメータ)	セグメント2 ブランドE見せかけ のロイヤルティ層 (差分パラメータ)	セグメント3 ブランドA見せかけ のロイヤルティ層 (差分パラメータ)	セグメント4 ブランドD見せかけ のロイヤルティ層 (差分パラメータ)
サンプル数	89	25	44	11
セグメントサイズ	0.328	0.092	0.162	0.041
価格	β　-3.493 ***	β_2　4.034 ***	β_3　2.597 ***	β_4　3.851 ***
特別陳列	γ　0.747 ***	γ_2　-0.708	γ_3　-0.413	γ_4　-0.971 ***
	セグメント5 ブランドB真の ロイヤルティ層 (差分パラメータ)	セグメント6 ブランドE真の ロイヤルティ層 (差分パラメータ)	セグメント7 ブランドA真&E 潜在ロイヤルティ層 (差分パラメータ)	セグメント8 ブランドD真の ロイヤルティ層 (差分パラメータ)
サンプル数	63	7	19	13
セグメントサイズ	0.232	0.026	0.070	0.048
価格	β_5　0.805 **	β_6　2.936 ***	β_7　2.113 ***	β_8　3.487 ***
特別陳列	γ_5　0.336	γ_6　-0.839 **	γ_7　-0.197	γ_8　-0.932 **
定数項(ブランドB)	a_1　-0.320 ***			
定数項(ブランドC)	a_2　-0.687 ***			
定数項(ブランドD)	a_3　-0.550 ***			
定数項(ブランドE)	a_4　-0.273 **			
定数項(ブランドF)	a_5　-0.856 ***			

*** 1％水準，** 5％水準
定数項はセグメント間で共通。

　うちセグメント1，セグメント2，セグメント4では1％水準で有意であり，セグメント3では5％水準で有意となっている。比較分類②では，セグメント1とセグメント2の価格反応パラメータは共に1％水準で有意となっている。しかし特別陳列反応パラメータについては，セグメント1とセグメント2共に10％水準でも有意とならなかった。

　以上の結果を踏まえ，各セグメントのパラメータ推定値に基づき，各セグメントの特徴を考察する。基準パラメータと差分パラメータの有意性については

3.4 分析結果

表10 比較分類①におけるパラメータ推定結果

	セグメント1 ロイヤルティなし層 (基準パラメータ)		セグメント2 ブランドE見せかけ のロイヤルティ層 (差分パラメータ)		セグメント3 ブランドA見せかけ のロイヤルティ層 (差分パラメータ)		セグメント4 ブランドD見せかけ のロイヤルティ層 (差分パラメータ)	
サンプル数	152		32		63		24	
セグメントサイズ	0.561		0.118		0.232		0.089	
価格	β	-3.221 ***	β_2	3.732 ***	β_3	2.005 ***	β_4	3.832 ***
特別陳列	γ	0.864 ***	γ_2	-0.887 ***	γ_3	-0.447 *	γ_4	-0.518 ***
定数項(ブランドB)	a_1	-0.332 ***						
定数項(ブランドC)	a_2	-0.702 ***						
定数項(ブランドD)	a_3	-0.556 ***						
定数項(ブランドE)	a_4	-0.283 **						
定数項(ブランドF)	a_5	-0.875 ***						

*** 1％水準, ** 5％水準, * 10％水準
定数項はセグメント間で共通。

表11 比較分類②におけるパラメータ推定結果

	セグメント1 ロイヤルティなし層 (基準パラメータ)		セグメント2 ロイヤルティなし層 (差分パラメータ)	
サンプル数	169		102	
セグメントサイズ	0.624		0.376	
価格	β	-2.987 ***	β_2	1.927 ***
特別陳列	γ	0.183	γ_2	0.305
定数項(ブランドB)	a_1	-0.355 ***		
定数項(ブランドC)	a_2	-0.649 ***		
定数項(ブランドD)	a_3	-0.567 ***		
定数項(ブランドE)	a_4	-0.325 **		
定数項(ブランドF)	a_5	-0.889 ***		

*** 1％水準, ** 5％水準
定数項はセグメント間で共通。

74　3　値引きとブランド・コミットメント

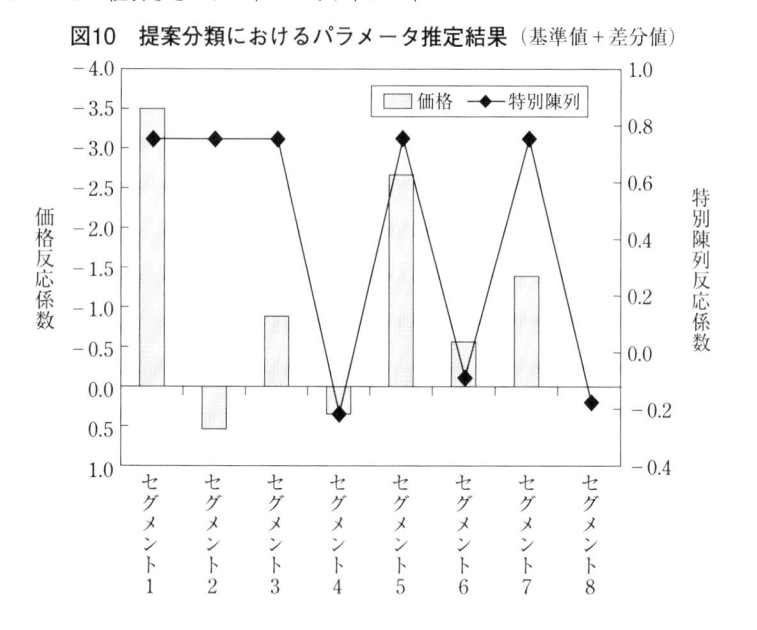

図10　提案分類におけるパラメータ推定結果（基準値＋差分値）

前述で示した通りであるため，ここでは考察を進める上でセグメント間でのパラメータの水準を便宜的に比較するために，基準値と差分値を加えたパラメータの数値を示すこととする。なお，10%水準でも有意とならなかったパラメータについては，効果が確認されなかったということで0と表示する。提案分類における同様のパラメータの数値を図10に，比較分類①における基準値と差分値を加えたパラメータの数値を図11に，比較分類②における同様のパラメータの数値を図12にそれぞれ示す。

　提案分類では，「ロイヤルティなし層」であるセグメント1は，4つのセグメントの中で価格にも特別陳列にも最も強く反応するセグメントである。セグメント2，セグメント3，セグメント4は，それぞれブランドE，ブランドA，ブランドDの「見せかけのロイヤルティ層」であるが，価格への反応はほとんど見られない状況である。セグメント5，セグメント6，セグメント8は，それぞれブランドB，ブランドE，ブランドDの「真のロイヤルティ層」であり，セグメント7は「ブランドA真＆ブランドE潜在的ロイヤルティ層」

3.4 分析結果 75

図11 比較分類①におけるパラメータ推定結果（基準値＋差分値）

（価格反応係数 / 特別陳列反応係数のグラフ。横軸：セグメント1、セグメント2、セグメント3、セグメント4）

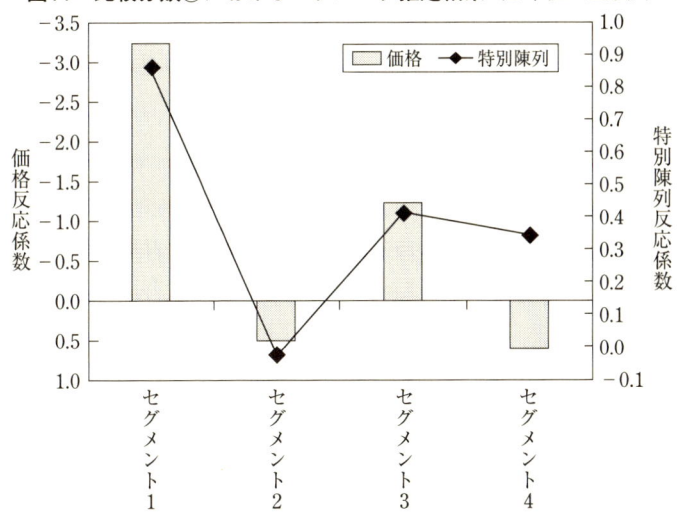

図12 比較分類②におけるパラメータ推定結果（基準値＋差分値）

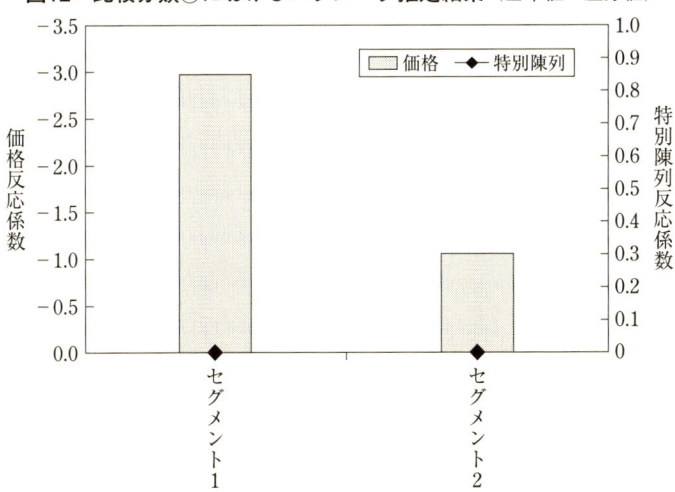

（価格反応係数 / 特別陳列反応係数のグラフ。横軸：セグメント1、セグメント2）

（注）セグメント1と2共に特別陳列反応の有意性が確認されなかったため，反応係数を「0」と表示している。

であるが，これらのセグメントの価格反応はセグメント1に比べて弱いものの，セグメント2，セグメント3，セグメント4の「見せかけのロイヤルティ層」に比べて強い傾向にある。つまり，「真のロイヤルティ層」は，「ロイヤルティなし層」に比べて価格反応は弱いものの，「見せかけのロイヤルティ層」に比べてその反応は強いということになる。したがって，「**仮説I**：特定のブランドに対するコミットメントが強ければ，その特定ブランドが価格の値引きを行わなくても購買する傾向が大きくなる」は，「真のロイヤルティ層」と「ロイヤルティなし層」との比較においては支持されるが，「真のロイヤルティ層」と「見せかけのロイヤルティ層」との比較においては不支持となるため，一部支持という結果となった。

比較分類①では，「ロイヤルティなし層」であるセグメント1は，4つのセグメントの中で価格にも特別陳列にも最も強く反応するセグメントである。セグメント2，セグメント3，セグメント4は，それぞれブランドE，ブランドA，ブランドDの「見せかけのロイヤルティ層」であるが，価格や特別陳列への反応はセグメント1に比べて弱い傾向にある。

比較分類②では，セグメント1とセグメント2は共に「ロイヤルティなし層」であるが，セグメント1の価格反応が強い傾向にある。特別陳列については，セグメント1とセグメント2共に有意性を確認できなかった。

以上のように，本研究で設定した仮説については，提案分類によるセグメントの識別によってこそ検証することができたが，比較分類①と比較分類②では，仮説を検証する上での十分なセグメントの識別ができなかったことがわかる。

3.5 考　察

前節に記した本研究の分析モデルのパラメータ推定値およびその解釈について考察する。その際，本研究の分析モデルを構築する際に考慮した，ブランド・ロイヤルティとブランド・コミットメントの構造の確認とブランド・コミットメントの水準による価格の値引きへの反応度の差異の確認の2点に沿って

3.5 考　察

考察する。

　まず，ロイヤルティとコミットメントの構造の検証という点から考察する。本章では，まず消費者セグメントを考慮しないパターンを示した上で，ブランド・ロイヤルティとブランド・コミットメントの2軸によって消費者を分類する方法として，提案分類（ブランド・ロイヤルティとブランド・コミットメントの統合分類）を検討した。さらに提案分類の有効性を確認するために，比較分類①（ブランド・ロイヤルティの変数のみによる分類），比較分類②（ブランド・コミットメントの変数のみによる分類）の3つの分類方法ごとに分析モデルに適用した。その結果，提案分類では，消費者セグメントを考慮しないパターンおよび，比較分類①，比較分類②に比べて，「真のロイヤルティ層」，「潜在的ロイヤルティ」，「見せかけのロイヤルティ層」という消費者層の抽出ができている上，購買の主要年代や対象店舗での購買実績の差異も識別しやすいことが確認できている。したがって，ここでは提案分類（ブランド・ロイヤルティとブランド・コミットメントの統合分類）による結果を中心に述べる。

　セグメント1は，ブランドAからブランドEまでのいずれのブランドに対してもコミットメントが弱く，ロイヤルティも弱い消費者層になる。またこの層は価格や特別陳列に強く反応する傾向がある。このことから，このセグメントの消費者はいずれのブランドに対しても態度的なつながりが弱い上に，特定のブランドを購買し続ける傾向にないことがわかる。購買のきっかけは，価格プロモーションや特別陳列による商品露出の状況時が中心になっていることが確認できる。このセグメントは特にお気に入りのブランドがあるわけでなく，プロモーションのタイミングに応じて適宜スイッチしている傾向にあると言える。このセグメントの消費者の年代は，40代，50代が多く，店舗への来店回数は8セグメント中6番目，購買金額は同3番目の水準である。

　セグメント2，セグメント3，セグメント4はそれぞれブランドE，ブランドA，ブランドDに対するコミットメントが弱いが，ロイヤルティが強い消費者層である。また価格への反応は基準となるセグメント1より弱い。このことから，このセグメントの消費者は当該ブランドに対する態度的なつながりが

弱いものの，価格プロモーションの如何にかかわらず当該ブランドを購買し続けていることがわかる。つまりこのセグメントの消費者は当該ブランドを慣性的に購買していると言える。これらのセグメントの消費者の年代は，他のセグメントに比べて30代以下が多く，店舗への来店回数は他のセグメントに比べて少ない傾向にある。

　セグメント5，セグメント6，セグメント8は，それぞれブランドB，ブランドE，ブランドDという特定の1つのブランドに対してコミットメントとロイヤルティが共に強い消費者層である上，価格への反応もセグメント1よりも弱い傾向である。このことから，このセグメントの消費者は当該ブランドに対する態度的なつながりが強い上に，セグメント1のような「ロイヤルティなし層」に比べて価格の値引きが少なくても当該ブランドを購買し続けていることがわかる。これらのセグメントの消費者の年代は，他のセグメントに比べて60代以上が多く，店舗への来店回数は他のセグメントに比べて多い傾向にある。

　セグメント7はブランドAに対してコミットメントとロイヤルティが共に強い消費者層であるが，ブランドEに対してロイヤルティは弱いがコミットメントは強い状況である。また価格の値引きへの反応は8セグメント中3番目に強い。このことから，このセグメント7の消費者は現在ではブランドAを中心に購買している上，態度的なつながりも強いが，ブランドEに購買スイッチする可能性があることを示唆している。このセグメントの消費者の年代は，他のセグメントに比べて40代が多く，店舗への来店回数は8セグメント中2番目に多い水準である。

　次に，コミットメントの水準と購買時の値引きへの反応度の関係について考察する。特定のブランドに対してコミットメントが強いセグメントはセグメント5（ブランドB真のロイヤルティ層），セグメント6（ブランドE真のロイヤルティ層），セグメント7（ブランドA真＆ブランドE潜在的ロイヤルティ層），セグメント8（ブランドD真のロイヤルティ層）であり，これらのセグメントの値引きへの反応はセグメント1（ロイヤルティなし層）に比べて弱い傾向にある。しかし，セグメント2（ブランドE見せかけのロイヤルティ層）とセグメント6

(ブランドE真のロイヤルティ層)を比べると、セグメント6(ブランドE真のロイヤルティ層)の方が値引きへの反応が強い傾向にある。同様にセグメント3(ブランドA見せかけのロイヤルティ層)とセグメント7(ブランドA真&ブランドE潜在的ロイヤルティ層)、セグメント4(ブランドD見せかけのロイヤルティ層)とセグメント8(ブランドD真のロイヤルティ層)をそれぞれ比べてみても、当該ブランドに対するコミットメントの強い「真のロイヤルティ層」の方がブランド・コミットメントの弱い「見せかけのロイヤルティ層」に比べて値引きへの反応が強い。これは、「見せかけのロイヤルティ層」は慣性的な購買行動を行っており、価格の値引きの状況にかかわらず購買する傾向にあることが考えられる。

一方、「真のロイヤルティ層」は、「多少高くても当該ブランドを購買したい」としているが、「ロイヤルティなし層」ほど値引きに対して敏感ではないにしろ、ある程度の値引きに反応して購買する傾向にあることが考えられる。「真のロイヤルティ層」は他のセグメントに比べて60代が多く、店舗への来店回数が多いという、店舗にとって優良なセグメントである可能性がある。これらのセグメントの購買を維持する方向として、例えば、値引き水準を抑える形で消費者限定型のプロモーションを行う等、ある程度の値引きによる購買刺激が必要であるものと考えられる。

3.6 本章のまとめ

本章では、Dick and Basu (1994) が提示した、ブランド・ロイヤルティとブランド・コミットメントの構造化の概念と、青木 (2004) が提示した、ブランド・コミットメントの水準による価格の値引きへの反応度の違いの2点を確認した。本研究の分析結果から、以下のような知見を把握することができた。

第1に、Dick and Basu (1994) が提示した概念の通り、ブランド・コミットメントとの構造的な関係を考慮してブランド・ロイヤルティを捉えることにより、「真のロイヤルティ」、「見せかけのロイヤルティ」、「潜在的ロイヤルテ

ィ」,「ロイヤルティなし」という,ブランド・ロイヤルティまたはブランド・コミットメントの測定だけでは識別することのできない消費者セグメントが導出された。

第2に,青木(2004)が提示した概念は一部支持される結果になったが,特定のブランドに対するロイヤルティとコミットメントが共に強い「真のロイヤルティ層」は,いずれのブランドに対してもコミットメントとロイヤルティが共に弱い「ロイヤルティなし層」に比べ,その特定ブランドが価格の値引きを行わなくても購買する傾向にあることが示された

第3に,「真のロイヤルティ層」の方がブランド・コミットメントの弱い「見せかけのロイヤルティ層」に比べて値引きへの反応が強い傾向にあることも示された。

本章では,消費者のブランド・ロイヤルティとブランド・コミットメントの状態と,ある一時点の購買機会におけるブランド購買の影響関係を捉えた。その結果,ブランド・コミットメントという消費者の態度状態を考慮せず,購買行動の結果のみからブランドにとって優良な消費者かどうかを判断するには注意が必要であるという実務的示唆を得ることができた。また,消費財メーカーが自社ブランドの「真のロイヤルティ層」の購買を維持するためには,ある程度の値引きによる購買刺激が必要であるものの,値引きに依存せずに販売展開するためにはブランド・コミットメントを醸成するコミュニケーション活動が重要であるという示唆も与えてくれる。

ただし今後の課題として,ブランド・コミュニケーションの中でも特別陳列とブランド・コミットメントの関係について明らかにする必要がある。ブランド・コミュニケーションの中でもエンドや島陳列といった特別陳列は商品の露出度が高くなるため,消費者の購買への効果が大きく期待されている。しかし特別陳列での購買経験を繰り返すことによってそのブランドに対するコミットメントが強くなるのか,あるいは弱くなるのかという経年変化については明らかにされていない。値引きは,売上増加に対して即時的な効果が得られるが,長期的には消費者の参照価格の低下やブランドに対する知覚品質の低下などの

負の効果も持っている。

　特にスーパーマーケットでは，値引きに依存したブランド・コミュニケーションが多いという状況を踏まえると，消費財メーカーは，単に売上という観点だけでなく，消費者による商品ブランドの評価を向上ないしは維持させるという観点でも，ブランド・コミュニケーションの方法を小売業との取り組みの中で検討することが必要であると考えられる。

（1）本章は，寺本 高（2009），「消費者のブランド選択行動におけるロイヤルティとコミットメントの関係」，『流通研究』，第12巻第1号，1-17．を加筆修正したものである。
（2）青木幸弘（2004），「製品関与とブランド・コミットメント―構成概念の再検討と課題整理―」，『マーケティング・ジャーナル』，第92号，25-51。
（3）Lastvicka, J. L., D. M. Gardner (1978), Components of Involvement, in J. L. Maloney and B. Silverman (eds.), *Attitude Research Plays for High Stakes*, American Marketing Association, 53-73.
（4）Traylor, M. B. (1981), Product Involvement and Brand Commitment, *Journal of Advertising Research*, 21 (6), 51-56.
（5）青木幸弘（2004）前掲論文。
（6）井上淳子（2009），「ブランド・コミットメントと購買行動との関係」，『流通研究』，第12巻第2号，1-19。
（7）Geyskens, I., J. E. M. Steenkamp, L. K. Scheer, N. Kumar (1996), The Effect of Trust and Interdependence on Relationship Commitment: A Trans-Atlantic Study, *International Journal of Research in Marketing*, 13 (4), 303-317.
（8）井上淳子（2003），「リレーションシップ・マーケティングにおけるコミットメント概念の検討：多次元性の解明と測定尺度開発に向けて」，『早稲田大学商学研究科紀要』，第57号，81-96。
（9）久保田進彦，井上淳子（2004），「消費者リレーションシップにおけるコミットメントの多次元性とその影響」，『中京企業研究』，第26号，11-27。
（10）青木幸弘（2004）前掲論文。
（11）Meyer, J. P., N. J. Allen (1991), A Three Component Conceptualization of Organizational Commitment, *Human Resource Management Review*, 1 (1), 61-89. Gruen, T. W., J. O. Summers, F. Acito (2000), Relationship Marketing Activities, Commitment, and Membership Behaviors in Professional Associations, *Journal of Marketing*, 64 (3), pp. 34-49. Bansal, H. S., P. G. Irvin, S. F. Taylor (2004), A Three-Component Model of Consumer Commitment to Service Providers, *Journal of the Academy of Marketing Science*, 32 (3), pp. 234-250.
（12）井上淳子（2009），前掲論文。
（13）久保田進彦，井上淳子（2004），前掲論文。
（14）久保田進彦（2006），「リレーションシップ・マーケティングのための多次元的コミッ

トメントモデル」,『流通研究』, 第9巻第1号, 59-85。
(15) Jacoby, J. and R. W. Chestnut (1978), *Brand Loyalty : Measurement and Management*, John Wiley & Sons, New York.
(16) 青木幸弘 (2004), 前掲論文。
(17) Dick, A. S., K. Basu (1994), Customer Loyalty :Toward an Integrated Conceptual Framework, *Journal of the Academy of Marketing Science*, 22, 99-113.
(18) Peter, J. P., J. C. Olson, *Consumer Behavior and Marketing Strategy*, 5th ed., Irwin/McGraw-Hill, 1999.
(19) Fullerton, G. (2005), The Impact of Brand Commitment on Loyalty to Retail Service Brands, *Canadian Journal of Administrative Science*, 22 (2), pp. 97-110.
(20) Bansal, H. S., P. G. Irvin, S. F. Taylor (2004) 前掲論文。
(21) 久保田進彦 (2006), 前掲論文。
(22) Chaudhuri, A., M. B. Holbrook (2001), The Chain of Effects from Brand Trust and Brand Affect to Brand Performance : The Role of Brand Loyalty, *Journal of Marketing*, 65 (April), 81-93.
(23) Chaudhuri, A. (2006), *Emotion and Reason in Consumer Behavior*, Butterworth and Heinemann.
(24) 清水 聰 (2007), 「プロモーション時の購買経験が感情的コミットメントに与える影響」,『流通情報』, 第455号, 23-30。
(25) Desai, K. K., S. Raju (2007), Adverse Influence of Brand Commitment on Consideration of and Preference for Competing Brands, *Psychology and Marketing*, 24 (7), pp. 595-614.
(26) 井上淳子 (2009), 前掲論文。
(27) 中谷吉孝 (1987), 「心理的ロイヤルティの新測定尺度」,『日経広告研究所報』, 第112号, 12-20。
(28) Aaker, D. A. (1991), *Managing Brand Equity*, Free Press.
(29) 日経産業消費研究所 (1994),『ブランド・パワーの研究』, 日本経済新聞社。
(30) 星野朝子 (1996), 「ブランドスイッチを予知するためのブランド・ロイヤルティ分析」,『マーケティング・ジャーナル』, 第60号, 42-53。
(31) 木戸 茂 (1996), 「日本型ブランド・エクイティ概念の測定」, 青木幸弘・陶山計介・中田善啓編,『戦略的ブランド管理の展開』, 中央経済社, 第9章所収, 203-217。
(32) 井上淳子 (2009), 前掲論文。
(33) 小嶋外弘, 杉本徹雄, 永野光朗 (1985), 「製品関与と広告コミュニケーション効果」,『広告科学』, 第11号, 34-44。
(34) 青木幸弘 (1990), 「消費者関与概念の尺度化と測定―特に, 低関与型尺度開発の問題を中心として―」,『商学論究』, 第38巻第2号, 129-156。
(35) Chaudhuri, A., M. B. Holbrook (2001), 前掲論文。
(36) Humbert, B., M. Khandelwal (2006), Diagnosing Brand Health : Connecting the Dots between Attitudes and Behavior, *Esomar World Research Conference*, ACNielsen.
(37) 清水 聰 (1996), 「消費者の態度と行動の一致度について」,『日経消費経済フォーラム会報』, 第144号, 16-19。

(38) 佐藤栄作 (2006),「リピート購買はその後のブランド評価をどのように強化するのか?」,『流通情報』,第440号,18-26.
(39) 井上淳子 (2009), 前掲論文.
(40) Kalwani, M. U., C. K. Yim (1992), Consumer Price and Promotion Expectations: An Experimental Study, *Journal of Marketing Research*, 29 (Feb), 90-100.
(41) Suri, R., R. V. Manchanda, C. S. Kohli (2000), Brand Evaluations: A Comparison of Fixed Price and Discounted Price Offers, *Journal of Product & Brand Management*, 9, 193-206.
(42) クラスター分析には,データの分類が階層的になされる階層型手法と,特定のクラスター数に分類する非階層的手法があり,前者は重心法,群平均法,Ward法などが,後者はk-means法が挙げられる.本章では各消費者のロイヤルティとコミットメントの水準を基に,各消費者の特徴を記述統計的に分類することに主眼を置いているため,マーケティング・リサーチの分野において非階層型のクラスター分析としてよく用いられる手法であるk-means法を適用した.
(43) 青木幸弘 (1990), 中谷吉孝 (1987), 前掲論文.
(44) McFadden, D. (1974), Conditional Logit Analysis of Qualitative Choice Behavior, P. Aremvka eds, *Frontiers in Econometrics*, 105-142, Academic Press.
(45) 青木幸弘 (1990), 前掲論文.
(46) 青木幸弘 (1990), 中谷吉孝 (1987), 前掲論文.
(47) 井上淳子 (2003), 前掲論文.
(48) Krishnamurthi, L., S. P. Raj (1991), An Empirical Analysis of the Relationship between Brand Loyalty and Consumer Price Elasticity, *Marketing Science*, 10 (2), 172-183.
(49) Wedel, M. and W. A. Kamakura (1998), *Market Segmentation: Conceptual and Methodological Foundation*, Kluwer.
(50) 渡辺美智子 (2001),「因果関係と構造を把握するための統計手法―潜在クラス分析法―」,岡太彬訓・木島正明・守口 剛(編),『マーケティングの数理モデル』,朝倉書店,第3章所収, 73-115.
(51) Wedel and Kamakura (1998) は,セグメンテーションの有用性として頑健性の観点も指摘している.この点については,本来はホールドアウト・サンプリングによって,他の期間でも同質であるかを検証することが適切であると考えられるが,データ期間(1年間のみ)およびブランド・コミットメントのデータ(1回分のみ)の制約上,実際の検証は困難である.そこで本章においては,②識別性,③収益性,④アクセス可能性の観点から検討することとした.
(52) 守口 剛 (2003),「潜在クラス・ロジット・モデルを利用したロイヤルティ・セグメンテーション」,『オペレーションズ・リサーチ』,第48巻第10号, 35-40.
(53) 清水 聰 (2004),『消費者視点の小売戦略』,千倉書房.

4 特別陳列とブランド・コミットメント[1]

3章では、ブランド・コミュニケーションの中でも最も多く用いられる手法である値引きとブランド・コミットメントの関係について明らかにした。店頭におけるブランド・コミュニケーションの中には、エンドや島陳列といった特別陳列があるが、この手法は商品の露出度が高くなるため、消費者の購買促進への効果が大きく期待されている。しかし特別陳列での購買経験を繰り返すことによってそのブランドに対するコミットメントが強くなるのか、あるいは弱くなるのかという経年変化については明らかにされていない。

値引きは、売上増加に対して即時的な効果が得られるが、長期的には消費者の参照価格の低下やブランドに対する知覚品質の低下などの負の効果も持っている。特にスーパーマーケットでは、値引きに依存したブランド・コミュニケーションが多いという状況を踏まえると、消費財メーカーは、単に売上という観点だけでなく、消費者による商品ブランドの評価を向上ないしは維持させるという観点でも、ブランド・コミュニケーションの方法を小売業との取り組みの中で検討することが必要であると考えられる。

また2章でも指摘したように、従来の研究では、一時点のコミュニケーション接触と態度水準の把握に留まっており、一定期間の購買経験とそれに伴う態度推移の把握は行われていない。そのため、消費者の態度状態の変化と実際の購買経験の関係を明らかにすることは、消費者行動研究面においても意義のあるものと考えられる。

したがって本章では、特別陳列の演出要素、特にタイプの異なるPOPが掲載されている特別陳列展開時の購買行動とブランド・コミットメントの関係を明らかにする。

4.1 分析方法

本章では，POP付特別陳列の訴求タイプごとの販売促進効果の測定と，ブランド・コミットメントの上昇ないしは低下という消費者の心理的状態の変化とPOP付特別陳列時の購買行動の関係を捉える，の2点を考慮した分析アプローチを検討する。具体的なアプローチ方法として，まずタイプの異なるPOP付特別陳列時の販売数量の効果係数を算出し，タイプ間で比較する。次にブランド・コミットメントが上昇した消費者セグメントとブランド・コミットメントが低下した消費者セグメントの間で訴求タイプの異なるPOP付特別陳列時の購買回数を比較する。以下ではそれぞれのアプローチ方法となる測定手法と仮説を提示する。

まず訴求タイプ別POP付特別陳列の販売促進効果の仮説について検討する。POPAI (2004) では，特売訴求の際のメッセージタイプによる効果の差異を確認している[2]ことから，特売訴求，製品訴求，テーマ訴求といった訴求タイプ間でも効果の差異が生じるものと考えられる。

以上を踏まえ，訴求タイプ別POP付特別陳列の販売促進効果について次のような仮説を設定する。

仮説1：POP付特別陳列の販売促進効果は，POPなし特別陳列，特売訴求POP付特別陳列，製品訴求POP付特別陳列，テーマ訴求POP付特別陳列の間で差異が生じる。

次に測定手法について検討する。販売促進を含むマーケティング変数と売上との関係を表す関数は，売上反応関数と呼ばれ，売上反応関数の形状には，定数型，逓増型，逓減型，S字型がある（守口, 2002）[3]。一般に，非価格的要素のコミュニケーション手段の場合には，逓減型の効果となることが実証されている（Lambin, 1976）[4]。したがって，ここでの測定手法では，逓減型の反応関

数を表現する積乗モデルを適用する。マーケティング変数は，価格掛け率，各訴求タイプのPOP付特別陳列実績を用いる。その測定式は（1）式に示される。

$$Q = \exp(\alpha + \sum_m \gamma_m POP^m + \varepsilon) PR^{\beta} \qquad (1)$$

ここで，Qは販売数量，PRは価格掛け率，POP^mは訴求タイプmのPOP付特別陳列実績（実施時1，非実施時0の2値変数）を示す。また，αは定数項，βは価格掛け率の反応パラメータ，γ_mは訴求タイプmのPOP付特別陳列の反応パラメータ，εは誤差項を示す。

さらに（1）式について両辺の自然対数をとると，（2）式のように示される。

$$\log Q = \alpha + \beta \log PR + \sum_m \gamma_m POP^m + \varepsilon \qquad (2)$$

（2）式では，パラメータに関し線形となるため，通常の回帰分析を適用することができる。

続いて消費者のブランド・コミットメントの状態の変化とPOP付特別陳列時の購買行動の関係について検討する。Suri, et al. (2000) は，価格の値引率が高くなると，知覚品質が低下し，失望感が上昇することを指摘している[5]。またKalwani and Yim (1992) は，同じ値引率であっても，接触する回数が多いと参照価格が低下することを指摘している[6]。つまりPOPが付いておらず，価格カードの表示のみによる特別陳列での購買を繰り返すと，参照価格の低下に合わせて，知覚品質の低下や失望感の上昇が進み，ブランド・コミットメントが低下するものと考えられる。この点から，特定のブランドに対するコミットメントが低下した消費者は，価格カードの表示のみによる特別陳列での購買を経験している回数が多いものと考えられる。またCushing and Duglass-Tate (1985) は，コミットメントと製品関与による消費者類型の概念の中で，コミットメントのない消費者は価格に反応する傾向があることを指摘してい

る[7]。したがって，当該ブランドの特売訴求 POP が掲載された陳列において，より積極的に購買している消費者層は，当該ブランドに対するコミットメントが低下していると考えられる。

一方守口（2007）は，価値訴求型 POP コミュニケーションに対する評価が高いと，POP コミュニケーションの対象となっているブランドに対する評価も高くなる傾向を指摘している[8]。この傾向を踏まえると，価値訴求型であるテーマ訴求 POP 付特別陳列や製品訴求 POP 付特別陳列時の購買回数が多い消費者層は，POP 付特別陳列の対象となっているブランドに対するコミットメントが上昇していると考えられる。

以上のことを踏まえ，消費者のコミットメントの状態の変化と POP 付特別陳列時の購買行動の関係について次のような仮説を設定する。

仮説2-1：ブランド・コミットメントが低下している消費者層は，訴求 POP のない特別陳列の実施時に購買する回数が多い。

仮説2-2：ブランド・コミットメントが低下している消費者層は，特売訴求 POP を掲載した特別陳列の実施時に購買する回数が多い。

仮説2-3：ブランド・コミットメントが上昇している消費者層は，テーマ訴求 POP を掲載した特別陳列の実施時に購買する回数が多い。

仮説2-4：ブランド・コミットメントが上昇している消費者層は，製品訴求 POP を掲載した特別陳列の実施時に購買する回数が多い。

4.2 データ概要

分析データは，首都圏に立地するスーパーマーケットの POS データに加え，当該スーパーマーケットを利用する消費者の購買履歴データに，店頭コミュニケーションの実施実績とその消費者のブランドに対するコミットメントに関する質問票回答データを捕捉したデータを利用した。以下，POS データおよび購買履歴データ，店頭コミュニケーションの実施実績，ブランド・コミットメ

ントに関するアンケート回答データの概要を示す．

POSデータと購買履歴データの収集期間は，2005年6月1日から2006年12月31日までの19ヵ月であり，対象商品カテゴリーは8カテゴリー34ブランド[9]である．POSデータは，データ収集期間内の対象ブランドの日別売上金額・数量・平均売価実績3,725件で構成されている．購買履歴データの対象となる消費者（世帯）は，データ収集期間中の各対象製品ブランドの購買回数が5回以上の99件[10]である．購買回数の少ない世帯は，対象製品ブランドを対象店舗以外で購入している可能性があり，そのような場合には，消費者の購買行動を捉える上で問題があるため，対象世帯から除外している．

店頭コミュニケーションの実施実績に関するデータについては，購買履歴データの収集期間である2005年6月1日から2006年12月31日までの19ヵ月における特別陳列実績データを用いている．このデータは，当該ブランドの特別陳列の実施の有無について2値変数（特別陳列の実施の場合1，そうでない場合0）によって捉えられている．

さらに特別陳列実績は訴求POPの内容によって分類されている[11]．分類内容として，POPAI(2001)に基づき，特売訴求POP付特別陳列，テーマ訴求POP付特別陳列，製品訴求POP付特別陳列，訴求POPなし特別陳列の4つを設定した[12]．特売訴求POP付特別陳列は，「大特価」，「半額セール」など，特売を訴求するPOPを付けている場合を指す．テーマ訴求POP付特別陳列は，催事，メニュー提案などのテーマを訴求したPOPを付けている場合を指す．製品訴求POP付特別陳列は，メーカーが用意した製品訴求POPを付けている場合を指す．訴求POPなし特別陳列は，価格カード以外の訴求POPを付けていない場合を指す．

ブランド・コミットメントに関する質問票回答データについては，上記購買履歴を持つ消費者を対象に，購買履歴の対象期間前である2005年5月と対象期間後の2007年1月の2回にわたって実施した質問票調査結果を用いている．本章の分析では，質問票回答データのうち，「他のブランドより高くてもこの商品ブランドを購入したい」という，価格差是認に関するコミットメントの回答

結果（中谷, 1987; 青木, 1990)[13] を用いている。この回答結果は，「大いに思う，思う，あまり思わない，思わない」の4点尺度になっている。

前節において提示した分析方法のうち，ブランド・コミットメントの変化の尺度として用いるデータは，2005年5月と2007年1月の2回の調査結果を基にしている。ここでは，2007年1月の回答データのスコアが2005年5月の回答データに比べて上昇している世帯を「コミットメント上昇層」とし，同様に低下している世帯を「コミットメント低下層」とした2つのカテゴリカルデータに変換している。

4.3 分析結果

まず訴求POPタイプごとの販売促進効果の測定を行った結果を表1に示す。価格掛け率のパラメータ係数を見ると，価格掛け率 β は -2.770 であり，これは価格1％の値引きにより，販売数量2.770％のプロモーション・リフトが期待できることを意味する。価格の影響を除去した上での各訴求POPタイプごとのパラメータ係数を見ると，訴求POPなし特別陳列 γ_1 は0.506，特売訴求POP付特別陳列 γ_2 は0.509，テーマ訴求POP付特別陳列 γ_3 は0.178，製品訴求POP付特別陳列 γ_4 は0.288となっている。これらのパラメータ係数は，1％水準または5％水準で有意となっている。これらのパラメータ係数をプロモーション・リフトに換算すると，訴求POPなし特別陳列は1.658倍，特売訴求POP付特別陳列は1.664倍，テーマ訴求POP付特別陳列は1.194倍，製品訴求POP付特別陳列は1.334倍となった。

したがって，「仮説1：POP付特別陳列の販売促進効果は，POPなし特別陳列，特売訴求POP付特別陳列，ブランド（製品）訴求POP付特別陳列，テーマ訴求POP付特別陳列の間で差異が生じる」は支持され，対象となった4つのタイプの訴求POPの中では，特売訴求POP付特別陳列が最も販売促進効果があり，次いで訴求POPなし特別陳列，製品訴求POP付特別陳列，テーマ訴求POP付特別陳列という順に効果が高いという結果となった。

表1 訴求POPタイプごとの販売促進効果の分析結果

重相関係数 R	0.6734
重決定係数 R^2	0.4534
自由度調整済み決定係数 R^2	0.4517
観測数	3725

	係数	標準誤差	t値	p値
定数 α	3.060	0.036	85.685	0.000***
価格掛け率 β	-2.770	0.085	-32.664	0.000***
訴求POPなし特別陳列 γ_1	0.506	0.041	12.228	0.000***
特売訴求POP付特別陳列 γ_2	0.509	0.215	2.368	0.018**
テーマ訴求POP付特別陳列 γ_3	0.178	0.089	1.998	0.046**
製品訴求POP付別陳列 γ_4	0.288	0.097	2.965	0.003***

*** 1%水準,** 5%水準

表2 コミットメントの変化層別購買回数比率の比較(訴求 POPタイプ別)

訴求POPタイプ	コミットメント変化層	N	平均値	標準偏差	平均値の標準誤差	2つの母平均の差の検定	
						t値	有意確率
訴求POPなし特別陳列	低下層	41	0.859	0.257	0.040	2.328	0.022**
	上昇層	58	0.713	0.338	0.044		
特売訴求POP付特別陳列	低下層	41	0.010	0.046	0.007	-0.899	0.371
	上昇層	58	0.023	0.085	0.011		
テーマ訴求POP付特別陳列	低下層	41	0.084	0.167	0.026	-1.308	0.194
	上昇層	58	0.137	0.219	0.029		
製品訴求POP付特別陳列	低下層	41	0.052	0.125	0.020	-2.008	0.047**
	上昇層	58	0.136	0.248	0.033		

** 5%水準,非表示は10%水準でも有意でない.

次に,ブランド・コミットメントの変化とPOP付特別陳列時の購買行動の関係を確認するために,訴求POPタイプごとにブランド・コミットメントの変化(低下・上昇)した消費者層の購買回数比率の平均値の差の検定(t検定)を行った。その結果を表2に示す。

製品訴求POP掲載時の購買回数比率では,「コミットメント低下層」の平

均値は0.052であるのに対し,「コミットメント上昇層」の平均値は0.136であり,「コミットメント上昇層」の平均値の方が高い。また,この差は5％水準で有意な結果となっている。これより,特定のブランドに対するコミットメントが上昇している消費者層は,製品訴求POPが掲載されている特別陳列の実施時に購買する傾向にあることが確認できた。

訴求POPなし陳列時の購買回数比率では,「コミットメント低下層」の平均値は0.859であるのに対し,「コミットメント上昇層」の平均値は0.713であり,「コミットメント低下層」の平均値の方が高い。また,この差は5％水準で有意な結果となっている。これより,特定のブランドに対するコミットメントが低下している消費者層は,訴求POPのない特別陳列の実施時に購買する回数が多い傾向にあることが確認できた。

しかし,特売訴求POP掲載時購買回数比率,テーマ訴求POP掲載時購買回数比率では,「コミットメント低下層」と「コミットメント上昇層」の平均値の間では,有意な差が見られなかった。これより,特売訴求POPやテーマ訴求POPの設置されている特別陳列の実施時の購買は,コミットメントの変化とは関係ないことがわかった。

以上より,「仮説2-1:コミットメントが低下している消費者層は,訴求POPのない特別陳列の実施時に購買する回数が多い」と「仮説2-4:コミットメントが上昇している消費者層は,製品訴求POPを掲載した特別陳列の実施時に購買する回数が多い」は支持され,「仮説2-2:コミットメントが低下している消費者層は,特売訴求POPを掲載した特別陳列の実施時に購買する回数が多い」と「仮説2-3:コミットメントが上昇している消費者層は,テーマ訴求POPを掲載した特別陳列の実施時に購買する回数が多い」は不支持という結果となった。

4.4 考　察

前節に記した分析結果の解釈について,小売店頭でのマーケティング施策と

の関連から改めて考察する。

まず POP 付特別陳列の訴求タイプごとの販売促進への効果について検討した。この結果，対象となった4つのタイプの中では，特売訴求 POP 付特別陳列の販売促進への効果が最も高いという結果となった。スーパーマーケットのように最寄品を扱う業態で販売促進を狙う際には，「大特価」，「半額セール」など，特売を訴求するのが最も効果的であることが示された。逆に製品訴求 POP 付特別陳列とテーマ訴求 POP 付特別陳列は，特売訴求 POP 付特別陳列よりも効果が低いという結果になった。これらの特別陳列は値引きとセットで展開されるケースが多いが，値引きによる販売促進効果を除去し，純粋な特別陳列による販売促進効果で見ると，その効果はあまり大きくないということが言える。

次にブランド・コミットメントの状態の変化と POP 付特別陳列時の購買行動の関係について検討した。この結果，ブランド・コミットメントが上昇した消費者層は，製品訴求 POP 付特別陳列の実施時に購買する回数が多いことが確認できた。これは，ブランド・コミットメントの上昇を企図した店頭コミュニケーションを展開するためには，製品訴求に関する POP を掲載した陳列を実施するのが望ましいという示唆を得ることができる。

前述の販売促進への効果と関連づけると，製品訴求 POP 付特別陳列によるコミュニケーションは，販売数量を確保するための活動として捉えれば，特売訴求型のコミュニケーションに比べて大きな効果を期待できないが，ブランド・コミットメントの上昇というブランド育成の活動として捉えれば，効果を期待できるものと考えられる。したがって店頭にブランドを配荷する立場のメーカーとしては，店頭でのブランド育成を図るためには，特別陳列の実施の際には製品訴求 POP の設置の徹底化を小売業に提案していく必要があるものと考えられる。

また，ブランド・コミットメントが低下した消費者層は，訴求 POP のない特別陳列の実施時に購買する回数が多いことも確認できた。これは，消費者に対して価格カード以外の訴求要素も提示しないとブランド・コミットメントが

低下してしまい，ブランドのライフサイクルの短縮化を促してしまう可能性があることを示唆している。この傾向は，価格の値引き率が高くなると，知覚品質が低下し，失望感が上昇することを指摘した Suri *et al.* (2000) の知見を支持する結果となっている。

前述の販売促進への効果と関連づけると，訴求 POP のない特別陳列によるコミュニケーションは，販売数量を確保するための活動として捉えれば，大きな効果を期待できるが，ブランド育成の観点で捉えると，その育成を妨げてしまう活動になってしまうものと考えられる。したがって，ブランド・コミットメントの低下を回避した店頭コミュニケーションを展開するためには，価格カード以外の訴求要素も提示した陳列を実施する必要があるものと考えられる。

しかし，テーマ訴求 POP 付特別陳列や特売訴求 POP 付特別陳列の実施時の購買は，ブランド・コミットメントの状態の変化とは関係のないことがわかった。特売訴求 POP 付特別陳列の結果については，ブランド・コミットメントの上昇ないしは低下とは関係なく，購買促進への効果があることが示唆される。テーマ訴求 POP 付特別陳列の結果については，現状の店頭コミュニケーションにおけるテーマ訴求は，バレンタイン，花見，行楽，ボジョレーヌーボー等，催事中心の内容が主体となっている点が要因として挙げられる。催事中心のテーマ訴求コミュニケーションは，店頭露出によって時節柄の必要性想起を促すため，コミットメントの上昇ないしは低下にかかわらず購買促進に結びつくものと推察できる。また現状の店頭におけるテーマ訴求コミュニケーションの大半は，陳列対象となっている特定ブランドへのコミットメントに影響を及ぼすような提案内容までには至っていないことも推察できる。

いずれにせよこの分析より，販売促進を目指すための POP 付特別陳列タイプとブランド育成を目指すための POP 付特別陳列タイプは異なるということが明らかになった。小売業に対して POP 付特別陳列を提案する立場である消費財メーカーは，それらを展開する時の目的と手法の関係についてより注意を払う必要があるだろう。また特別陳列によるコミュニケーション時の一時的な売上確保に躍起になることなく，そのコミュニケーションが及ぼす消費者の心

理的状態の変化について十分な注意を払う必要もある。

　ただしこの分析については，①ブランド・コミットメントの水準とコミュニケーション時の購買行動の関係，そして購買行動の経験の結果としてブランド・コミットメントがどのように変化するのかという因果関係が捉えられていないことと，②ブランド・コミットメントにおける感情的コミットメントと計算的コミットメントとの関連性が考慮されていないという2点の課題が挙げられる。

4.5　分析IIの仮説モデル

　前節のような課題を踏まえると，ここでの仮説モデルは，ある一時点（第1期）の感情的コミットメントと計算的コミットメントが一定期間の店頭コミュニケーションによる購買を経験することで，一定期間後のある一時点（第2期）の感情的コミットメントと計算的コミットメントにどのように影響するのかを明らかにするモデルとなる。

　仮説モデルの全体構成を図1に示す。ここでは，感情的コミットメントおよび計算的コミットメントに関する2期分の4つの変数群と，店頭コミュニケーションによる購買経験に関する具体的な変数として分析Iで扱った変数を基礎

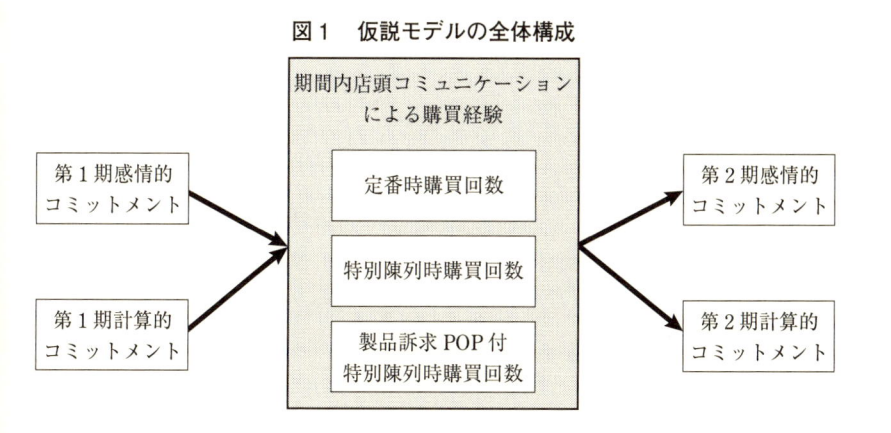

図1　仮説モデルの全体構成

期間内店頭コミュニケーションによる購買経験
- 定番時購買回数
- 特別陳列時購買回数
- 製品訴求POP付特別陳列時購買回数

第1期感情的コミットメント →
第1期計算的コミットメント →
→ 第2期感情的コミットメント
→ 第2期計算的コミットメント

図2　仮説モデルと各パスの仮説番号

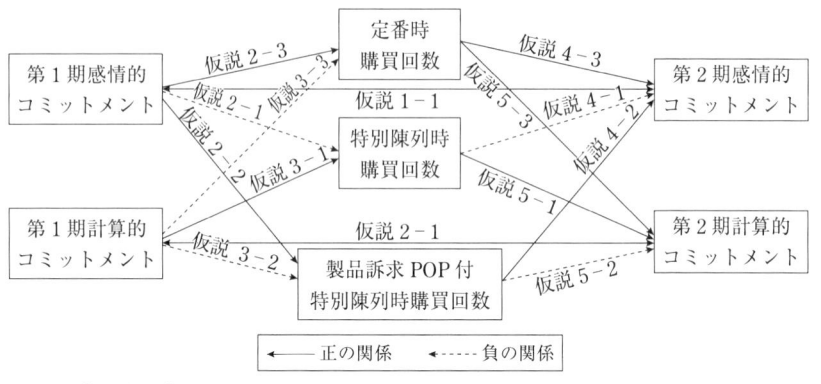

```
第1期感情的          仮説2-3    定番時      仮説4-3      第2期感情的
コミットメント ─────────→  購買回数  ←─────────  コミットメント
        仮説2-1  仮説3-3              仮説5-3  仮説4-1
               ╲  ╱   仮説1-1   ╲  ╱
        仮説2-2  ╳    特別陳列時    ╳  仮説4-2
               ╱  ╲   購買回数    ╱  ╲
               仮説3-1            仮説5-1
第1期計算的          仮説2-1                      第2期計算的
コミットメント ─────────→  製品訴求POP付  ←─────  コミットメント
              仮説3-2    特別陳列時購買回数   仮説5-2
```

　　　　　　　　　←─── 正の関係　　←----- 負の関係

図中の番号は仮説番号である。

に,「特別陳列時購買回数」,「製品訴求POP付特別陳列時購買回数」,「定番時購買回数」という3つの変数群の計7つの変数群を取り上げる。特別陳列時購買回数とは,期間内のカテゴリー購買回数のうち,当該ブランドが価格カード以外の訴求POPをつけていない特別陳列の展開時に購買した回数の比率を示す。製品訴求POP付特別陳列時購買回数とは,同様にメーカーが用意した当該ブランドの写真,イメージや機能に関する訴求POPがつけられた特別陳列の展開時に購買した回数の比率を示す。定番時購買回数とは,カテゴリーの定番売場において当該ブランドが通常価格で展開されている時に購買した回数の比率を示す。また第3章において「当該ブランドに対する感情的コミットメントの強い消費者は購買時の価格の値引きへの反応度が低い」という知見が得られていることから,価格の値引きが実施されていない定番時の購買経験が感情的コミットメント,さらには計算的コミットメントの変化に影響を及ぼす可能性が仮定される。このような点から定番時購買回数も購買経験の1つの変数として仮説モデルの中で設定する。

　ここでは,仮説モデルを構成する各変数群を結ぶ因果関係についての仮説を設定する。以下で示す仮説番号との対応を示した仮説モデルを図2に示す。

　清水(2007)は,1度構築された態度は,過去の購買状況からも影響を受け

るが，それ以上に過去に構築された態度による影響が大きいことを指摘している[14]。この点より，感情的あるいは計算的コミットメントが強ければ，今後もその強さが継続されることが考えられる。

以上を踏まえ，以下の仮説を設定する。

仮説1-1：第1期感情的コミットメントが強ければ，第2期感情的コミットメントも強い。

仮説1-2：第1期計算的コミットメントが強ければ，第2期計算的コミットメントも強い。

清水（2007）は，感情的コミットメントは特売購入に負の影響を与えることを指摘している[15]。また Cushing and Douglass-Tate（1985）は，コミットメントと製品関与による消費者類型の概念の中で，コミットメントの弱い消費者は価格に反応する傾向があることを指摘している[16]。これらの点より，感情的コミットメントが弱ければ，単に値引きした価格が表示されている訴求POPのない特別陳列時の購買回数が多いものと考えられる。

以上を踏まえ，以下の仮説を設定する。

仮説2-1：第1期感情的コミットメントが弱ければ，特別陳列時購買回数が多い。

一方守口（2007）は，価値訴求型コミュニケーションに対する評価が高いと，コミュニケーションの対象となっているブランドに対する評価も高くなる傾向を指摘している[17]。この点より，感情的コミットメントが強ければ，製品の価値が訴求されている「製品訴求POP付特別陳列」による購買回数が多いものと考えられる。

以上を踏まえ，以下の仮説を設定する。

仮説2−2：第1期感情的コミットメントが強ければ，製品訴求POP付特別陳列時購買回数が多い。

さらに第3章では，感情的コミットメントの強い消費者は，その特定ブランドが価格の値引きを行わなくても購買する傾向にあることを指摘している。この点より，感情的コミットメントが強ければ，コミュニケーションが実施されていない「定番」による購買回数が多いものと考えられる。

以上を踏まえ，以下の仮説を設定する。

仮説2−3：第1期感情的コミットメントが強ければ，定番時購買回数が多い。

久保田・井上（2004）は，計算的コミットメントが存在する消費者は，現在享受しているベネフィットをリレーションシップの解消やスイッチングに伴うコストと照らし合わせる傾向にあることを指摘している[18]。この点より，計算的コミットメントが強い場合，それが弱い場合に比べ，スイッチングに伴うコストとして価格の情報が重視される可能性がある。したがって製品の価値に関する訴求がないゆえに値引きした価格が強調される訴求POPのない特別陳列による購買回数が多いものと考えられる。

以上を踏まえ，以下の仮説を設定する。

仮説3−1：第1期計算的コミットメントが強ければ，特別陳列時購買回数が多い。

また久保田・井上（2004）は，計算的コミットメントの強い消費者は損得勘定に基づいており，ベネフィットに直接結びつかない不確実な行動を回避する傾向について指摘している[19]。この点より，計算的コミットメントが強ければ，価格よりも製品の価値訴求の方が強調されている「製品訴求POP付特別陳列」や，価格コミュニケーションが実施されていない「定番」による購買回

数が少ないものと考えられる。

以上を踏まえ，以下の仮説を設定する。

仮説3-2：第1期計算的コミットメントが強ければ，製品訴求POP付特別陳列時購買回数が少ない。

仮説3-3：第1期計算的コミットメントが強ければ，定番時購買回数が少ない。

Kalwani and Yim (1992) は，同じ値引率であっても，接触する回数が多いと参照価格が低下することを指摘している[20]。また本章4.3の分析結果では，感情的コミットメントが低下した消費者層は，訴求POPのない特別陳列のみの際に購買する回数が多いことを指摘している。これらの点より，単に値引きした価格が表示されている「特別陳列」による購買を繰り返すと，参照価格，知覚品質の低下や失望感の上昇が進み，購買経験後の感情的コミットメントが低下するものと考えられる。

以上を踏まえ，以下の仮説を設定する。

仮説4-1：特別陳列時購買回数が多ければ，第2期感情的コミットメントが弱くなる。

一方，4.3の分析結果では，感情的コミットメントが上昇した消費者層は，製品訴求POP付特別陳列による購買回数が多いことを指摘している。この点より，価格以外の訴求要素を明示した製品訴求POPの設置された陳列による購買を繰り返すことによって，価格以外の便益を享受し，購買後の感情的コミットメントが上昇するものと考えられる。

以上を踏まえ，以下の仮説を設定する。

仮説4-2：製品訴求POP付特別陳列時購買回数が多ければ，第2期感情的

コミットメントが強くなる。

　また第3章で得られた知見として，感情的コミットメントの強い消費者は，その特定ブランドが価格の値引きを行わなくても購買する傾向にあることを指摘している。この点より，価格コミュニケーションが実施されていない「定番」による購買を繰り返すことによって，購買経験後の感情的コミットメントが上昇するものと考えられる。
　以上を踏まえ，以下の仮説を設定する。

仮説4-3：定番時購買回数が多ければ，第2期感情的コミットメントが強くなる。

　前述では，計算的コミットメントの強い消費者は，「特別陳列」による購買経験が多い可能性を指摘したが，この購買を繰り返した結果，さらに当該ブランドに対する打算的心理が増幅する可能性が考えられる。
　以上を踏まえ，以下の仮説を設定する。

仮説5-1：特別陳列時購買回数が多ければ，第2期計算的コミットメントが強くなる。

　一方，製品の価値が訴求されている「製品訴求POP付特別陳列」や，価格コミュニケーションが実施されていない「定番」による購買を経験することにより，価格以外の便益を享受することになるため，打算的心理が低減する可能性が考えられる。
　以上を踏まえ，以下の仮説を設定する。

仮説5-2：製品訴求POP付特別陳列時購買回数が多ければ，第2期計算的コミットメントが弱くなる。

仮説5－3：定番時購買回数が多ければ，第2期計算的コミットメントが弱くなる。

4.6 分析Ⅱの方法

分析データは，首都圏に立地するスーパーマーケットを利用する消費者の購買履歴となる購買履歴データに，店頭コミュニケーションの実施実績とその消費者のブランドに対するコミットメントに関する質問票回答データを捕捉したデータを利用した。以下購買履歴データ，店頭コミュニケーションの実施実績，コミットメントに関する質問票回答データの概要を示す。

購買履歴データの収集期間は，2007年1月1日から2007年12月31日までの12ヵ月である。購買履歴データの対象となる消費者（世帯）は，データ収集期間中のビールおよびチューハイの各対象製品ブランドの購買回数が2回以上の339件である[21]。購買回数1回以下の世帯は，対象製品ブランドを対象店舗以外で購入している可能性があり，そのような場合には，消費者の購買行動を捉える上で問題があるため，対象世帯から除外している[22]。

店頭コミュニケーションの実施実績に関するデータについては，購買履歴データの収集期間である2007年1月1日から2007年12月31日までの12ヵ月における対象カテゴリーおよびブランド別の特別陳列実績データを用いている。このデータは，当該ブランドの特別陳列の実施の有無について2値変数（特別陳列の実施の場合1，そうでない場合0）によって捉えられている。

さらに特別陳列実績は店頭コミュニケーションの内容によって分類されている。分類内容として，製品訴求POP付特別陳列，特別陳列の2つが設定されている。製品訴求POP付特別陳列は，メーカーが用意した製品訴求POPをつけている場合を指す。特別陳列は価格カード以外の訴求POPをつけていない，「特別陳列のみ」の場合を指す。製品訴求POP付特別陳列と特別陳列では共に，陳列商品の価格の値引きが伴っている。定番陳列については，「特別陳列が実施されておらず，かつ通常売価で購買されている」状況を設定してい

る。

　ブランド・コミットメントに関する質問票回答データについては，上記購買履歴を持つ消費者を対象に，購買履歴の対象期間開始月である2007年1月と対象期間終了月の2007年12月の2回にわたって実施した，商品評価に関する質問票調査結果を用いている。本章の分析では，質問票回答データのうち，感情的コミットメントと計算的コミットメントに該当する項目を用いている。これらの項目は，「大いに思う＝4点」，「思う＝3点」，「あまり思わない＝2点」，「思わない＝1点」の4点尺度になっている。

　対象商品カテゴリーはビール，チューハイの2カテゴリーである。これらのカテゴリーは，①スーパーマーケットの中での売上規模が上位であること，②それぞれ店内においてカテゴリーとして独立した売場を形成し，またカテゴリーでまとまった特別陳列を実施している，という2つの条件を基に選定した。

　この2つの条件を適用した理由として，①については，ブランドを供給するメーカーだけでなく，売場を管理する小売業にとっても活用できる知見を得るためには，店舗における売上規模が大きいカテゴリーを対象にする必要があると考えたためである。

　②については，本章の目的が，店頭コミュニケーションによるブランド購買経験とブランド・コミットメントの関係の把握であることを踏まえると，売場が独立しているカテゴリーの方が，独立していないカテゴリーに比べて売場への立ち寄り目的が明確であるため，店頭コミュニケーションへの接触と購買の関係をより明確に捉えることができると考えたためである。例えば調味料の売場は，しょうゆ，みりん等の陳列什器が隣接しているため，調味料の売場に立ち寄っても，しょうゆを買いに来たのか，それともみりんを買いに来たのかの判断が難しい。一方，ビールやチューハイのように，陳列什器が独立して設置されている売場では，その売場に立ち寄ったのは，ビールやチューハイを買いに来たためという判断が容易である。

　各カテゴリーに属するブランド数はビール，チューハイ共に6ブランドである。各ブランドにはそれぞれの異なるサイズの製品が含まれているが，ここで

表3 対象商品カテゴリー内ブランド購買回数比率

(単位:%)

	ビール		チューハイ
ブランドA	69.4	ブランドG	32.3
ブランドB	2.7	ブランドH	18.6
ブランドC	4.2	ブランドI	1.1
ブランドD	18.6	ブランドJ	18.5
ブランドE	0.6	ブランドK	12.1
ブランドF	4.4	ブランドL	17.4
計	100.0	計	100.0

表4 対象商品カテゴリーの販売特性,世帯購買特性

	ビール	チューハイ
店頭での特売比率(点数基準:%)	33.6	43.0
店頭での新製品販売比率(点数基準:%)	19.7	48.5
1世帯購買1回当たり間隔(日)	27.0	24.4
1世帯当たり購買アイテム数	3.7	6.6

はサイズの相違は考慮せず,ブランド単位での購買を捕捉している。ビール,チューハイの各ブランドの購買回数比率を表3に示す。ビールではブランドAが69.4%,チューハイではブランドGが32.3%と最も大きいが,ビールの方がトップブランドのシェアが大きい状況である。また対象商品カテゴリーの店頭での販売特性,世帯購買特性を表4に示す。これを見ると,1世帯1回当たり購買間隔ではビールとチューハイとの間の差はないものの,店頭での特売比率,店頭での新製品販売比率,1世帯当たり購買アイテム数では,チューハイが上回っていることが確認できる。このことから,チューハイの特徴は,ビールに比べて,「店頭コミュニケーションによる販売依存度が高い」,「新製品による販売依存度が高い」,「購買の候補となるアイテム数が多い」ということになる。

表5 店頭コミュニケーションによる対象世帯のブランド購買回数比率

(単位：％)

		購買回数比率	定番時購買回数比率	定番値引時購買回数比率	特別陳列時購買回数比率	製品POP時購買回数比率	特別陳列のみ購買回数比率
ビール	ビールA	69.4	66.8	13.5	12.9	2.4	10.5
	ビールB	2.7	42.0	50.0	4.0	2.0	2.0
	ビールC	4.2	33.8	58.4	0.0	0.0	0.0
	ビールD	18.6	49.4	34.2	8.2	3.5	4.7
	ビールE	0.6	54.5	18.2	0.0	0.0	0.0
	ビールF	4.4	35.8	51.9	7.4	1.2	6.2
	計	100.0	60.1	22.0	10.9	2.4	8.5
チューハイ	チューハイG	32.3	15.5	39.4	34.0	22.1	7.4
	チューハイH	18.6	23.9	36.6	30.1	15.7	11.8
	チューハイI	1.1	5.6	16.7	77.8	27.8	50.0
	チューハイJ	18.5	17.1	42.8	31.3	12.8	18.4
	チューハイK	12.1	10.6	34.3	34.8	16.2	18.7
	チューハイL	17.4	6.3	46.2	41.3	26.6	9.8
	計	100.0	15.0	39.8	34.6	19.3	12.5

　対象世帯におけるビール，チューハイの各カテゴリーに属するブランドの店頭コミュニケーションによる購買状況を表5に示す。これを見ると，ビールでは，定番時購買回数比率が60.1％と最も高い。一方チューハイでは，定番棚で値引きのみを行っている状態を示す定番値引時購買回数比率が39.8％，特別陳列時購買回数比率が34.6％であり，コミュニケーション実施時の購買回数比率が高いことがわかる。ブランド別の傾向を見てみると，ビールのブランドAは購買数量がトップシェアであり，定番時購買回数比率が最も高いが，ブランドB，ブランドC，ブランドFでは，定番値引時購買回数比率が最も高い。この傾向よりビールは，「トップブランドのシェアは大きく，このブランドは定番時に購買される回数が多い」，「トップ以外のブランドの多くはコミュニケーション実施時に購買される回数が多い」という特徴であることが言える。チ

4.6 分析IIの方法

表6 仮説モデルの観測変数の一覧

変数のタイプ	観測変数
第1期感情的コミットメント	他の商品より多少高くてもこの商品を購入したい（06年調査）
	この商品が店頭にない場合，別の機会に購入したい（06年調査）
第1期計算的コミットメント	この商品から他の商品に切り替えるのが面倒だ（06年調査）
	この商品から他の商品に切り替えて失敗したくない（06年調査）
店頭コミュニケーション時購買経験	定番時購買回数比率（対数）
	特別陳列時購買回数比率（対数）
	製品訴求POP付特別陳列時購買回数比率（対数）
第2期感情的コミットメント	他の商品より多少高くてもこの商品を購入したい（07年調査）
	この商品が店頭にない場合，別の機会に購入したい（07年調査）
第2期計算的コミットメント	この商品から他の商品に切り替えるのが面倒だ（07年調査）
	この商品から他の商品に切り替えて失敗したくない（07年調査）

ューハイでは，ブランドAは購買数量がトップシェアであるが，ビールとは異なり，定番値引時購買回数比率および特別陳列時購買回数比率が高い。またそれ以外のブランドBからブランドFにおいても定番値引時購買回数比率または特別陳列時購買回数比率が最も高い。この傾向よりチューハイは，「トップブランドのシェアはビールに比べて小さく，またこのブランドはコミュニケーション時に購買される回数が多い」，「トップ以外のブランドにおいても同様にコミュニケーション時に購買される回数が多い」という特徴であることが言える。

仮説モデルで示した各潜在変数を構成する観測変数は表6の通りである。感情的コミットメントについては，第1期の質問票調査結果のうち，青木（1990）の測定尺度を基に，「他の商品より多少高くてもこの商品を購入したい」，「この商品が店頭にない場合，別の機会に購入したい」の2つの回答結果を観測変数として取り込んだ。青木（1990）は，感情的コミットメントに相当する観測変数として4つを挙げているが，中でも特に，店頭での購買行動の側面を考慮し，前述の2つを観測変数として設定している[23]。

計算的コミットメントについては，第1期の同調査結果のうち，井上（2009）の測定尺度を基に，「この商品から他の商品に切り替えるのが面倒だ」，「この商品から他の商品に切り替えて失敗したくない」の2つの回答結果を観測変数に取り込んだ[24]。井上（2009）は，計算的コミットメントに相当する観測変数として3つを挙げているが，中でも特に，関係を継続することによって得をするという功利的成分と，関係を終結することによって損をするという存続的成分（久保田，2006）を表現する変数2つを観測変数として設定している。第2期感情的コミットメントと第2期計算的コミットメントについては，07年の質問票調査結果を用い，第1期と同様の回答項目を観測変数に取り込んだ。

　本章における感情的コミットメントと計算的コミットメントの観測変数は，前述の通り先行研究を基礎に設定しているが，本章で扱う分析サンプルにおいても観測変数の組み合わせとして適切か否かについて因子分析で確認した。主因子法を適用して分析した結果，4因子の累積寄与率が76.7％であった。この結果を表7に示す。表中の数値はバリマックス回転後の因子負荷量である。因子負荷量を基にした4因子の特徴（名称）を示すと，第1因子は「第2期計算的コミットメント」，第2因子は「第1期感情的コミットメント」，第3因子は「第1期計算的コミットメント」，第4因子は「第2期感情的コミットメント」となる。したがって，感情的コミットメントと計算的コミットメントを構成する各2つの観測変数は，本章で扱う分析サンプルにおいても組み合わせとして適切であると捉えることができる。

　しかし本章の分析では感情的・計算的コミットメントと購買経験の因果関係を捉えることに主眼を置いている。そのため，第1期と第2期という時点の異なる情報を同一の分析内で要約すると，要約された因子には時点の異なる情報が混在することになり，時点の差異の整合性が取れなくなってしまう問題がある。ゆえに，因果関係の分析を行う際には，第1期，第2期という各時点の情報をできるだけ単純に取り扱うことに主眼を置き，当該ブランド購買に対する感情的コミットメントと計算的コミットメントの影響の測定の際には，各2つの観測変数のスコアを足し上げた合計スコアを用いることとする。

表7 感情的・計算的コミットメントの観測変数による因子分析結果

	第1因子	第2因子	第3因子	第4因子	共通性推定値
他の商品より多少高くてもこの商品を購入したい（第1期）	0.119	0.740	0.334	0.235	0.729
この商品が店頭にない場合，別の機会に購入したい（第1期）	0.125	0.720	0.360	0.231	0.717
この商品から他の商品に切り替えて失敗したくない（第1期）	0.187	0.508	0.709	0.108	0.807
この商品から他の商品に切り替えるのが面倒だ（第1期）	0.167	0.309	0.801	0.103	0.776
他の商品より多少高くてもこの商品を購入したい（第2期）	0.361	0.210	0.085	0.727	0.711
この商品が店頭にない場合，別の機会に購入したい（第2期）	0.342	0.228	0.128	0.742	0.735
この商品から他の商品に切り替えて失敗したくない（第2期）	0.809	0.055	0.199	0.303	0.790
この商品から他の商品に切り替えるのが面倒だ（第2期）	0.824	0.205	0.132	0.366	0.872
固有値	1.673	1.562	1.466	1.436	
寄与率	0.209	0.195	0.183	0.179	
累積寄与率	0.209	0.404	0.587	0.767	
因子名称	2期計算的コミットメント	1期感情的コミットメント	1期計算的コミットメント	2期感情的コミットメント	

さらに店頭コミュニケーションによる購買経験に関する変数として，分析対象期間中の定番時購買回数比率，特別陳列時購買回数比率，製品訴求POP付特別陳列時購買回数比率を取り込んだ。本研究では，スーパーマーケットで扱われている最寄品を対象商品領域としているが，この商品の特性は買回り品に比べて購買意思決定における情報探索と処理が少ないことが挙げられる（例えば，流通経済研究所, 2008)[25]。したがって，当該ブランドの売場に立ち寄って情報に接触した場合，大半において購買することが仮定される。以上の点から

本研究では，購買実績の有無によって接触の有無をカバーできると見なすことにする。また各購買回数比率は，分析対象世帯の期間中のカテゴリー購買回数を分母にした上で，ブランドの購買回数比率を算出している。例えばある対象消費者Ⅰにおけるビールのブランド A の購買回数比率は，対象消費者Ⅰのビールカテゴリーの期間購買回数に対するブランド A の期間購買回数の比率を示している。ここで購買回数比率を用いたのは，購買回数の大小によるバイアスを避け，各世帯におけるカテゴリーの購買経験の中で，当該ブランドの特別陳列時と製品訴求 POP 付特別陳列時の購買経験占有度がどのくらい当該ブランドのコミットメントの変化に影響しているのかという観点を重視したためである。各購買回数比率の変数は，対数変換を行っている。

4.7 分析Ⅱの結果

感情的コミットメントと計算的コミットメントの合計スコアと店頭コミュニケーション時購買経験に関する変数によるパス解析を行った[26]。ビール，チューハイの各モデルの適合度を表 8 に示す。対象サンプル数は，ビールが158件，チューハイが181件である。

まず適合度検定の結果を見ると，ビール・モデルが χ^2 値＝329.225，自由度＝28，p 値＝0.000であり，チューハイ・モデルが χ^2 値＝276.735，自由度＝28，p 値＝0.000であることから，これらのモデルは棄却されてしまうことに

表 8 各モデルの適合度指標

適合度指標	ビール	チューハイ
χ^2 値	329.225	276.735
自由度	28	28
p 値	0.000	0.000
GFI	0.987	0.976
AGFI	0.933	0.878
RMSEA	0.037	0.093

なる。ただし，朝野ら（2005）は，適合度検定の結果が許容されなくても，各種適合度指標の数値が優れていれば，当てはまりの良いモデルとして捉えることができることを指摘している[27]。この指摘を踏まえ，各適合度指標を見ると，ビール・モデルが GFI＝0.987，AGFI＝0.933，RMSEA＝0.037 であり，チューハイ・モデルが GFI＝0.976，AGFI＝0.878，RMSEA＝0.093 である。南風原（2002），豊田（2002）は GFI，AGFI は概ね0.9以上が望ましいとしている。また RMSEA は0.05未満の場合は当てはまりが良いとし，0.1以上の場合には当てはまりが悪く，その間はグレーゾーンとしている[28]。

したがってこの結果は，豊田（2002），南風原（2002）に示されている適合度の目安を上回っており，2つのモデルとも適合度は優れていると判断できる。なお，ここではパス解析の他に，感情的コミットメントと計算的コミットメントの各々の第1期と第2期の合計スコアの差分を被説明変数とし，店頭コミュニケーションに関する変数を説明変数とする重回帰分析も試みたが，感情的コミットメントと計算的コミットメントのいずれも有意な結果を得ることができなかった。この要因として考えられるのは各コミットメントにおける第1期と第2期の間の相関関係があり，差分が0のサンプルが多いことが考えられる。しかし本章では，ブランド・コミットメントの強い消費者が引き続き強い水準を維持する（天井効果），または同様に弱い消費者が引き続き弱い水準を維持する（フロア効果）という観点での店頭コミュニケーション時購買経験の影響も無視できないと考えられるため，ブランド・コミットメントの差分が0のサンプルも含めて分析を行った。

4.6で設定した仮説の検証結果について述べる。各モデルの仮説パスの推定値を表9に示す。またビールのパス図を図3に，チューハイのパス図を図4にそれぞれ示す。

感情的コミットメントと計算的コミットメントの継続性では，感情的コミットメントと計算的コミットメントは，共に両モデルにおいて第1期と第2期の間で正の影響があることが確認された。したがって，「仮説1-1：第1期感情的コミットメントが強ければ，第2期感情的コミットメントが強い」と，「仮

表9　各モデルの仮説パスの推定値

仮説番号	パス		ビール	チューハイ
仮説1-1	第1期感情的コミットメント	→ 第2期感情的コミットメント	0.517***	0.380***
仮説1-2	第1期計算的コミットメント	→ 第2期計算的コミットメント	0.582***	0.223***
仮説2-1	第1期感情的コミットメント	→ 特別陳列購買回数		
仮説2-2	第1期感情的コミットメント	→ 製品POP購買回数		0.320*
仮説2-3	第1期感情的コミットメント	→ 定番購買回数	0.206**	
仮説3-1	第1期計算的コミットメント	→ 特別陳列購買回数		
仮説3-2	第1期計算的コミットメント	→ 製品POP購買回数		
仮説3-3	第1期計算的コミットメント	→ 定番購買回数		
仮説4-1	特別陳列購買回数	→ 第2期感情的コミットメント		
仮説4-2	製品POP購買回数	→ 第2期感情的コミットメント		0.147**
仮説4-3	定番購買回数	→ 第2期感情的コミットメント	0.170**	
仮説5-1	特別陳列購買回数	→ 第2期計算的コミットメント		
仮説5-2	製品POP購買回数	→ 第2期計算的コミットメント		
仮説5-3	定番購買回数	→ 第2期計算的コミットメント		0.205***

***1％水準，**5％水準，*10％水準　非表示は10％水準でも有意でない。

説1-2：1期計算的コミットメントが強ければ，第2期計算的コミットメントが強い」はビールとチューハイ共に支持となった。

　第1期感情的コミットメントと購買経験の関係では，ビールにおいては定番時購買回数との正の関係が確認されたが，特別陳列時購買回数および製品訴求POP付特別陳列時購買回数との関係は確認されなかった。チューハイにおいては製品訴求POP付特別陳列時購買回数との関係が確認されたものの，特別陳列時購買回数および定番時購買回数との関係は確認されなかった。したがって，「仮説2-1：第1期感情的コミットメントが弱ければ，特別陳列時購買回数が多い」はビールとチューハイ共に不支持，「仮説2-2：第1期感情的コミットメントが強ければ，製品訴求POP付特別陳列時購買回数が多い」はビールにおいて不支持，チューハイにおいて支持，「仮説2-3：第1期感情的コミ

図3 ビールのパス図

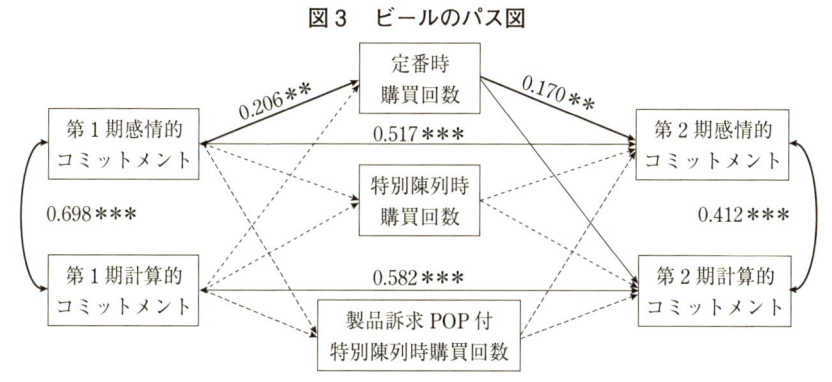

- 第1期感情的コミットメント → 定番時購買回数：0.206**
- 第1期感情的コミットメント ↔ 第1期計算的コミットメント：0.698***
- 定番時購買回数 → 第2期感情的コミットメント：0.170**
- 0.517***
- 0.582***
- 第2期感情的コミットメント ↔ 第2期計算的コミットメント：0.412***
- 特別陳列時購買回数
- 製品訴求POP付特別陳列時購買回数

自由度：28 GFI：0.987 AGFI：0.933 RMSEA：0.037 記載数値は標準化推定値
*** 1％水準, ** 5％水準 点線は10％水準でも有意でない。

図4 チューハイのパス図

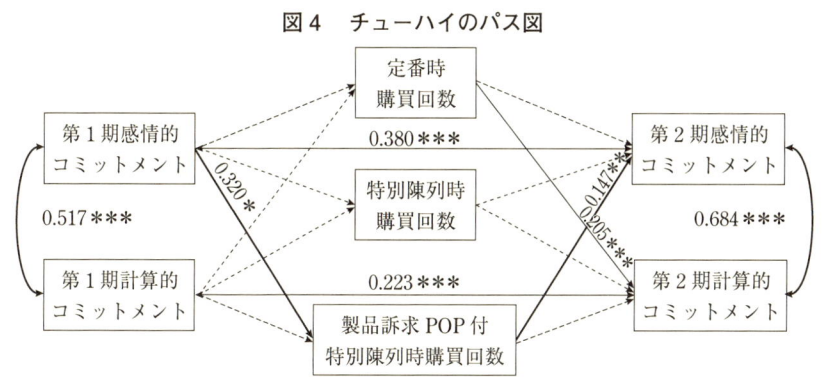

- 第1期感情的コミットメント ↔ 第1期計算的コミットメント：0.517***
- 0.320*
- 0.380***
- 0.223***
- 0.147**
- 0.205**
- 第2期感情的コミットメント ↔ 第2期計算的コミットメント：0.684***
- 定番時購買回数
- 特別陳列時購買回数
- 製品訴求POP付特別陳列時購買回数

自由度：28 GFI：0.976 AGFI：0.878 RMSEA：0.093 記載数値は標準化推定値
*** 1％水準, ** 5％水準, * 10％水準 点線は10％水準でも有意でない。

ットメントが強ければ，定番時購買回数が多い」はビールにおいて支持，チューハイにおいて不支持となった。

第1期計算的コミットメントと購買経験の関係では，ビールとチューハイ共に，特別陳列時購買回数および定番時購買回数，製品訴求POP付特別陳列時購買回数との関係はいずれも確認されなかった。したがって，「仮説3-1：第1期計算的コミットメントが強ければ，特別陳列時購買回数が多い」，「仮説3-2：第1期計算的コミットメントが強ければ，製品訴求POP付特別陳列時

購買回数が少ない」,「仮説3-3:第1期計算的コミットメントが強ければ,定番時購買回数が少ない」,のいずれもビールとチューハイ共に不支持となった。

購買経験と第2期感情的コミットメントの関係では,ビールにおいては定番時購買回数との間で正の関係にあることも確認された。しかし,特別陳列時購買回数および製品訴求POP付特別陳列時購買回数との関係は確認されなかった。チューハイにおいては,特別陳列時購買回数および製品訴求POP付特別陳列時購買回数,定番時購買回数との間でいずれも正の関係が確認された。したがって,「仮説4-1:特別陳列時購買回数が多ければ,第2期感情的コミットメントが弱くなる」はビールとチューハイ共に不支持,「仮説4-2:製品訴求POP付特別陳列時購買回数が多ければ,第2期感情的コミットメントが強くなる」はビールにおいて不支持,チューハイにおいて支持,「仮説4-3:定番時購買回数が多ければ,第2期感情的コミットメントが強くなる」はビールにおいて支持,チューハイにおいて不支持となった。

購買経験と第2期計算的コミットメントの関係では,ビールにおいては,特別陳列時購買回数および製品訴求POP付特別陳列時購買回数,定番時購買回数との関係はいずれも確認されなかった。チューハイにおいては,定番時購買回数との間で正の関係にあることが確認された。しかし,製品訴求POP付特別陳列時購買回数および特別陳列時購買回数との関係は確認されなかった。したがって,「仮説5-1:特別陳列時購買回数が多ければ,第2期計算的コミットメントが強くなる」はビールとチューハイ共に不支持,「仮説5-2:製品訴求POP付特別陳列時購買回数が多ければ,第2期計算的コミットメントが弱くなる」はビールとチューハイ共に不支持,「仮説5-3:定番時購買回数が多ければ,第2期計算的コミットメントが弱くなる」はビールでは不支持,チューハイでは支持となった。

なお,感情的コミットメントと計算的コミットメントの間の相関が高いことから,多重共線性の可能性について確認するために,第1期と第2期の感情的コミットメントの変数を除外し,第1期と第2期の計算的コミットメントと各

4.7 分析IIの結果　113

図5　ビールのパス図（計算的コミットメントのみ）

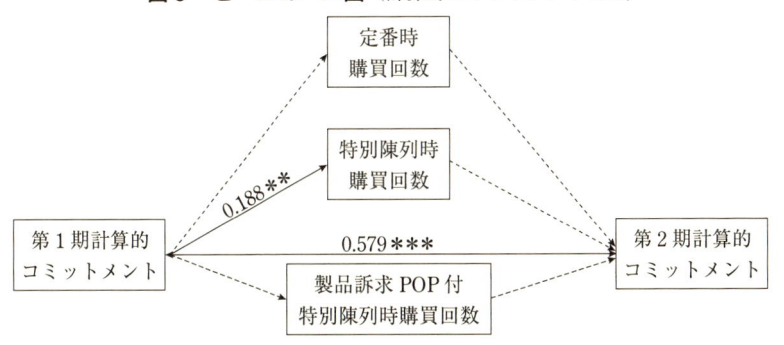

```
            定番時
            購買回数
         ╱           ╲
        ╱             ╲
       ╱   特別陳列時    ╲
      ╱    購買回数       ╲
   0.188**                  ╲
 ┌─────────┐   0.579***   ┌─────────┐
 │第1期計算的│ ←─────────→ │第2期計算的│
 │コミットメント│             │コミットメント│
 └─────────┘               └─────────┘
       ╲   製品訴求POP付   ╱
        ╲  特別陳列時購買回数
         ╲           ╱
```

自由度：10　GFI：0.991　AGFI：0.955　RMSEA：0.035　記載数値は標準化推定値
＊＊＊1％水準，＊＊5％水準　点線は10％水準でも有意でない。

図6　チューハイのパス図（計算的コミットメントのみ）

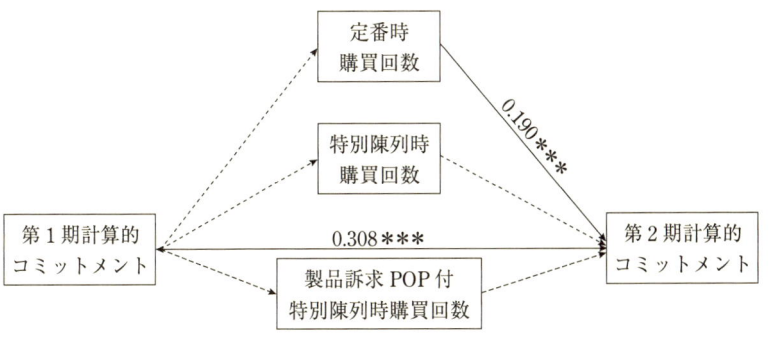

```
            定番時
            購買回数
                         0.190***
            特別陳列時
            購買回数
 ┌─────────┐   0.308***   ┌─────────┐
 │第1期計算的│             │第2期計算的│
 │コミットメント│             │コミットメント│
 └─────────┘               └─────────┘
            製品訴求POP付
            特別陳列時購買回数
```

自由度：10　GFI：0.989　AGFI：0.947　RMSEA：0.060　記載数値は標準化推定値
＊＊＊1％水準　点線は10％水準でも有意でない。

店頭コミュニケーション時購買回数による分析も行った。この分析によるビールのパス図を図5に，チューハイのパス図を図6にそれぞれ示す。結果として，感情的コミットメントを含めた場合と同様に有意なパスがほとんど表れなかった。したがって，計算的コミットメントに関わるパスのほとんどが有意でない原因は，多重共線性による影響の問題ではないことが確認できる。

しかし感情的コミットメントを含めた場合とそうでない場合のモデルの適合度指標を比較すると，ビール，チューハイ共に感情的コミットメントを含めない場合のモデルのRMSEAが低いという結果になっている。これはモデルの

当てはまりの度合いという観点で言えば、感情的コミットメントを含めないモデルの方が含めるモデルよりも優れていることになる。しかし、詳細は後述するが、感情的コミットメントを含めたモデルでは共に、第1期感情的コミットメントから店頭コミュニケーション時の購買経験を通じて第2期感情的コミットメントに影響を与えるという構造が抽出されている。実証研究では当然ある程度の統計的厳密性を求める必要があるが、本章では、仮説において仮定した構造をできるだけ抽出し、マーケティング実務面での活用性を重視するという観点の下、感情的コミットメントを含めたモデルで議論する。

4.8 分析IIの考察

前節に記した分析結果の解釈について考察する。

まず感情的コミットメントと計算的コミットメントは、ビールとチューハイの両モデルにおいて第1期と第2期の間において正の影響があることが確認された。このことから感情的コミットメントのような、ブランドとの関係性を維持しようとする肯定的な態度状態と、計算的コミットメントのような「他のブランドに切り替えるのが面倒だ」、「切り替えて失敗したくない」という消極的な態度状態は共に持続される傾向にあることが明らかになった。

またビールでは、第1期の感情的コミットメントが強いと定番時購買回数が多く、それが多くなるとさらに第2期の感情的コミットメントが強化されることが確認された。またチューハイでは、第1期の感情的コミットメントが強いと製品訴求POP付特別陳列時購買回数が多く、それが多くなるとさらに第2期の感情的コミットメントが強化されることが確認された。

ビールとチューハイでは感情的コミットメントに影響を与える店頭コミュニケーションのタイプが異なる結果になっているが、これは表4で示されているように、店頭コミュニケーション時のブランド購買回数比率がビールでは定番時が多いのに対し、チューハイでは製品訴求POP付特別陳列時が多いという、2つのカテゴリー間での店頭コミュニケーションの展開状況が異なることが影

響していることが考えられる。影響を与える店頭コミュニケーションのタイプが異なるとは言え，店頭コミュニケーションによる購買経験を通じて感情的コミットメントが醸成されることが，2つのカテゴリーの分析結果を通じて明らかになった。

しかしビールとチューハイ共に，特別陳列時購買回数との関係が感情的コミットメント，計算的コミットメントの双方において確認することができなかった。これは表5で示されているように，対象サンプルの特別陳列（のみ）時の購買比率がビールでは8.5％，チューハイでは12.5％ということで，当該ブランドの購買10回のうち1回程度しか購買していないことになる。このように購買回数が少ないことにより，感情的コミットメントと計算的コミットメントのような態度変容との関係を安定的に捉えることができなかったことが考えられる。

さらに，計算的コミットメントと店頭コミュニケーションによる購買経験の関係については，チューハイにおいて定番時購買回数が多ければ第2期計算的コミットメントが強くなるという関係が支持された以外には，すべてのパスが不支持という結果になった。本研究における計算的コミットメントの変数では，関係を継続することによって得をするという功利的成分と，関係を終結することによって損をするという存続的成分（久保田, 2006）の2つの要素を含めているため，計算的コミットメントと言っても消費者の中では2つの意味合いを持っていることになる。また消費者の中では特定のブランドに対して感情的コミットメントも強ければ，計算的コミットメントも強いという場合が想定される。計算的コミットメントは，感情的コミットメントと切り分けて見ても，それ自体の購買行動との影響を把握しづらい特性がある可能性がある。したがって，消費者における感情的コミットメントと計算的コミットメントの持ち方の関係を踏まえた上で購買行動を捉える必要があるものと考えられる。

4.9 本章のまとめ

本章では，店頭コミュニケーションによるブランド購買経験によってブラン

ド・コミットメントがどのように変化するのかについて明らかにすることを目的に，分析Ⅰとして，当該ブランドの購買経験に対する購買時価格と感情的コミットメント，計算的コミットメントの影響について確認した。次に分析Ⅱとして，店頭コミュニケーションによる購買経験とコミットメントの変化の因果関係を確認した。これらの2つの分析の展開により，以下の5つの知見を得ることができた。

第1に，対象となった4つのタイプのPOP付特別陳列の中では，特売訴求POP付特別陳列の販売促進への効果が最も高いことが明らかになった。

第2に，ブランド・コミットメントが上昇した消費者層は，製品訴求POP付特別陳列の実施時に購買する回数が多いことが明らかになった。

第3に，ブランド・コミットメントが低下した消費者層は，訴求POPのない特別陳列の実施時に購買する回数が多いことが明らかになった。

第4に，感情的コミットメントのような，ブランドとの関係性を維持しようとする肯定的な態度状態と，計算的コミットメントのような「他のブランドに切り替えるのが面倒だ」，「切り替えて失敗したくない」という消極的な態度状態は共に持続される傾向にあることが明らかになった。

第5に，店頭コミュニケーションによる購買経験を通じて感情的コミットメントが醸成されることが明らかになった。

以上の知見は，従来の売上という観点だけでなく，感情的コミットメントの維持・向上という観点でも店頭コミュニケーションを展開することが有効であるという実務的示唆を与えてくれる。また第2章でも指摘したように，従来の研究では，一時点のコミュニケーション接触と態度水準の把握に留まっており，一定期間の購買経験とそれに伴う態度推移の把握は行われていなかった。本章の成果によって，感情的コミットメントのような消費者の態度状態の変化と実際の購買経験の関係をより深く説明できるようになったことは消費者行動研究分野における重要な貢献であると考えられる。

では，このブランド・コミットメントが維持・強化されると，実際にブランド購買も長期的に継続されるのであろうか。この点を次の課題として，次章で

はブランド・コミットメントと長期的なブランド購買の関係について明らかにする。

(1) 本章は，寺本 高（2008），「消費者の店頭 POP 販促時の購買行動とコミットメントの関係」，『日経広告研究所報』，第241号，45-56．および寺本高（2009），「コミットメントの多段階性を考慮した POP 販促の効果測定」，『プロモーショナル・マーケティング研究』，第2巻，20-30．を加筆修正したものである。
(2) POPAI (2004), *Measuring At-Retail Advertising in Chain Drug Stores : Sales Effectiveness & Presence Reporting*, POPAI.
(3) 守口 剛 (2002)，『プロモーション効果分析』，朝倉書店．
(4) Lambin, J. J. (1976), *Advertising, Competition, and Market Conduct in Pligopoly over Time*, North-Holland.
(5) Suri, R., R. V. Manchanda, C. S. Kohli (2000), Brand Evaluations : A Comparison of Fixed Price and Discounted Price Offers, *Journal of Product & Brand Management*, 9, 193-206.
(6) Kalwani, M. U., C. K. Yim (1992), Consumer Price and Promotion Expectations : An Experimental Study, *Journal of Marketing Research*, 29 (1), 90-100.
(7) Cushing, L. A., M. Douglas-Tate (1985), The Effect of People / Product Relationships on Advertising Processing, in L. F. Alwitt and A. A. Mitchell, *Psychological Processes and Advertising Effects*, Erlbaum, 241-259.
(8) 守口 剛 (2007)，「価格プロモーションと非価格プロモーション—訴求ポイントと役割の相違—」，イノベーション研究会報告資料．
(9) 各ブランドにはそれぞれの異なるサイズの製品が含まれているが，ここではサイズの相違は考慮せず，ブランド単位での購買を捕捉している。
(10) ここでの対象世帯数は，複数のカテゴリー／ブランドを購買している世帯数を考慮した延べ対象世帯数としている。
(11) 分析用集計データは，購買履歴データ，店頭コミュニケーションの実施実績データ，コミットメントに関するアンケート回答データを基に作成している。集計基準は延べ対象世帯とし，集計期間は2005年6月1日から2006年12月31日までの19ヵ月である。集計変数は，各対象世帯の特別陳列時の全購買回数に対する POP コミュニケーションタイプ別特別陳列の購買回数の比率として，特売訴求 POP 付特別陳列時購買回数比率，テーマ訴求 POP 付特別陳列時購買回数比率，製品訴求 POP 付特別陳列時購買回数比率，訴求 POP なし特別陳列時購買回数比率の計4変数を用いている。ここで購買回数比率を用いたのは，購買回数の大小によるバイアスを避け，各消費者における特別陳列時の購買回数の中で，各 POP コミュニケーションタイプ陳列時の購買経験占有度がどのくらいコミットメントの変化に影響しているのかという観点を重視したためである。さらに，ここで作成された集計変数に，ブランド・コミットメントの変化に関するデータを付加している。
(12) POPAI (2001), *P-O-P Measures UP — Learnings from the Supermarket Class of Ttrade —*, POPAI.
(13) 中谷吉孝（1987），「心理的ロイヤルティの新測定尺度」，『日経広告研究所報』，1987年

1月号，12-20．および青木幸弘（1990），「消費者関与概念の尺度化と測定―特に，低関与型尺度開発の問題を中心として―」，『商学論究』，第38巻第2号，129-156．
(14) 清水 聰（2007），「プロモーション時の購買経験が感情的コミットメントに与える影響」，『流通情報』，第455号，23-30．
(15) 清水 聰（2007），前掲論文．
(16) Cushing, L. A., M. Douglas-Tate（1985），前掲論文．
(17) 守口 剛（2007），前掲論文．
(18) 久保田進彦，井上淳子（2004），「消費者リレーションシップにおけるコミットメントの多次元性とその影響」，『中京企業研究』，第26号，11-27．
(19) 久保田進彦，井上淳子（2004），前掲論文．
(20) Kalwani, M. U., C.K. Yim（1992），前掲論文．
(21) ここでの対象世帯数は，複数のカテゴリー／ブランドを購買している世帯数を考慮した延べ対象世帯数としている．
(22) 本分析の対象世帯を含む世帯に対して実施した，「対象店舗でのカテゴリー購買割合」に関する質問票調査結果（2005年5月実施）を付け合せて集計した結果，ビールまたはチューハイの1商品を2回以上購買している世帯は，「対象店舗で当該カテゴリーを8割以上買っている」とする回答比率がビールでは57.9％，チューハイでは69.5％と共に過半数に達している．一方，1回のみ購買している世帯の回答率は，ビールでは14.5％，チューハイでは32.8％となっており，2回以上購買している世帯に比べて対象店舗以外の店舗で購買している傾向が強いことが確認できている．
(23) 青木幸弘（1990），前掲論文．
(24) 井上淳子（2009），「ブランド・コミットメントと購買行動との関係」，『流通研究』，第12巻第2号，1-19．
(25) 流通経済研究所（2008），『インストア・マーチャンダイジング』，日本経済新聞出版社．
(26) 本章では，感情的コミットメントと計算的コミットメントを潜在変数とした構造方程式モデルも検討した．しかし，第1期と第2期の感情的・計算的コミットメントを狭む店頭コミュニケーションの変数が観測変数になることから，これらが感情的・計算的コミットメントの潜在変数を構成する観測変数の一部としても認識されてしまい，本章で設定した仮説を検証するモデルとしての適切性を欠いてしまう．そこで感情的・計算的コミットメントもあらかじめ観測変数として設定し，パス解析モデルを用いて仮説をシンプルに測定する方法を採用した．
(27) 朝野熙彦，鈴木督久，小島隆矢（2005），『入門共分散構造分析の実際』，講談社サイエンティフィク．
(28) 豊田秀樹（2002），「『討論：共分散構造分析』の特集にあたって」特集「討論：共分散構造分析」，『行動計量学』，第29巻第2号，135-137．および南風原朝和（2002），「モデル適合度の目標適合度―観測変数の数を減らすことの是非を中心に―」特集「討論：共分散構造分析」，『行動計量学』，第29巻第2号，160-166．

5 ブランド・コミットメントと
　　　長期的なブランド購買[1]

　4章では，特別陳列の演出要素，特にタイプの異なるPOPが掲載されている特別陳列展開時の購買行動とブランド・コミットメントの関係を明らかにした。これにより，従来の売上という観点だけでなく，ブランド・コミットメントの維持・向上という観点でも店頭コミュニケーションを展開することが有効であるという示唆を導いた。

　では，このブランド・コミットメントが維持・強化されると，実際に長期的なブランド購買を示すブランド・ロイヤルティも維持・強化されるのであろうか。企業としては，自社ブランドのロイヤルティの維持・向上をブランド戦略の目標とするケースが多いことを踏まえると，ブランド・コミットメントがどのような状態であると，ブランド・ロイヤルティの維持・向上ないしは低下してしまうのかというように，ブランド・ロイヤルティに対するブランド・コミットメントの影響を長期的かつ動態的に捉える必要があるものと考えられる。

　また4章で扱ったように，ブランド・コミットメントには，感情的コミットメントと計算的コミットメントという2つの次元が存在する。感情的コミットメントはポジティブな態度状態であるのに対し，計算的コミットメントは損得を考慮した上でのコミットメントであり，消極的な態度状態である（Fullerton, 2005）[2]。計算的コミットメントは，具体的には，「この商品から他の商品に切り替えるのが面倒だ」，「この商品から他の商品に切り替えて失敗したくない」（井上, 2009）[3]というようなブランドに対する慣性的，リスク回避的な態度状態を表すものである。ただしこの背景には，当該ブランドに対して愛着が強いゆえに，他のブランドに切り替えるのが面倒であったり，失敗したくないという状態と，当該ブランドに対して特に愛着がない中で，他のブランドに切り替えるのが面倒であったり，失敗したくないという状態の異なるタイプがあると考えられる。ゆえに計算的コミットメントは，当該ブランドとの関係性を

維持しようとする肯定的な感覚や愛着を表す感情的コミットメントと切り分けて見ても，それ自体の購買行動との影響を把握しづらい特性がある可能性がある。したがって，消費者における感情的コミットメントと計算的コミットメントの持ち方の関係を踏まえた上で購買行動を捉える必要があるものと考えられる。

このような問題意識の下に，本章では，消費者に内在する感情的コミットメントと計算的コミットメントがブランド・ロイヤルティの長期的な維持・強化にどのように貢献するのかについて明らかにする。当該ブランドに対するロイヤルティの強い消費者に主眼を置いたマーケティング戦略を構築，遂行することは消費財メーカーにとって重要な課題であるが，消費者の中で感情的コミットメントと計算的コミットメントがどのような状態だとロイヤルティが長期的に維持・強化されるのかについて明らかにすることで，消費財メーカーが当該ブランドのロイヤルティの維持・強化を企図した消費者ターゲティングとコミュニケーションの方向性を示す。

5.1 ブランド・コミットメントの効果についてのレビュー

ブランド・コミットメントの効果に関する研究は，第3章でも触れたように，消費者の態度形成の観点による効果と消費者の実際の購買行動の観点による効果に大別できる。さらに前者については，購買意図，WTP（Willingness to Pay：支払ってもよい価格），考慮集合のサイズの各々の観点による効果に分類することができる。後者については購買確率の観点が中心となる。以下では，①購買意図，②WTP，③考慮集合のサイズ，④当該ブランドの購買確率，の4つの観点からコミットメントの効果についてレビューをし，課題をまとめる。ブランド・コミットメントの効果に関する先行研究の整理を表1に示す。

①購買意図の観点による効果では，Fullerton（2005）は，紳士衣料店と食料品店を利用する消費者を対象に，感情的コミットメントと利用継続意向，スイッチ意向との関係について店舗間での違いを分析している。その結果，紳士衣

5.1 ブランド・コミットメントの効果についてのレビュー

表1 ブランド・コミットメントの効果に関する先行研究レビューの一覧

効果の観点	研究者	ブランド・コミットメントの分析視点			
		感情	計算	経年変化	消費者間の差異
購買意図	Fullerton (2005)	○	○		
	Bansal et al. (2004)	○			
	久保田 (2006)	○	○		
WTP	Chaudhuri and Holbrook (2001)	○			
	Chaudhuri (2006)	○			
	清水 (2007)	○		○	
考慮集合	Desai and Raju (2007)	○			
購買確率	井上 (2009)	○	○		
	寺本 (2009a)	○			○
	寺本 (2009b)	○	○	○	

料店と食料品店の双方において，感情的コミットメントと利用継続意向との間に正の有意な関係があることを示している[4]。また Bansal et al. (2004) は，感情的コミットメントを認知的，情緒的，評価的の3つの成分から捉え，これらの成分と利用継続意向との関係について，自動車修理サービスの利用者を対象に分析している[5]。久保田 (2006) は，美容店舗を利用する消費者を対象に，感情的コミットメントと計算的コミットメント，店舗との関係継続意向との関係について分析しており，その結果，感情的コミットメントと計算的コミットメントの双方において関係継続意向との間に正の有意な関係があることを示している[6]。

② WTP の観点による効果では，Chaudhuri and Holbrook (2001) は，ブランドに対する感情的コミットメントと当該ブランドの市場シェア，市場内での相対価格との関係を分析しており，その結果，感情的コミットメントと市場内での相対価格との間に正の有意な関係があることを示している[7]。また Chaudhuri (2006) は，小売店舗に対する感情的コミットメントと当該店舗に支払ってもよいとする価格の関係を分析しており，その結果，感情的コミットメントは特定店舗における高価格を受容する意思に対して直接的な正の影響を

与えることを示している[8]。さらに清水（2007）は，ブランドに対する感情的コミットメントの強い消費者は，当該ブランドを定番時（通常価格）に購買する比率が高いこと，感情的コミットメントの弱い消費者は，当該ブランドを特売価格時に購買する比率が高く，その購買経験を通じてさらに感情的コミットメントが弱くなることを明らかにしている[9]。

③考慮集合のサイズの観点による効果では，Desai and Raju（2007）は，ブランドに対するコミットメントと当該ブランドが属する商品カテゴリー内での購入選択肢となるブランド数との関係を分析しており，その結果，ブランド・コミットメントの強い消費者の方が，購入選択肢となるブランド数が少ないことを示している[10]。

④購買確率の観点による効果では，寺本（2009a）は，消費者の複数のブランドに対する感情的コミットメントの状態をセグメント化し，そのセグメント別の当該ブランドの購買確率を測定している[11]。井上（2009）は，当該ブランドに対する感情的コミットメント，計算的コミットメント，陶酔的コミットメントと当該ブランドの購買確率との関係を分析しており，その結果，感情的コミットメントと陶酔的コミットメントは購買確率との間に正の有意な関係があり，計算的コミットメントについてはバラエティ・シーキング行動を介して購買確率との正の有意な関係があることを示している[12]。また寺本（2009b）は，当該ブランドに対する感情的コミットメント，計算的コミットメントと当該ブランドのPOPプロモーションタイプ別の購買確率との経年変化の関係を分析している。ここでは，当該ブランドに対する感情的コミットメントが弱い消費者と計算的コミットメントが強い消費者は，POPプロモーションが実施されていない定番棚での値引き時の購買確率が高く，購買確率が高いほど感情的コミットメントがさらに弱くなる傾向にあることを示している[13]。

以上，ブランド・コミットメントの効果について先行研究をレビューしたが，研究課題として2点指摘できる。

第1に，感情的コミットメントと計算的コミットメントを変数として組み込んだ研究は多岐にわたる（例えば，Fullerton, 2005）が，消費者に内在する感情

的コミットメントと計算的コミットメントの構造の異質性を十分に考慮できていない。その中でも寺本（2009a）は，消費者の複数のブランドに対する感情的コミットメントの状態のセグメント化を試みているが，感情的コミットメントと計算的コミットメントの双方を踏まえたセグメント化には至っていない。例えば，消費者の中には，感情的コミットメントは強く，計算的コミットメントは弱い者もいれば，感情的コミットメントと計算的コミットメントの共に強い者もいるというように，消費者によってブランド・コミットメントの構造が異なるものと捉えるのが自然である。

第2に，実際の購買行動に対するブランド・コミットメントの効果に関する実証研究では，清水（2007）や寺本（2009b）は，一定期間の購買実績とその期間におけるブランド・コミットメントの水準を捉えており，これらの研究では店頭での購買経験を通じてブランド・コミットメントが変化することが明らかになっている。ただし，いずれもブランド・コミットメントの捕捉は1年間の購買期間前後の二時点に留まっている。ブランドを供給するメーカーにとって，ブランド・ロイヤルティの長期的な維持・強化が重要な課題であるとすると，ブランド・コミットメントがどのような状態であると，ブランド・ロイヤルティの維持・向上ないしは低下してしまうのかというように，ブランド・ロイヤルティに対するブランド・コミットメントの影響を長期的かつ動態的に捉える必要がある。

5.2 研究のアプローチと仮説

前節で提起した課題に対応するために，まず消費者に内在する感情的コミットメントと計算的コミットメントの異質性の類型の枠組みを提案する。次にその異質性の類型の枠組みを基に，ブランド・ロイヤルティの長期的維持・強化に望ましい影響を与える感情的コミットメントと計算的コミットメントの状態の類型を明らかにしていく。

前節において指摘したように，例えば，消費者の中には，感情的コミットメ

ントは強く，計算的コミットメントは弱い者もいれば，感情的コミットメントと計算的コミットメント共に強い者もいるというように，消費者によってコミットメントの構造が異なるものと捉えるのが自然である。したがって本節では，消費者に内在する感情的コミットメントと計算的コミットメントの双方からブランド・コミットメントの様相を捉える枠組みを提案する。

　まず，本章における感情的コミットメントと計算的コミットメントの概念を検討する。感情的コミットメントの強い消費者は，当該ブランドに対する愛着や情動的な態度状態を持っており，競合ブランドの動向にあまり左右されず，当該ブランドとの関係（購買）を維持しようとする傾向にあるものと考えられる。一方，計算的コミットメントの強い消費者は，知覚リスクや競合ブランド間での品質・性能に関する知覚差異を持っているものの，当該ブランドとの関係を継続しておく方が無難であるというような，リスクを回避しようとする傾向にあるものと考えられる。

　次に消費者の異質性を識別する概念を検討する。Cushing and Douglass-Tate（1985）は，製品カテゴリー関与とブランド関与による消費者類型の考え方を提示している。ここでは，製品カテゴリーに対する関与の高低とブランド関与の高低により，「ブランド忠誠者（製品：高，ブランド：高）」，「常軌的ブランド購買者（製品：低，ブランド：高）」，「情報探索者（製品：高，ブランド：低）」，「ブランド・スイッチャー（製品：低，ブランド：低）」という4つの消費者の類型が示されている[14]。この概念は製品カテゴリーに対する関与が同水準であっても，ブランドに対する関与の違いによって購買行動の性質が大きく異なることを示唆している。

　このCushing and Douglass-Tate（1985）の消費者類型の概念を基礎に，感情的コミットメントと計算的コミットメントの概念を踏まえると，本章で提案する感情的コミットメントと計算的コミットメントによる購買行動の類型化の枠組みは図1のように示すことができる。

　ここで各類型において仮定される特徴について述べる。

図1 感情的コミットメントと計算的コミットメントの2軸による購買行動類型

		感情的コミットメント	
		強	弱
計算的コミットメント	強	Ⅰ ベストブランド定型購買行動	Ⅲ 慣性型購買行動
	弱	Ⅱ ベストブランド流動型購買行動	Ⅳ バラエティ・シーキング型購買行動

◆**購買行動類型**

(1) ベストブランド固定型

　この類型では,感情的コミットメントと計算的コミットメントは共に強い状態である。このタイプに該当する消費者は,競合ブランドの動向にあまり左右されず,愛着や情動から当該ブランドの購買を維持しようとするが,一方で当該ブランドとの関係を継続しておく方が無難であるというような,他ブランドに切り替えることによるリスクを回避しようとする傾向もある。つまり,現時点では当該ブランドの購買を「ベストチョイス」と捉えている上,他のブランドに切り替える積極性も持っていないという,ベストブランド固定型の購買行動の傾向にあることが仮定される。

(2) ベストブランド流動型

　この類型では,感情的コミットメントは強いが,計算的コミットメントは弱い状態である。このタイプに該当する消費者は,競合ブランドの動向にあまり左右されず,愛着や情動から当該ブランドの購買を維持しようとするが,他ブランドに切り替えることによるリスクを回避しようとする傾向は弱い。つまり,現時点では当該ブランドの購買を「ベストチョイス」と捉えているが,当該ブ

ランドよりも魅力的なブランドが出現すれば、そのブランドをベストと捉え、それに切り替えることもいとわないという、ベストブランド流動型の購買行動の傾向にあることが仮定される。

(3) 慣 性 型

この類型では、感情的コミットメントは弱いが、計算的コミットメントは強い状態である。このタイプに該当する消費者は、ブランドに対する愛着や情動的な態度を持っていないものの、当該ブランドとの関係を継続しておく方が無難であるというような、他ブランドに切り替えることによるリスクを回避しようとする傾向が強い。つまり当該ブランドに対して特に関心を持っていないが、他のブランドに切り替える積極性も持っていないという、慣性型購買行動（Inertia）の傾向にあることが仮定される。

(4) バラエティ・シーキング型

この類型では、感情的コミットメントと計算的コミットメントは共に弱い状態である。このタイプに該当する消費者は、ブランドに対する愛着や情動的な態度を持っていない上に、他ブランドに切り替えることによるリスクを回避しようとする傾向も弱い。つまり当該ブランドに対して特に関心を持っておらず、購買機会の都度にベストと捉えたブランドを購買するという、バラエティ・シーキング型購買行動の傾向にあることが仮定される。

これら4類型において仮定される特徴を踏まえ、4類型の各パターンと当該ブランドの購買行動の1つを示すブランド・ロイヤルティとの関係についての仮説を検討する。ブランド・ロイヤルティとの関係については、ブランド・ロイヤルティが強いのか、それとも弱いのかという水準と、ブランド・ロイヤルティが上昇するのか、それとも低下するのか、変化しないのか、という経年変化の2つの観点で検討する。第4章では、1年間という期間で感情的コミットメント、計算的コミットメントと購買行動の関係を捉えることを試みたが、計

5.2 研究のアプローチと仮説

図2 ブランド・コミットメントとブランド・ロイヤルティの区分関係

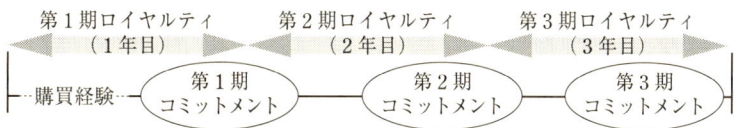

```
        第1期ロイヤルティ      第2期ロイヤルティ      第3期ロイヤルティ
          (1年目)              (2年目)              (3年目)
  購買経験   第1期              第2期              第3期
          コミットメント        コミットメント        コミットメント
```

表2 ロイヤルティの水準・経年変化に関する仮説一覧

	消費者のタイプ	コミットメント		ロイヤルティの状況	
		感情的	計算的	水準	経年変化
仮説1a	ベストブランド固定型	強	強	強い	
仮説1b	ベストブランド固定型	強	強		変化なし
仮説2a	ベストブランド流動型	強	弱	強い	
仮説2b	ベストブランド流動型	強	弱		弱くなる
仮説3a	バラエティ・シーキング型	弱	弱	弱い	
仮説3b	バラエティ・シーキング型	弱	弱		弱くなる
仮説4a	慣性型	弱	強	弱い	
仮説4b	慣性型	弱	強		変化なし

算的コミットメントは，代替選択肢となるブランドが現われない限り，長期的に継続購買行動をする可能性があるため，長期的な観点で見ないと購買行動に対する影響を把握できない可能性がある。そのため本章で経年変化を捉えるための期間は，4章で捉えた1年間よりも長期の3年間とし，3年間の各1年の期間を第1期，第2期，第3期として捉える。感情的コミットメント，計算的コミットメントとブランド・ロイヤルティの各期の区分関係を図2に示す。

まず，感情的コミットメントと計算的コミットメントの2軸による4類型の各パターンとブランド・ロイヤルティの強弱および経年変化の関係の仮説を検討する。ここで検討する仮説1aから仮説4bまでの内容の一覧を表2に示す。

ベストブランド固定型の消費者は，競合ブランドの動向にあまり左右されず，愛着や情動から当該ブランドの購買を維持しようとするが，一方で当該ブランドとの関係を継続しておく方が無難であるというような，他ブランドに切り替

えることによるリスクを回避しようとする傾向にあることが仮定される。したがってこのグループの消費者は，当該ブランドに対するロイヤルティが他のグループの消費者に比べて強い傾向にあることが仮定される。また，代替選択肢を積極的に探索することもないため，ブランド・ロイヤルティの変化がなく，状態が維持される傾向にあることが仮定される。

　以上を踏まえ，以下のような仮説を設定する。

仮説1a：ベストブランド固定型の消費者は，それ以外の消費者に比べて当該ブランドへのロイヤルティが強い。

仮説1b：ベストブランド固定型の消費者は，長期的には当該ブランドへのロイヤルティが変化しない。

　ベストブランド流動型の消費者は，愛着や情動から当該ブランドの購買を維持しようとするが，他ブランドに切り替えることによるリスクを回避しようとする傾向は弱いことが仮定される。したがって，このグループの消費者は，当該ブランドに対するロイヤルティが他のグループの消費者に比べて強い傾向にあることが仮定される。しかしブランドスイッチによるリスク回避の傾向が弱いことから，競合ブランドの出現によって，競合ブランドの購買可能性が高まり，その結果としてブランド・ロイヤルティが低下する可能性があることが仮定される。

　以上を踏まえ，以下の仮説を設定する。

仮説2a：ベストブランド流動型の消費者は，それ以外の消費者に比べて当該ブランドへのロイヤルティが強い。

仮説2b：ベストブランド流動型の消費者は，長期的には当該ブランドへのロイヤルティが弱くなる。

　バラエティ・シーキング型の消費者は，ブランドに対する愛着や情動的な態

度を持っていない上に，他ブランドに切り替えることによるリスクを回避しようとする傾向も弱いことが仮定される。したがって，このグループの消費者は，当該ブランドに対するロイヤルティが他の消費者グループに比べて弱い傾向にあることが仮定される。また魅力的な競合ブランドの出現によって，ブランド・ロイヤルティが低下する可能性があることが仮定される。

以上を踏まえ，以下の仮説を設定する。

仮説3a：バラエティ・シーキング型の消費者は，それ以外の消費者に比べて当該ブランドへのロイヤルティが弱い。
仮説3b：バラエティ・シーキング型の消費者は，長期的には当該ブランドへのロイヤルティが弱くなる。

残りのグループとなる慣性型の消費者は，ブランドに対する愛着や情動的な態度を持っていないものの，当該ブランドとの関係を継続しておく方が無難であるというような，他ブランドに切り替えることによるリスクを回避しようとする傾向があることが仮定される。したがって，このグループの消費者は，当該ブランドに対するロイヤルティが他の消費者グループに比べて弱い傾向にあることが仮定される。しかし代替選択肢を積極的に探索することもないため，ブランド・ロイヤルティの変化がなく，状態が維持される傾向にあることが仮定される。

以上を踏まえ，以下の仮説を設定する。

仮説4a：慣性型の消費者は，それ以外の消費者に比べて当該ブランドへのロイヤルティが弱い。
仮説4b：慣性型の消費者は，長期的には当該ブランドへのロイヤルティが変化しない。

5.3 データ分析の概要

　分析データは，首都圏に立地するスーパーマーケットを利用する消費者の購買履歴データに，その消費者のブランドに対するブランド・コミットメントの質問票回答データを捕捉したデータを利用した。本章で使用する購買履歴とコミットメントの各データの期の区分関係を図3に示す。購買履歴データについては，2006年1月1日～12月31日を第1期，2007年1月1日～12月31日を第2期，2008年1月1日～12月31日を第3期としている。ブランド・コミットメントのデータについては，2007年1月調査結果データを第1期，2007年12月調査結果データを第2期，2008年12月調査結果データを第3期としている[15]。

　購買履歴データの収集期間は，2006年1月1日から2008年12月31日までの36ヵ月であり，購買履歴データの対象となる消費者（世帯）は，データ収集期間中の各対象製品ブランドの購買回数が2回以上の707件である[16]。購買回数の1回以下の世帯は，対象製品ブランドを対象店舗以外で購入している可能性があり，そのような場合には，消費者の購買行動を捉える上で問題があるため，対象世帯から除外している[17]。

　ブランド・コミットメントに関する質問票回答データについては，上記購買履歴を持つ消費者を対象に，2007年1月，2007年12月，2008年12月の3回にわたって実施した，商品評価に関する質問票調査結果を用いている。本章の分析では，質問票回答データのうち，感情的コミットメントと計算的コミットメントに該当する項目を用いている。これらの項目は，「大いに思う＝4点」，「思

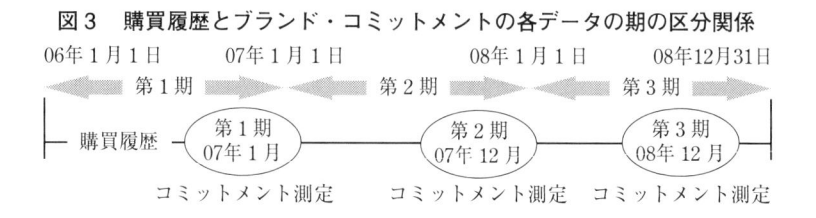

図3　購買履歴とブランド・コミットメントの各データの期の区分関係

う＝3点」,「あまり思わない＝2点」,「思わない＝1点」の4点尺度になっている。

対象商品は乳製品，清涼飲料，ビール，チューハイ，発泡酒・第3のビールの5カテゴリーに属する34ブランド[18]である。これらのカテゴリーは，①スーパーマーケットの中での売上規模が上位である[19]こと，②それぞれ店内においてカテゴリーとして独立した売場を形成し，またカテゴリーでまとまった特別陳列を実施している，という2つの条件を基に選定した。本章の分析で取り扱うデータは，各消費者の購買ブランド単位での購買実績とブランド・コミットメントを結合したもので構成されているが，カテゴリー別やブランド別での分析ではなく，上記のような異なるカテゴリー／ブランドを統合して分析を行っている。本章の目的は，消費者におけるブランド・コミットメントの強弱や経年変化の異質性を識別し，それがブランド・ロイヤルティの形成にどのように関係しているかを明らかにすることにあるため，カテゴリー別に分析してその傾向の差異を明らかにすることよりも，できるだけサンプルを確保して，

表3　感情的・計算的コミットメントの観測変数

変数のタイプ	観測変数
第1期感情的コミットメント	A：他の商品より多少高くてもこの商品を購入したい（06年調査） B：この商品が店頭にない場合，別の機会に購入したい（06年調査）
第1期計算的コミットメント	C：この商品から他の商品に切り替えるのが面倒だ（06年調査） D：この商品から他の商品に切り替えて失敗したくない（06年調査）
第2期感情的コミットメント	A：他の商品より多少高くてもこの商品を購入したい（07年調査） B：この商品が店頭にない場合，別の機会に購入したい（07年調査）
第2期計算的コミットメント	C：この商品から他の商品に切り替えるのが面倒だ（07年調査） D：この商品から他の商品に切り替えて失敗したくない（07年調査）
第3期感情的コミットメント	A：他の商品より多少高くてもこの商品を購入したい（08年調査） B：この商品が店頭にない場合，別の機会に購入したい（08年調査）
第3期計算的コミットメント	C：この商品から他の商品に切り替えるのが面倒だ（08年調査） D：この商品から他の商品に切り替えて失敗したくない（08年調査）

消費者の異質性を捉えることを重視した。

　感情的コミットメントと計算的コミットメントを具体的に表す観測変数は表3の通りである。第1期感情的コミットメントについては，06年の質問票調査結果のうち，青木（1990）の測定尺度を基に，「他の商品より多少高くてもこの商品を購入したい」，「この商品が店頭にない場合，別の機会に購入したい」の2つの回答結果を観測変数として取り込んだ[20]。青木（1990）は，感情的コミットメントに相当する観測変数として4つを挙げているが，中でも特に，店頭での購買行動の側面を考慮し，前述の2つを観測変数として設定している。本章で採用した感情的コミットメントの測定尺度は，青木（1990）の中ではブランド・コミットメントという表現に留まっており，感情的コミットメントまたは計算的コミットメントのどちらに該当するのかという点には触れていない。しかし井上（2003）が示している定義[21]に則すと，青木（1990）を基にした本章での測定尺度は，「リレーションシップを維持しようとするモティベーション」である感情的コミットメントを表現する尺度として捉えることができる。

　第1期計算的コミットメントについては，06年の同調査結果のうち，井上（2009）の測定尺度を基に，「この商品から他の商品に切り替えるのが面倒だ」，「この商品から他の商品に切り替えて失敗したくない」の2つの回答結果を観測変数に取り込んだ[22]。井上（2009）は，計算的コミットメントに相当する観測変数として3つを挙げているが，中でも特に，関係を継続することによって得をするという功利的成分と，関係を終結することによって損をするという存続的成分（久保田，2006）[23]を表現する変数2つを観測変数として設定している。第2期，第3期の各々のコミットメントについては，それぞれ07年，08年の質問票調査結果を用い，第1期と同様の回答内容を観測変数に取り込んだ。

　本章における感情的コミットメントと計算的コミットメントの観測変数は，前述の通り先行研究を基礎に設定しているが，ここで扱う分析サンプルにおいても観測変数の組み合わせとして適切か否かについて因子分析で確認した。また本章では，複数の商品カテゴリーを統合したデータを用いるが，本章の目的は，感情的・計算的コミットメントの強弱とその経年変化の傾向のパターン分

表4 感情的・計算的コミットメントの観測変数による因子分析結果

	第1因子	第2因子	第3因子	第4因子	第5因子	第6因子	第7因子	共通性推定値
他の商品より多少高くてもこの商品を購入したい（第2期）	0.101	0.359	0.131	0.702	0.178	0.161	0.137	0.725
この商品が店頭にない場合，別の機会に購入したい（第2期）	0.148	0.316	0.187	0.712	0.198	0.223	−0.137	0.771
この商品から他の商品に切り替えるのが面倒だ（第2期）	0.147	0.797	0.172	0.346	0.161	0.174	0.061	0.865
この商品から他の商品に切り替えて失敗したくない（第2期）	0.165	0.800	0.252	0.234	0.032	0.112	−0.045	0.801
他の商品より多少高くてもこの商品を購入したい（第1期）	0.381	0.104	0.107	0.195	0.759	0.220	−0.106	0.841
この商品が店頭にない場合，別の機会に購入したい（第1期）	0.464	0.107	0.096	0.252	0.619	0.142	0.189	0.738
この商品から他の商品に切り替えて失敗したくない（第1期）	0.729	0.157	0.186	0.098	0.382	0.194	0.031	0.785
この商品から他の商品に切り替えるのが面倒だ（第1期）	0.846	0.146	0.160	0.094	0.186	0.052	−0.032	0.810
他の商品より多少高くてもこの商品を購入したい（第3期）	0.173	0.181	0.310	0.187	0.199	0.714	−0.095	0.752
この商品が店頭にない場合，別の機会に購入したい（第3期）	0.087	0.144	0.445	0.240	0.166	0.634	0.146	0.735
この商品から他の商品に切り替えて失敗したくない（第3期）	0.158	0.198	0.726	0.151	0.125	0.362	0.098	0.771
この商品から他の商品に切り替えるのが面倒だ（第3期）	0.186	0.216	0.787	0.116	0.052	0.186	−0.079	0.758
固有値	1.787	1.711	1.667	1.422	1.322	1.305	0.139	
寄与率	0.149	0.143	0.139	0.119	0.110	0.109	0.012	
累積寄与率	0.149	0.291	0.430	0.549	0.659	0.768	0.779	
因子名称	1期計算	2期計算	3期計算	2期感情	1期感情	3期感情	その他	

■ 各因子において因子負荷量の大きい変数（0.600以上）。

けを行い，そのパターン間でのブランド・ロイヤルティの差異を抽出することにある。そのため，商品カテゴリーの違いによる第1期から第3期の各期の感情的・計算的コミットメントの次元を整理する上でも因子分析を行う必要があると考えた。

感情的・計算的コミットメントの観測変数を基に，主因子法を適用して分析した結果，7因子の累積寄与率が77.9%であった。この結果を表4に示す。ここではバリマックス回転後の因子負荷量を示している。因子数6の場合，1つの因子において第1期の感情的コミットメント，計算的コミットメントに関する計4つの観測変数の因子負荷量が高い状態となるため，ここでは第1期から第3期の各期において感情的コミットメントと計算的コミットメントの各々の特徴を表現することができる因子数7の分析結果を採用した。因子負荷量を基にした7因子の特徴（名称）を示すと，第1因子は「第1期計算的コミットメント」，第2因子は「第2期計算的コミットメント」，第3因子は「第3期計算的コミットメント」，第4因子は「第2期感情的コミットメント」，第5因子は「第1期感情的コミットメント」，第6因子は「第3期感情的コミットメント」，第7因子は「その他」となる。

また，本分析で適用するブランド・ロイヤルティの変数については，(1)式に示す。

$$BL_{ht}(i) = BP_{ht}(i)/CP_{ht}(i) \tag{1}$$

ここで，$BL_{ht}(i)$ は t 期 $(t=1,2,3)$ における消費者 h のブランド i のロイヤルティ，$BP_{ht}(i)$ は t 期における消費者 h のブランド i の購買数量，$CP_{ht}(i)$ は t 期における消費者 h のブランド i が所属するカテゴリーの購買数量をそれぞれ示す。

5.4 分析結果

前述の感情的コミットメントと計算的コミットメントの2軸による4つの購

5.4 分析結果

買行動類型に対し，分析対象サンプルとなる消費者の感情的コミットメントと計算的コミットメントの傾向が当てはまるか否かを確認する。そこで前節で示した第1期から第3期の感情的コミットメントおよび計算的コミットメントに関する因子得点を基にクラスター分析を行った。クラスター分析の分類手法は，各消費者の特徴を記述統計的に分類することに主眼を置いていることから，マーケティング・リサーチの分野において非階層型のクラスター分析としてよく用いられる手法であるk-means法を適用した。ここでクラスター分析を適用したのは，感情的コミットメントおよび計算的コミットメントの情報はある一時点のものではなく，第1期から第3期までの長期にわたる情報になるため，期間内で感情的コミットメントおよび計算的コミットメントの傾向に変化が生じる可能性がある。したがって感情的コミットメントおよび計算的コミットメントの強弱だけでなく，第1期から第3期にわたる経年変化の状況も併せて捉えることができるように，感情的コミットメントおよび計算的コミットメントの因子得点の高低と経年変化の状況を同時に分類化できる方式を取ることが適切だと考えたためである。

ここでは3グループから7グループまで段階的にグループ数を増加させ，図1で仮定した購買行動類型の4つのパターンすべてを抽出できるか否かを基準に，適切なグループ数を検討した。3グループから5グループまででは，図1で示した感情的コミットメントと計算的コミットメントの2軸による4つの購買行動類型のうち，感情弱・計算強型の消費者グループを抽出できないが，6グループでは4つの購買行動類型のすべてのグループを抽出することができる。7グループでは，感情弱・計算弱型の消費者グループが3グループになり，そのうち2グループは特徴的な傾向の差異が見られない状態である。

以上の結果を踏まえ，6グループによる分類結果を採用する。その分類の結果を図4に示す。この図はAからFの6つのグループの第1期から第3期の感情的コミットメントおよび計算的コミットメントに関する因子得点の平均値の推移を示している。最も所属人数が多いグループは，Aグループであり，次いでCグループ，Bグループという順になっている。因子得点の水準および

図4　消費者グループ別の感情的コミットメントと計算的コミットメントの推移

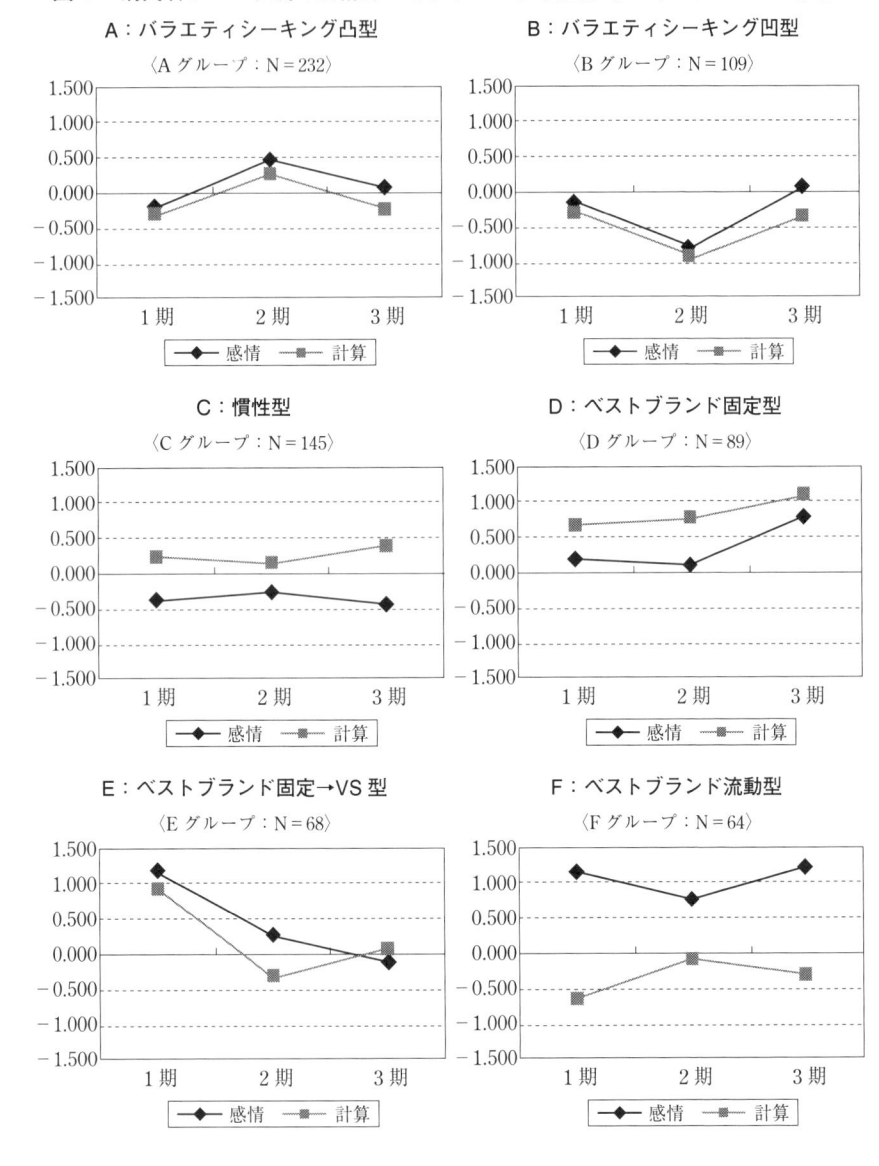

A：バラエティシーキング凸型
〈Aグループ：N=232〉

B：バラエティシーキング凹型
〈Bグループ：N=109〉

C：慣性型
〈Cグループ：N=145〉

D：ベストブランド固定型
〈Dグループ：N=89〉

E：ベストブランド固定→VS型
〈Eグループ：N=68〉

F：ベストブランド流動型
〈Fグループ：N=64〉

5.4 分析結果

図5　6グループの特徴と4つの購買行動類型の対応関係

	感情的コミットメント	
	強	弱
計算的コミットメント　強	Ⅰ ベストブランド 固定型購買行動 Dグループ：感情 強・計算強型 Eグループ：感情 強・計算強→弱型	Ⅲ 慣性型購買行動 Cグループ：感情 弱・計算強型
計算的コミットメント　弱	Ⅱ ベストブランド 流動型購買行動 Fグループ：感情 強・計算弱型	Ⅳ バラエティ・シーキング型購買行動 Aグループ：感情弱・計算弱／凸型 Bグループ：感情弱・計算弱／凹型

経年変化の状態から，AからFの各グループを特徴づけた。各グループの特徴と図1で示した感情的コミットメントと計算的コミットメントの2軸による4つの購買行動類型の対応関係を図5に示す。

前述のように感情的コミットメントと計算的コミットメントの2軸によって4つの類型が考えられるが，ここに経年変化の状況を含めると，AグループとBグループのようにバラエティ・シーキング型の中で凸型と凹型のタイプに分かれることと，Eグループのようにベストブランド固定型の状態からバラエティ・シーキング（VS）型に変化することが新たな特徴として追加される。

また本章での分析の対象世帯は，複数のカテゴリー／ブランドを併買している世帯数を考慮した延べ対象世帯数としているため，併買しているカテゴリー／ブランドに対するブランド・コミットメントの状況次第では，複数の消費者グループに所属する世帯も存在する。表5は各グループの併買カテゴリー／ブランドの所属グループ構成比を示したものである。ここでは，A，B，C，D

表5 消費者グループ別併買カテゴリー/ブランドの所属グループ構成比

(単位:%)

	A	B	C	D	E	F	計
Aバラエティ・シーキング凸型	63.7	9.5	12.2	3.4	5.0	6.1	100.0
Bバラエティ・シーキング凹型	15.8	61.7	6.0	4.5	6.0	6.0	100.0
C慣性型	16.8	3.6	63.5	5.4	8.4	2.4	100.0
Dベストブランド固定型	12.5	4.2	12.5	62.5	4.2	4.2	100.0
Eベストブランド固定→VS型	17.5	6.2	13.4	7.2	50.5	5.2	100.0
Fベストブランド流動型	27.8	13.3	5.6	3.3	3.3	46.7	100.0
合　計		32.5	16.3	21.1	9.6	11.0	9.5	100.0

グループは各自の所属グループの構成比が60%を超えている状態である。このことからこれらのグループの消費者は，それ以外のグループに比べ，併買するカテゴリー／ブランドにかかわらずブランド・コミットメントの状況が変わらない傾向にあることが言える。一方，E，Fグループは各自の所属グループの構成比が50%前後の状態である。Eグループは，併買カテゴリー／ブランドの所属グループとしてAグループとCグループの構成比が高い傾向にある。Fグループは，同じくAグループの構成比が高い傾向にある。したがってこれらのグループは，併買するカテゴリー／ブランドによってブランド・コミットメントの状況が異なっていることが言える。

以上の確認を踏まえ，仮説の検証結果を見ていく。

まず，ブランド・コミットメントの類型とブランド・ロイヤルティの強弱に関する仮説の検証結果を述べる。第1期から第3期の期ごとにAからFの6グループ間での分散分析を行い，ボンフェローニの多重比較法によってグループ間での有意差の検定を行った[24]。その結果を図6に示す。なおここでは，グループ間での有意差が見られたAグループをコントロール群とした結果を示している。

6グループ中，最もブランド・ロイヤルティが強いのはDグループ（ベストブランド固定型）であり，第2期と第3期において有意な差が見られている。

5.4 分析結果

図6 グループ間のブランド・ロイヤルティの強さの差

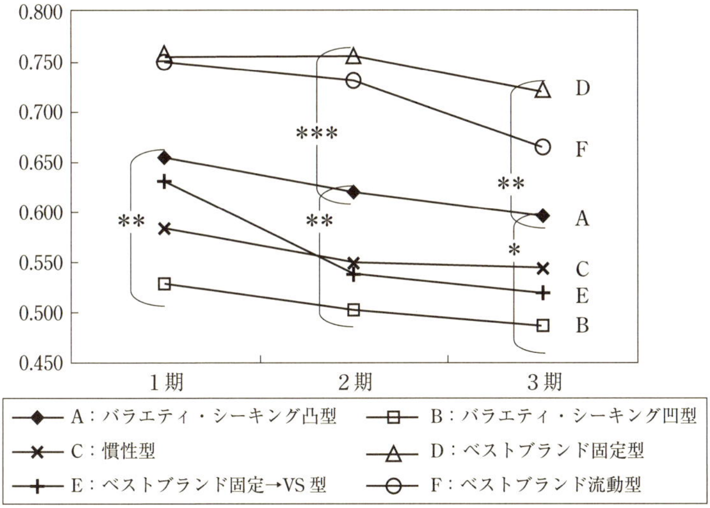

[グラフ：縦軸 0.450〜0.800、横軸 1期・2期・3期]
- A：バラエティ・シーキング凸型
- B：バラエティ・シーキング凹型
- C：慣性型
- D：ベストブランド固定型
- E：ベストブランド固定→VS型
- F：ベストブランド流動型

注：＊＊＊1％水準，＊＊5％水準，＊10％水準で〔間で示した2つのグループ間に差が見られることを示す。

一方，6グループ中，最もブランド・ロイヤルティが弱いのはBグループ（バラエティ・シーキング凹型）であり，第1期から第3期にわたって有意な差が見られている。また，Cグループ（慣性型），Eグループ（ベストブランド固定→VS型），Fグループ（ベストブランド流動型）では，Aグループとの間に有意な差が見られなかった。

以上の結果を基に，第1期から第3期の3期間中のうち2期間以上において差があった場合を「強い／弱い」とすると，「仮説1a：ベストブランド固定型の消費者は，それ以外の消費者に比べて当該ブランドへのロイヤルティが強い」は支持，「仮説2a：ベストブランド流動型の消費者は，それ以外の消費者に比べて当該ブランドへのロイヤルティが強い」は不支持，「仮説3a：バラエティ・シーキング型の消費者は，それ以外の消費者に比べて当該ブランドへのロイヤルティが弱い」は支持，「仮説4a：慣性型の消費者は，それ以外の消費者に比べて当該ブランドへのロイヤルティが弱い」は不支持となった。

図7 各グループのブランド・ロイヤルティの経年変化

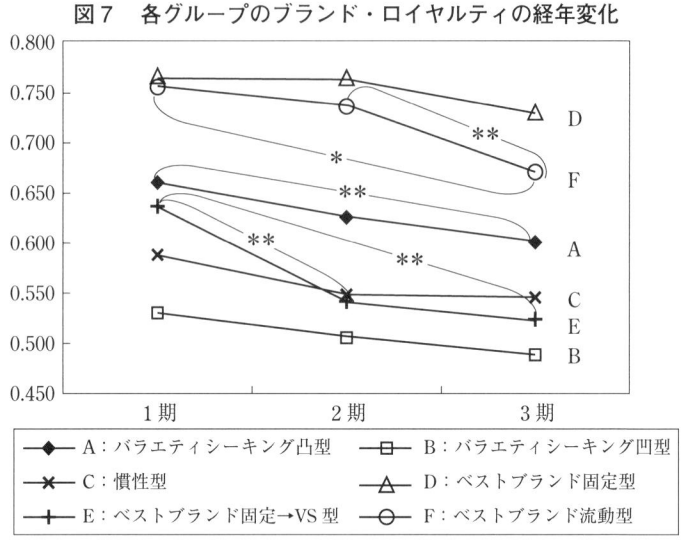

注：＊＊5％水準，＊10％水準で〔 間で示した2つのグループ間に差が見られることを示す。

　次にブランド・コミットメントの類型とブランド・ロイヤルティの経年変化に関する仮説の検証結果を述べる。AからFの各グループにおける第1期から第3期の各期間での分散分析を行い，ボンフェローニの多重比較法によって各期間での有意差の検定を行った。その結果を図7に示す。

　Bグループ（バラエティ・シーキング凹型），Cグループ（慣性型），Dグループ（ベストブランド固定型）では，第1期から第3期にかけてブランド・ロイヤルティの強弱に変化が見られない。Aグループ（バラエティ・シーキング凸型）では第1期～第3期の間で，Eグループ（ベストブランド固定→VS型）では第1期～第2期の間で，Fグループ（ベストブランド流動型）では第2期～第3期の間でそれぞれブランド・ロイヤルティが弱くなっている。

　以上の結果を基に，第1期から第3期の3期間のうち2期間において強く／弱くなっていた場合を「強くなる／弱くなる」，そうでない場合を「変化なし」とすると，「仮説1b：ベストブランド固定型の消費者は，当該ブランドへの

表6 検証結果

	消費者のタイプ	コミットメント		ロイヤルティの状況		検証結果
		感情的	計算的	水準	経年変化	
仮説1a	ベストブランド固定型	強	強	強い		○
仮説1b	ベストブランド固定型	強	強		変化なし	○
仮説2a	ベストブランド流動型	強	弱	強い		×
仮説2b	ベストブランド流動型	強	弱		弱くなる	○
仮説3a	バラエティ・シーキング型	弱	弱	弱い		○
仮説3b	バラエティ・シーキング型	弱	弱		弱くなる	○
仮説4a	慣性型	弱	強	弱い		×
仮説4b	慣性型	弱	強		変化なし	○

検証結果 ○:支持 ×:不支持

ロイヤルティが変化しない」は支持,「仮説2b:ベストブランド流動型の消費者は,当該ブランドへのロイヤルティが弱くなる」は支持,「仮説3b:バラエティ・シーキング型の消費者は,当該ブランドへのロイヤルティが弱くなる」は支持,「仮説4b:慣性型の消費者は,当該ブランドへのロイヤルティが変化しない」は支持された。

以上の仮説1aから仮説4bまでの検証結果の一覧を表6に示す。

5.5 考　察

前節での検証結果を踏まえ,ブランド・コミットメントの類型とブランド・ロイヤルティの関係について考察する。

まずブランド・コミットメントの類型とブランド・ロイヤルティの関係だが,ベストブランド固定型に該当するDグループが6グループ中最もブランド・ロイヤルティが強いという結果となった。またDグループは第1期から第3期にかけてブランド・ロイヤルティの強弱に変化が見られなかった。

ベストブランド固定型の消費者は,競合ブランドの動向にあまり左右されず,

愛着や情動から当該ブランドの購買を維持しようとする。そして，このようなブランドに対する積極的な態度が形成されているため，あえて他ブランドに切り替えない傾向も強いということが仮定されるが，今回の検証結果より，その態度状態が実際に強いブランド・ロイヤルティの形成と維持につながっていることが明らかになった。当該ブランドに対するロイヤルティの強い消費者に主眼を置いたマーケティング戦略を構築，遂行することは企業にとって重要な課題であるが，この点を踏まえると，ベストブランド固定型の消費者は企業にとって望ましい消費者ターゲットに該当することになる。

逆にバラエティ・シーキング型に該当するBグループが6グループ中最もブランド・ロイヤルティが弱いという結果となった。また同じバラエティ・シーキング型に該当するAグループは第1期から第3期にかけてブランド・ロイヤルティが弱くなった。バラエティ・シーキング型の消費者は，当該ブランドに対して特に積極的な態度を形成しておらず，また他ブランドに切り替えるリスクも低いグループである。ゆえに，購買機会の都度においてベストと捉えたブランドを購買するという傾向にあることが仮定されるが，今回の分析でも実際にブランド・ロイヤルティが弱くかつ低下しているという，購買行動面でもバラエティ・シーキング型の傾向にあることが示された。

一方，ベストブランド流動型に該当するFグループについては，ブランド・ロイヤルティの強弱は仮説通りの結果にならなかったが，第2期から第3期にかけてブランド・ロイヤルティが弱くなった。ベストブランド流動型の消費者は，現時点では当該ブランドの購買を「ベストチョイス」と捉えているが，当該ブランドよりも魅力的なブランドが出現すれば，そのブランドをベストと捉え，それに切り替えることもいとわないという傾向にあることが仮定される。ただし，今回の検証結果からはそれが実際のブランド・ロイヤルティの強さにはつながらなかったものの，第2期から第3期にかけて他ブランドへの切り替えによってブランド・ロイヤルティが弱くなっていることが明らかになった。

また併買カテゴリー／ブランドの所属グループとして，A，Bグループといったバラエティ・シーキング型のグループの構成比が高い傾向にある。これは，

5.5 考　察

Fグループに所属する消費者の購買行動は全般的にはバラエティ・シーキングの傾向にあるが，ある特定のカテゴリー／ブランドにおいては「ベストチョイス」の購買を行っているものと仮定される。この傾向は，前述の「当該ブランドよりも魅力的なブランドが出現すれば，そのブランドをベストと捉え，それに切り替えることもいとわない」という仮定をより強化する実態であると言える。

慣性型に該当するCグループのブランド・ロイヤルティの強弱は仮説通りの結果にならなかったが，第1期から第3期を通じてその強弱に変化が見られなかった。慣性型の消費者は，当該ブランドに対して特に関心を持っていないが，他のブランドに切り替える積極性も持っていないという傾向にあることが仮定される。ただし，今回の検証結果からはそれが実際のブランド・ロイヤルティの弱さには必ずしもつながるとは限らないということになったが，少なくとも第1期から第3期を通じて，慣性型購買行動の傾向によってブランド・ロイヤルティの強弱が変わらないことが考えられる。

以上の結果より，計算的コミットメントの強い消費者には，当該ブランドに対して愛着が強いゆえに，他のブランドに切り替えるのが面倒であったり，失敗したくないという「ベストブランド固定型」と，当該ブランドに対して特に愛着がない中で，他のブランドに切り替えるのが面倒であったり，失敗したくないという「慣性型」という異なるタイプが存在することが明らかになった。

また「ベストブランド固定型」の消費者は，ブランド・ロイヤルティ強い上，その傾向が持続されるが，「慣性型」の消費者は，ブランド・ロイヤルティが弱いことが明らかになった。

本章では，消費者のブランド・コミットメントの異質性を考慮した分析を行ったことにより，ブランド・ロイヤルティを維持する上で，感情的コミットメントが強い状態であることだけでなく，計算的コミットメントも強い状態であることが必要であるという示唆を導き出した。多くの先行研究で指摘されているように，感情的コミットメントは積極的な態度状態であるのに対し，計算的コミットメントは消極的なものとして位置づけられている（例えば，Fullerton,

2005)[25]。しかし本章で得られた知見は，ブランドに対するロイヤルティの維持・強化を図る上で，感情的コミットメントだけでなく，計算的コミットメントの維持・強化も重要な要素だという，意義深い示唆を含んでいる。

5.6 本章のまとめ

　本章では，消費者に内在する感情的コミットメントと計算的コミットメントがブランド・ロイヤルティの長期的な維持・強化にどのように貢献するのかについて明らかにすることを目的とした。具体的には，①消費者に内在する感情的コミットメントと計算的コミットメントという2種類のブランド・コミットメントとブランド・ロイヤルティの関係の特定化と，②ブランド・コミットメントの長期的な変化のパターンの有無を2種類のブランド・コミットメントを組み合わせて捉えることの重要性を示した。その結果，以下2つの知見を得ることができた。
　第1に，消費者に内在する感情的コミットメントと計算的コミットメントという2種類のブランド・コミットメントを組み合わせて捉えることが，ブランド・ロイヤルティに対する効果を捉える点で有効であることを示した。
　第2に，ブランド・ロイヤルティの維持に望ましい影響を与える感情的コミットメントと計算的コミットメントのパターンは，感情的コミットメントと計算的コミットメントが共に強い状態である「ベストブランド固定型」であることが明らかになった。
　以上の知見は，ブランドにとって望ましい消費者を長期的に維持していく上で，消費者のブランド・ロイヤルティとブランド・コミットメントの双方を考慮する必要があることを示唆している。さらに自社ブランドのロイヤルティの長期的な維持を促すためには，感情的コミットメントだけでなく，計算的コミットメントのような打算的でリスク回避的な態度の植えつけも必要であるという示唆も与えてくれる。
　近年では，FSPデータを中心に購買行動に関する顧客データの入手が容易

になってきており，購買行動の分析からブランド・ロイヤルティを測定し，それをブランド管理に活用するケースが増えている（例えば，守口，2003）[26]。しかし本章の成果は，消費財メーカーがブランド管理を推進する際に，消費者の実際の購買行動を示すブランド・ロイヤルティだけでなく，その背景となるブランド・コミットメントとの関係性を把握した上で消費者の購買行動を捉える必要があることを示唆している。

（1）本章は，Teramoto, T., C. Nishio (2010), Heterogeneity of Brand Commitment and Its Relationship with Brand Loyalty, *2010 KAMS Global Marketing Conference* および寺本 高，西尾チヅル（2012），「ブランド・ロイヤルティの形成におけるブランド・コミットメントの長期効果」，『流通研究』，第14巻特別号，77-96．を加筆修正したものである。
（2）Fullerton, G. (2005), The Impact of Brand Commitment on Loyalty to Retail Service Brands, *Canadian Journal of Administrative Science*, 22 (2), 97-110.
（3）井上淳子（2009），「ブランド・コミットメントと購買行動との関係」，『流通研究』，12（2），1-19。
（4）Fullerton, G. (2005)，前掲論文．
（5）Bansal, H. S., P. G. Irvin, S. F. Taylor (2004), A Three-Component Model of Consumer Commitment to Service Providers, *Journal of the Academy of Marketing Science*, 32 (3), 234-250.
（6）久保田進彦（2006），「リレーションシップ・マーケティングのための多次元的コミットメントモデル」，『流通研究』，9（1），59-85。
（7）Chaudhuri, A., M. B. Holbrook (2001), The Chain of Effects from Brand Trust and Brand Affect to Brand Performance : The Role of Brand Loyalty, *Journal of Marketing*, 65 (April), 81-93.
（8）Chaudhuri, A. (2006), *Emotion and Reason in Consumer Behavior*, Butterworth and Heinemann.
（9）清水 聰（2007），「プロモーション時の購買経験が感情的コミットメントに与える影響」，『流通情報』，455，23-30。
（10）Desai, K. K., S. Raju (2007), Adverse Influence of Brand Commitment on Consideration of and Preference for Competing Brands, *Psychology and Marketing*, 24 (7), 595-614.
（11）寺本 高（2009a），「消費者のブランド選択行動におけるロイヤルティとコミットメントの関係」，『流通研究』，12（1），1-17。
（12）井上淳子（2009），前掲論文．
（13）寺本 高（2009b），「コミットメントの多段階性を考慮した POP 販促の効果測定」，『プロモーショナル・マーケティング研究』，2，20-30。
（14）Cushing, L. A., M. Douglass-Tate (1985), The Effect of People / Product Relation-

ships on Advertising Processing, in L. F. Alwitt and A. A. Mitchell, *Psychological Processes and Advertising Effects*, Erlbaum, 241-259.
(15) 第1期のみ12月ではなく，1月に調査を行っているが，本章での分析において，1ヵ月の差は影響しないものと仮定している。
(16) ここでの対象世帯数は，複数のカテゴリー／ブランドを購買している世帯数を考慮した延べ対象世帯数としている。そのため，世帯は同一でも，複数のカテゴリー／ブランドを購買している場合には，購買しているカテゴリー／ブランド数の分だけ別サンプルとして登録されていることになる。
(17) 本分析の対象世帯を含む世帯に対して実施した，「対象店舗でのカテゴリー購買割合」に関する質問票調査結果（2005年5月実施）を付け合せて集計した結果，ビールまたはチューハイの1商品を2回以上購買している世帯は，「対象店舗で当該カテゴリーを8割以上買っている」とする回答比率がビールでは57.9%，チューハイでは69.5%と共に過半数に達している。一方，1回のみ購買している世帯の回答率は，ビールでは14.5%，チューハイでは32.8%となっており，2回以上購買している世帯に比べて対象店舗以外の店舗で購買している傾向が強いことが確認できている。
(18) 各ブランドにはそれぞれの異なるサイズの製品が含まれているが，ここではサイズの相違は考慮せず，ブランド単位での購買を捕捉している。
(19) 流通経済研究所編『カテゴリー・ファクツブック2008』の指標を用いている。
(20) 青木幸弘（1990），「消費者関与概念の尺度化と測定—特に，低関与型尺度開発の問題を中心として—」，『商学論究』，38（2），129-156。
(21) 井上淳子（2003），「リレーションシップ・マーケティングにおけるコミットメント概念の検討：多次元性の解明と測定尺度開発に向けて」，『早稲田大学商学研究科紀要』，57，81-96。
(22) 井上淳子（2009），前掲論文。
(23) 久保田進彦（2006），前掲論文。
(24) 多重比較法にはボンフェローニ，テューキー，シェフェ，ダネットなどの種類があるが，ここではP値を比較的厳しく算出するボンフェローニの方法を適用した。
(25) Fullerton, G.（2005），前掲論文。
(26) 守口 剛（2003），「潜在クラス・ロジット・モデルを利用したロイヤルティ・セグメンテーション」，『オペレーションズ・リサーチ』，第48巻第10号，35-40。

6 情報発信型消費者の意思決定プロセス[1]

　5章までは,ブランド・コミュニケーションの成果指標として,「態度形成」を扱った。態度形成の具体的な指標として,「ブランド・コミットメント」を取り上げ,3章では,店頭での値引きとブランド・コミットメントの関係,4章では,特別陳列とブランド・コミットメントの関係,5章では,ブランド・コミットメントと長期的なブランド購買(ブランド・ロイヤルティ)の関係についてそれぞれ明らかにした。ブランド・コミットメントの強い消費者は,そのブランドに関するポジティブな情報を積極的に他者と共有する可能性があるため,このような消費者に着目していく必要がある。

　そこで本章からは,ブランド・コミュニケーションの成果指標として,「情報共有」を扱っていく。情報共有の捉え方として,ブランドの情報を積極的に発信する特徴を持つ,「情報発信型消費者」の存在に着目し,一般の消費者と比べての彼らの意思決定プロセスと購買行動の違い,そして彼らの行動特性をマーケティング意思決定に活用する方法について論じていく。本章では,情報発信型消費者に関する先行研究をレビューした上で,彼らの意思決定プロセスの特徴について明らかにする。

6.1　情報発信型消費者に関する先行研究のレビュー

　情報発信型消費者は,情報源としての役割を果たす消費者を指し,情報発信型消費者の具体的なタイプとして,イノベーター,オピニオンリーダー,マーケットメイブンが挙げられる (Clark and Goldsmith, 2005)[2]。イノベーター理論は Rogers (1962) の普及論[3]に端を発した考え方であり,消費者が商品を導入する早さの違いを正規分布として捉え,先端の2σを超えた部分,つまり初期導入者の2.5%をイノベーターとして捉えるものである。このイノベータ

一理論の応用として，イノベーター自身への調査を基にした新製品の需要予測 (Robertson, 1967)[4] に発展している。オピニオンリーダー理論は Lazarsfeld et al.（1944）の研究に端を発しており，彼らは1940年に行われた大統領選挙における人々の投票行動から，マスメディアが発信した情報をまず受信し，編集し，これを周囲に広めていく役割を果たす人々がいることを示し，彼らをオピニオンリーダーと命名した[5]。イノベーター理論は早期に製品を採用したか否かに焦点が当てられているのに対し，オピニオンリーダー理論は他者への影響力に焦点を当てられているのが大きな違いと言える。オピニオンリーダー理論は行動科学の分野で幅広く利用され（Myers *et al.*, 1972)[6]，当該商品について友人と語るのか，その際自分が中心となるのか，情報発信源として信頼されているのかなど7項目の質問がオピニオンリーダー度の測定尺度として確立されている（King *et al.*, 1970)[7]。

　イノベーター理論やオピニオンリーダー理論に対して比較的新しい考え方がマーケットメイブンである。オピニオンリーダーが特定の商品領域の中で他の購買行動に影響を与える人々を指すのに対し，マーケットメイブンは多くの種類の商品や店舗などのマーケットに関する情報を持ち，人々が欲する情報に対して返答できる人と定義されている（Feick and Price, 1987)[8]。Feick and Price (1987) の分析によると，オピニオンリーダーを測定する King *et al.* (1970) の尺度[9]では，マーケットメイブンを説明する尺度と同じ因子が抽出されないことと，イノベーター度とマーケットメイブンの相関は非耐久財では0.25，耐久財で-0.06であることが結果として表れており，マーケットメイブンはオピニオンリーダーともイノベーターとも違う消費者であることが主張されている。池田（2008）は，マーケットメイブンは特定領域的なオピニオンリーダーの置き換えとして提案された概念ではなく，従来のオピニオンリーダーのカテゴリーの精緻化ないしは分化概念として提案されたものであることを指摘している[10]。

　マーケットメイブンが注目される理由は，消費者が商品についての情報を入手する際や商品を購入する際，企業が行っている調査よりも，自分が所属して

6.1 情報発信型消費者に関する先行研究のレビュー

いる準拠集団の人の意見を重視するからであり,人数もイノベーターが13％程度なのに対して25％程度存在する（Walsh *et al*., 2004）[11]ことから,特にインターネット上での情報交換が可能な近年においては重要とされている（Geissler *et al*., 2005）[12]。さらに呉（2006）は,オピニオンリーダーが「専門知識」という点で,その「専門分野」の商品についての年季の入った習熟度を必要とすると仮定されてきたのに対し,マーケットメイブンではそうした「深さ」よりも,商品知識の幅の広さ,また知識を伝える広さを特徴としており,インターネットのコミュニティ上で情報を拡散させるコミュニケーション機能を果たしていることを指摘している[13]。

マーケットメイブンと同様に,一般消費者に比べて先端的な消費者を表す新しい概念として,リードユーザーも挙げられる。リードユーザーは,トレンドの先端（leading edge）にいる,イノベーションによる期待利益が高いユーザーと定義されており[14],新製品開発段階においてユーザーの考えや行動特徴を加えることの意義を示すために提唱された概念である。当初はユーザー企業に着目した研究が行われていたが,近年では,ユーザーの対象を企業から消費者に発展する研究も見られ,過去の研究からは,①リードユーザーの特性を持つ消費者ほど,商業的に魅力のあるイノベーションのアイディアを持っていること,②イノベーションのアイディアを持っているリードユーザーの多くは,技術的な専門性だけでなく,コミュニティの仲間からアイディアに関する支援を受けていること,が示されている[15]。

以上,情報発信型消費者として,イノベーター,オピニオンリーダー,マーケットメイブン,リードユーザーを取り上げ,これらのタイプの消費者の特徴について見てみたが,これらの特徴を整理すると,まずイノベーターは,早期に製品を採用したか否かに焦点が当てられている。これに対し,オピニオンリーダーは他者への影響力に焦点を当てられているが,その影響の範囲は特定の商品カテゴリーに限られている。マーケットメイブンは,オピニオンリーダーと類似した概念であるが,商品カテゴリー横断的な幅広い知識を持ち,全消費者の中に占める人数も多く,一般消費者のコミュニティの中でうまく情報を拡

散させることができる。リードユーザーは,企業の製品開発面に貢献できる消費者であり,一般消費者への情報発信力という点での影響力は他のタイプに比べて弱い。これらの整理を踏まえ,本書では多くの食品や日用雑貨品カテゴリーを扱う小売業での購買行動とそれに向けたブランド・コミュニケーション戦略に焦点を当てているため,商品カテゴリー横断的な幅広い知識を持ち,全消費者の中に占める人数も多く,一般消費者のコミュニティの中でうまく情報を拡散させることができるというマーケットメイブンを情報発信型消費者と捉え,彼らに焦点を当てて議論していく。

マーケットメイブンの特性については多くの知見が見られる。Price et al. (1987) では,マーケットメイブンに対して行った電話インタビュー調査より,マーケットメイブンは買物好きで,コンシューマーリポートのような新製品情報雑誌を読み,メディアに対して積極的であり,クーポンを用いる賢い消費者であることを明らかにしている[16]。また Elliott et al. (1993) は,マーケットメイブンと一般消費者との間での意思決定プロセスの違いについて分析している。彼らは Brisoux and Laroche (1980) が提示した考慮集合の概念図に従って,アスレチックシューズ,歯磨き粉,ポテトチップス,ステレオ機器の4つのカテゴリーを対象に,意思決定のどの段階・集合で一般消費者との差異があるのかを確認した。それによると考慮集合,拒否集合のサイズには差がなかったが,知名集合,処理集合,それに保留集合のサイズには差があり,いずれも一般消費者よりも大きかった。これらのことから,マーケットメイブンは処理段階から考慮段階でブランド数を減らしていること,保留集合が多いのであいまいな商品が他の人より多い,ということを示している[17]。Geissler et al. (2005) は,マーケットメイブンの性格について調査し,「技術に対する親近感」,「情報処理をすることを楽しむ」,「自分の将来を楽観的に考えている」,「困難に立ち向かう性質」,の点で一般の消費者と有意な差があり,特に技術に対する親近感が一番強いことを明らかにしている。彼らはその上で,インターネット上での情報交換が可能な近年においてはマーケットメイブンの存在は重要であることを指摘している[18]。池田(2008)は,電子メールやインターネッ

トの利用状況からマーケットメイブンの特徴を明らかにしている。彼によると，マーケットメイブンは情報発信をする理由として，「商品やサービスに詳しいと思われている（評判動機）」や「他者から以前に教えられた情報だから自分も伝える（互酬性）」という傾向が強いこと，メディアへの接触量や電子メールの送信量が多いこと，他者から社会政治問題や意見について評価されやすいこと，マーケットメイブンの意見はマーケットメイブンが評価することから，マーケットメイブン同士のネットワークが広がりやすいことが示されている[19]。また製品関与との関係についての研究も見られる。池田（2008）は，マーケットメイブンの特性と消費者行動で多く扱われる特定商品への関与とブランド・コミットメントとの相関について示している。この分析では，マーケットメイブンはオピニオンリーダーに比べて特定製品への関与との相関係数が低いという結果を示している[20]。

マーケットメイブンの性別による差を指摘した研究も存在する。Wiedman et al.（2001）は，男性のマーケットメイブンに着目しており，彼らの分析からブランドに対して非常によく知っていること，ショッピングをなるべく簡略化しようとする傾向があること，衝動買いが多いこと，ファッションを探すのに時間をかけないこと，完璧な選択をしたがること，価格価値の意識が強いこと，選択肢が多すぎることで混乱していること，質の高いブランドにロイヤルティを持ちやすいこと，が明らかにされている[21]。Goodey et al.（2008）の研究では，同じマーケットメイブンでも男女に違いがあることを指摘している。彼らの分析によると，男性のマーケットメイブンが物質主義，価格感度，質の感度，年齢，教育水準が関係するのに対して，女性のマーケットメイブンは愛想の良さ，感情の安定，質の意識，年齢，教育水準が関係していることが明らかになっている。またクチコミ動機の違いにも男女差が見受けられ，女性のマーケットメイブンは男性よりも製品を使って幸せになること，アドバイスをしたいという気持ちが強いことが明らかになっている[22]。

マーケットメイブンの購買行動についての研究も存在する。Steenkamp and Gielens（2003）は，同一の消費者パネルの質問票調査データと購買履歴デ

表1 Feick and Price (1987) によるマーケットメイブンを識別する質問項目

1 自分の友人に新しいブランドや製品を紹介するのが好きだ
2 多くの種類の製品の情報を教えて人助けするのが好きだ
3 商品やお勧めのショップ，セールの情報についてよく聞かれる
4 いくつかのタイプの製品について，どこで買うのがベストかを聞かれれば，教えてあげることができるだろう
5 新製品やセール品についての情報を私がよく知っていると，友人たちは思っている
6 多様な製品についての情報を持ち，その情報を他の人に話して共有したいと思っている人のことを考えてください。この人は，新製品やセール，お店などの情報についてはよく知っていますが，必ずしも特定の製品についてのエキスパートだとは思っていません。それはあなたによく当てはまりますか？

ータを結合し，マーケットメイブンの新製品トライアル購買時の行動特徴を明らかにしている。彼らの分析から，マーケットメイブンは，知名度の高いブランドの新製品，広告が多く展開されている新製品，店頭での陳列量が多い新製品についてはトライアル購買確率が高く，ついで買いの傾向の強いカテゴリーの新製品については確率が低いことが示されている[23]。

マーケットメイブンの測定方法については，Feick and Price (1987) が用いた測定項目[24]が基礎となり，その後の多くの研究に応用されている。彼らが用いた質問項目を表1に示す。彼らは従来のオピニオンリーダーの概念を発展させ，オピニオンリーダーとは異なるマーケットメイブンという類型の消費者を新たに析出できることを示している。これらの設問のポイントは，商品についての幅広い関心や知識とその伝達に焦点を合わせた質問への回答を求めることである（池田, 2010)[25]。これに対して池田 (2008) は，マーケットメイブンには複数の特性が混在している点に着目し，因子分析手法によってマーケットメイブンの尺度を構成するアプローチを適用している[26]。この質問項目を表2に示す。さらに池田 (2010) は，池田 (2008) で適用した手法ではマーケットメイブンに関する明快な因子の抽出が困難であるという課題を受け，幅広い範囲の商品について関心や知識を持っているというマーケットメイブンの特性

6.1 情報発信型消費者に関する先行研究のレビュー

表2　池田（2008）によるマーケットメイブンを識別する質問項目

1　ある特定分野の製品・サービスについてよく知っている方だ
2　いろいろな製品・サービスについてよく知っている方だ
3　ある特定分野の製品・サービスについて人からよく聞かれる方だ
4　いろいろな製品・サービスについて人からよく聞かれる方だ
5　新製品・サービスや新しいお店などは人より早く使ってみる方だ
6　友人から何か相談されたり聞かれたりする
7　周囲に新しいものの考え方や流行を持ち込む

表3　池田（2010）によるマーケットメイブンを識別する質問項目

【設問】あなたは普段，以下の商品やサービスについてほかの人とどれくらいの頻度で話題にしますか

1　レジャー・旅行	11　CD・映画（レンタル含む）
2　自動車	12　食品・健康食品
3　携帯電話機本体	13　飲料（アルコール飲料含む）
4　携帯電話を媒体とする各種サービス	14　衣料・ファッション
5　パソコンおよび関連商品	15　化粧品
6　AV・デジタル機器	16　美容室・エステ
7　インターネット上の各種サービス	17　医療
8　電子マネー・ポイントサービス	18　保育・教育
9　飲食店・レストラン	19　保険・投資
10　書籍・雑誌	20　住宅

を捉えるために，表3に示すようなレジャー・旅行，車，食品，衣料，住宅など20の商品・サービス分野についての情報発信度について聴取し，その回答得点の合計値を基にマーケットメイブンを抽出するということも試みている[27]。

　以上，情報発信型消費者の特徴をレビューし，その中でもマーケットメイブンに着目してより深くその特徴に関する先行研究をレビューしたが，その特徴を整理してみると，次のように考えられる。

◆　マーケットメイブンは新製品情報雑誌を読むなど，新製品に関する情報に接触する機会が多く，製品に関する多くの知識を持っている

- そのため，意思決定プロセスの中でも知名集合，処理集合のサイズが一般消費者に比べて大きい
- また技術に対する親近感があり，情報処理をすることを楽しむ傾向にある
- 実際に新製品をトライアル購買する確率は一般消費者に比べて高い

これらの特徴から，マーケットメイブンの意思決定プロセスは一般消費者と異なる可能性がある。特に，製品に関する知識を多く持っていることや情報処理をすることを楽しむ傾向にあることから，様々なブランドの中から購買候補となるブランドまで絞り込んでいくプロセス，いわゆる知名集合から考慮集合にかけてのブランドの絞込みルールが一般消費者と異なる可能性がある。そこで次には，意思決定プロセスの中でも，考慮集合に着目して，先行研究をレビューする。

6.2 考慮集合に関する先行研究のレビュー

考慮集合の先行研究については清水（2006）が整理の枠組みを示しており[28]，この枠組みによると，考慮集合の研究は，①考慮集合の中身，②考慮集合の変化，③考慮集合の形成メカニズムの3つに大別できる。本章でもこの区分でレビューする。

①考慮集合の中身に関する研究は，先に示した3つの区分の中で最も多く見られる。考慮集合の中身の研究については，さらに，規模と影響要因，集合に含まれる商品の特性，集合形成時の消費者の置かれている状況という3つのタイプの研究に整理できる。

規模と影響要因では，Hauser and Wernerfelt（1990）はビールやソフトドリンク，石鹸，シャンプーといったコンシューマー・パッケージ・グッズからガスステーションやファストフード店といったサービス店舗まで合計46種類の広範囲にわたる商品カテゴリーを対象に，考慮集合数の水準を算出している[29]。その結果，集合数の少ない商品カテゴリーで2，多い商品カテゴリー

では8で収まることが示されている。

　Reilly and Parkinson（1985）は，コンシューマー・パッケージ・グッズのカテゴリーを対象に，消費者のデモグラフィック要因の違いと考慮集合のサイズの違いの関係を明らかにしている[30]。彼らによると，教育水準が高い消費者は，情報処理能力が高いためにサイズが大きくなること，家族人数が多い消費者は，家族メンバー個々の好みを反映するためにサイズが大きくなることが示されている。

　恩蔵（1994）は，関与とサイズの関係について明らかにしている[31]。ここでは，スキー板やテニスラケットのような製品関与が高いとされているカテゴリーでは考慮集合が小さくなり，石鹸やティッシュペーパーのような製品関与が低いとされているカテゴリーでは大きくなることを示している。

　その一方で，Brisoux and Cheron（1990）は化粧品という1つのカテゴリーの中で関与水準の高い消費者と低い消費者とでサンプルを分け，考慮集合に含まれる商品数に違いがないことを明らかにしている[32]ことから，関与の高低と考慮集合のサイズの大小の関係については統一した見解がないのが現状である。またElliott et al.（1993）は前項でも述べたが，情報発信力の強い「マーケットメイブン」に着目し，彼らの意思決定プロセスにおいて，知名集合，処理集合，保留集合のサイズが一般消費者に比べて大きいことを明らかにしている[33]。

　集合に含まれる商品の特性では，Bronnenberg and Vanhonacker（1996）は，消費者は過去の記憶から考慮集合を形成することから，特に低関与のブランドが考慮集合に入るためには目立つことが重要であるという指摘をしている[34]。

　またNowlis and Simonson（2000）は値引きが効果を出すのは，消費者自身が考慮する価格帯に，より質が高いとされるブランドが入っていることによって生じるというように，価格や質との関係について指摘している[35]。Erden and Swait（2004）は，運動靴からパソコン，ジュースといった6つの商品カテゴリーを対象に，ブランドの信用度と考慮集合への入りやすさの関係を明ら

かにしている(36)。その結果，いずれの商品カテゴリーにおいても，知覚品質の高いブランドの方が，そうでないブランドよりも考慮集合に含まれる可能性が高いことが示されている。

集合形成時の消費者の置かれている状況では，Aurier et al.（2000）は，食事の時とレジャーの時で考慮する飲料の種類が，それ以外の場面に比べて増えることを明らかにしている(37)。Desai and Hoyer（2000）は消費者の状況要因として，行動，その時の時間要因，突発的要因，ロケーション，同伴者，目的の6つを取り上げ，これらの状況要因と考慮集合の関係を明らかにしている(38)。それによると，家での食事の場合には考慮集合が安定している，慣れないロケーションでは，より多くの考慮集合を構成することなどが示されている。

②考慮集合の変化に関する研究では，Brisoux and Cheron（1990）は知覚段階→処理段階→考慮段階→選好段階というフローで，認知から態度形成に至るまでの考慮集合の変化をダイナミックに捉える枠組みを提示している(39)。また Shocker et al.（1991）はユニバーサル集合→知名集合→考慮集合→選択集合というフローで捉えている(40)。清水（2006）は，住宅購入に関する質問票データを適用して，Brisoux and Cheron（1990）が提示した考慮集合の形成フローの有効性を確認している(41)。

Robert and Lattin（1997）は，商品特性と考慮集合の変化の関係を明らかにしている(42)。それによると，コンシューマー・パッケージ・グッズの場合には，バラエティ・シーキングやショッピングの経験数や同伴者の有無などによって考慮集合は維持されやすいが，耐久消費財の場合には，情報探索の過程において考慮集合が形成されるため，正確な情報が入手されるまでは集合内に保持され続けることが示されている。

③考慮集合の形成メカニズムに関する研究では，Wright and Barbour（1977）[43] や Lussier and Olshavsky（1979）[44] では，消費者は最初の意思決定段階では，利用可能な代替物を非代償型で単純に評価してスクリーニングし，塾考段階では，そのスクリーニングで残った代替物を代償型で正しく評価することが明らかになっている。

この考え方をブランド選択モデルに応用する試みも見られ，Gensch (1987) は，消費者は2段階でブランドを選択することを仮定し，2段階のネスティッド・ロジットモデルを適用し，そのフィットネスの高さを示している[45]。Ben-Akiva and Boccara (1995) は，旅行選択に関し，実際の選択データと質問票ベースで考慮状況を回答したデータを結合した選択集合形成モデルを提示している[46]。それによると，考慮状況のデータを組み込んだモデルは，通常のモデルよりも推定は複雑になるが，予測精度は高くなることが示されている。

6.3 マーケットメイブンと考慮集合に関する先行研究の課題

以上，マーケットメイブンの先行研究をレビューした上で，マーケットメイブンの意思決定プロセスは一般消費者と異なり，特に知名集合から考慮集合にかけてのブランドの絞込みルールが一般消費者と異なる可能性があることを指摘した。そこで，意思決定プロセスの中でも考慮集合に着目し，その先行研究をレビューした。

考慮集合に関する研究は，多岐にわたり，特に中身に関する研究例は多い。しかし，マーケットメイブンの考慮集合の中身に着目した研究が非常に少ない状況である。その中でも Elliott et al. (1993) は意思決定のどの段階・集合においてマーケットメイブンと一般消費者との間に差異が生じているかの検証を試みている[47]。その結果，知名集合のサイズには差があり，考慮集合のサイズには差がないということが明らかになっている。しかしこの研究では，各集合段階の中身には踏み込んでおらず，各集合段階に含まれるブランドの特性が，マーケットメイブンと一般消費者の間でどのように異なるのかについては明らかにされていない。

また消費者各々の知名集合や考慮集合内は，それは似たような特徴のブランドなのか，それとも異なる多種多様なブランドなのか，というように，消費者各々の中での知名および考慮集合内の構成ルールについても明らかにされていない。

さらに考慮集合の変化に関する研究では，Robert and Lattin（1997）のようにコンシューマー・パッケージ・グッズと耐久消費財という異なる商品カテゴリー間で，考慮集合が維持されやすい要因の比較を試みている[48]が，1つの商品カテゴリー内で，知名段階から考慮段階までの間にどのような特性を持つブランドを残しているのか，あるいは除外しているのか，というように商品の絞込みのルールについても明らかにされていない。

したがって本章では，これらの研究課題を明らかにするために，まず分析Ⅰとして，マーケットメイブンの考慮集合のサイズと集合に含まれる商品特性について明らかにする。次に分析Ⅱとして，マーケットメイブンの考慮集合の構成ルールと絞込みルールについて明らかにする。具体的には，マーケットメイブンの知名集合および考慮集合内はどのような特徴のブランドで構成されているのか，ということと，マーケットメイブンは知名段階から考慮段階までの間にどのような特徴のブランドを除外しているのか，の2点について明らかにする。

6.4　分析Ⅰ：マーケットメイブンの考慮集合のサイズと商品特性

ここでは，マーケットメイブンの考慮集合のサイズと集合に含まれる商品特性について明らかにする。具体的には，マーケットメイブンの知名集合や考慮集合のサイズは一般消費者に比べてどのように異なるのか，ということと，マーケットメイブンの知名集合や考慮集合に含まれるブランドの特性は一般消費者に比べてどのように異なるのか，の2点について明らかにする。

まず，マーケットメイブンの知名集合や考慮集合に含まれるブランドの特性は一般消費者に比べてどのように異なるのか，ということを明らかにするための仮説を検討する。Price *et al.*（1987）は，マーケットメイブンの行動特徴として，コンシューマーリポートのような新製品情報雑誌を読み，メディアに対して積極的であることを指摘している。また Geissler *et al.*（2005）は，マーケットメイブンの性格として，技術に対する親近感が強いことを指摘している。

6.4 分析Ⅰ：マーケットメイブンの考慮集合のサイズと商品特性

これらの指摘を踏まえると，マーケットメイブンは，一般消費者に比べて性格上，新製品の情報に接触する機会が多く，先行技術に対する関心も高いことから，一般消費者に比べて新製品や機能的に特徴の強い商品をより多く知名集合に入れていることが想定される。

一方，Wiedman et al. (2001) は男性のマーケットメイブンの特徴に限っているものの，質の高いブランドにロイヤルティを持ちやすいことをそれぞれ指摘している。この Wiedman et al. (2001) の指摘を加えると，マーケットメイブンは，一般消費者に比べて新製品だけでなく，定番となる売れ筋ブランドも考慮集合の対象に入れていることが想定される。

これらの点を踏まえ，以下の仮説を設定する。

仮説1-1：マーケットメイブンは，一般消費者に比べて，新製品を知名集合に入れやすい。

仮説1-2：マーケットメイブンは，一般消費者に比べて，機能性製品を知名集合に入れやすい。

仮説1-3：マーケットメイブンは，一般消費者に比べて，新製品を考慮集合に入れやすい。

仮説1-4：マーケットメイブンは，一般消費者に比べて，定番売れ筋ブランドを考慮集合に入れやすい。

次に，これらの仮説を検証するために，日本の首都圏に立地するスーパーマーケットA店を利用している消費者パネルのライフスタイルおよびブランド評価の聴取データを用いる。これらの2種類のデータのうち，消費者パネルに聴取したライフスタイル調査結果は，消費者パネルの中からマーケットメイブンを特定するために用いる。この調査では「情報収集行動」に関する12項目と「情報発信と購買意思決定行動」に関する14項目の中から自分自身の行動・考えに該当する項目を選択してもらう方式を採っている。

マーケットメイブンは，製品に関する情報収集や活用が積極的であること

表4 「情報収集行動」と「情報発信と購買意思決定行動」に関する聴取項目

	聴取項目
情報収集（12項目）	いろいろなことを広く知りたい
	情報を知るのが人より早い方だ
	人に教えられることが多い方だ
	マスコミよりくちコミの情報を信用する方だ
	様々な情報の中から自分に必要なものを見極める自信がある
	わからないことがあると自分で調べる
	わからないことがあるとすぐインターネットで調べる
	いろいろな情報はテレビで知ることが多い
	いろいろな情報は新聞・雑誌で知ることが多い
	いろいろな情報はインターネットで知ることが多い
	ダイレクトメールによく目を通す
	新しいデジタルメディアに関心がある
情報発信と購買意思決定行動（14項目）	ファッションや音楽などのセンスがいいと言われる
	新しい使い方を考えたりするのが好き
	価格差や品揃えよりも、お店の雰囲気を重視することがある
	話題のスポットや商品は、早めに自分の目で確認する方だ
	ヒット商品は比較的早いうちに購入することが多い
	新しい商品やブランドを人に紹介するのが好きだ
	どこで何を買うべきか，人からよく聞かれる
	どこで何を買うべきか，人から聞かれたときに答えられる自信がある
	いろいろな商品や店の情報を知っていて，そのことを他人と話すのが好きだ
	インターネットから得た情報で商品を比較検討することがある
	買わない時でも、店頭をチェックしにお店にいくことがある
	お試しキャンペーンやサンプリングはとりあえず試してみる
	商品ごとの品質の違いがわかる方だ
	複数のメディアや専門家の意見を参考にして買うことが多い

(Feick and Price, 1987 ; Price et al., 1988), 知名集合, 処理集合, 保留集合のサイズが大きいこと (Elliott et al., 1993) や技術に対する親近感が強いこと (Geissler et al., 2005) という過去の先行研究から得られた特性を踏まえ, ①メディアや口コミによる情報収集行動と②情報発信と購買意識決定行動という2つの観点による測定項目を用いることが適切であると捉えた。「情報収集行動」と「情報発信と購買意思決定行動」に関する具体的な聴取項目の一覧を表4に示す。池田 (2010) は, 因子分析の手法ではマーケットメイブンの特徴を明快に抽出することが困難であるとの理由から, 回答の合計得点を基にマーケットメイブンを識別する手法を用いている。本章においても, 池田 (2010) の方針に則し, これらの項目の回答数を基に,「情報収集行動」6項目以上, かつ「情報発信と購買意思決定行動」7項目以上 (該当率各50%以上) の消費者を「マーケットメイブン」と設定する。

もう一方のデータであるブランド評価に関する聴取データについては, 2009年4月に実施した, 発泡酒・ビール風リキュール23ブランドの知名集合, 考慮集合に関する質問票調査結果を用いる。この23ブランドの中には, 同年1月から3月に発売された新製品4ブランドも含まれている。知名集合は,「あなたがご存知のブランドは」, 考慮集合は,「あなたが次回買うとき, 候補になるブランドは」という項目を用いて聴取している。

前述のマーケットメイブンを区分するためのライフスタイル調査とこの知名集合, 考慮集合を共に回答した消費者を分析対象とした。分析対象者数は684名であり, そのうちマーケットメイブンは220名, それ以外の消費者 (一般消費者) は464名となる。マーケットメイブンと一般消費者間で, 知名, 考慮の各集合に含まれるブランド数を比較する。

また発泡酒・ビール風リキュール23ブランドについては, 各消費者が知名, 考慮の各集合に含めるブランドの特徴を整理して把握するために, ブランドの特性や売上・プロモーション実施状況を基にグルーピングを行った。

ブランド特性や売上・店頭コミュニケーション実施状況に関する指標は8つあり, この一覧を表5に示す。ブランド特性指標については, 新製品フラグ,

表5 ブランド特性や売上・店頭コミュニケーション実施状況の指標

指　標　名	作成条件
新製品フラグ	2008年11月から2009年3月までに新発売
生存フラグ	2010年12月時点で残存しているブランド
機能性フラグ	カロリーオフ，プリン体成分カット
販売月数	発売月〜2009年4月時点まで
販売シェア（金額）	2008年11月から2009年4月までの6ヵ月間
平均価格掛け率	2008年11月から2009年4月までの6ヵ月間 全ブランド平均を1とした指数化
月当たりエンド陳列日数	2008年11月から2009年4月までの6ヵ月間 全ブランド平均を1とした指数化
月当たりチラシ掲載日数	2008年11月から2009年4月までの6ヵ月間 全ブランド平均を1とした指数化

生存フラグ，機能性フラグを扱っている。売上指標については，販売月数，販売シェア（金額）を，店頭コミュニケーション実施状況については平均価格掛け率，月当たりエンド実施日数，月当たりチラシ掲載日数の指数を用いている。なお売上指標とプロモーション実施状況は，A店における各ブランドの350ml×6缶パックのアイテムの実績を用いている。

対象の23ブランドについて，8つの指標を用いて階層式クラスター分析（ward法）を適用した。その結果，23ブランドを8グループに分類した。なお9つの指標を適用することによる信頼性係数（Cronbach α）は0.651であった。

各グループの名称とその名称の背景となる8つの分析指標の平均値を表6に示す。グループ1に所属する3つのブランドはいずれも発泡酒であり，発売月数が一定程度ある既存ブランドであり，今後生存していないことから，「発泡酒末期ブランド」という名称とした。グループ2に所属する4ブランドはいずれも機能性タイプのブランドであることから，「機能性ブランド」という名称とした。

グループ3に所属する2ブランドはいずれも特定メーカーの主力商品であり，金額シェアも比較的高いグループであることから，「特定メーカー売れ筋ブラ

6.4 分析Ⅰ：マーケットメイブンの考慮集合のサイズと商品特性

表6　各グループの名称と分析指標の平均値

グループ	ブランド数	ブランドグループ名	新製品	生存	機能性	販売月数	販売シェア(金額)	価格掛け率	エンド	チラシ
1	5	発泡酒末期ブランド	0.00	0.00	0.00	1.10	0.41	1.00	0.21	0.13
2	4	機能性ブランド	0.25	0.50	1.00	0.66	0.80	1.00	0.70	0.39
3	2	特定メーカー売れ筋ブランド	0.00	1.00	0.50	1.10	1.90	0.96	0.44	2.34
4	3	新製品ブランド	1.00	0.00	0.00	0.23	0.12	1.05	0.51	0.12
5	4	新ジャンル末期ブランド	0.00	0.00	0.00	0.47	0.33	0.99	0.70	1.01
6	1	発泡酒売れ筋ブランド	0.00	0.00	0.00	3.65	1.46	0.97	0.24	0.18
7	2	トップブランド	0.00	0.00	0.50	3.63	3.72	0.96	0.26	1.02
8	2	新ジャンル売れ筋ブランド	0.00	0.00	0.00	0.65	1.70	1.01	3.50	1.56

■■■ 各分析指標の中で特に平均値の高いグループ。

ンド」という名称とした。また，このグループのブランドは，チラシ掲載日数が最も多いことも特徴である。グループ4に所属する3ブランドはいずれも新製品であることから，「新製品ブランド」という名称とした。グループ5に所属する4ブランドはいずれも新ジャンル（ビール風リキュール・雑酒）のブランドであり，グループ1と同様に今後生存していないことから，「新ジャンル末期ブランド」という名称とした。

グループ6には1ブランドのみの所属となるが，発泡酒のロングセラー，売れ筋ブランドであることから，「発泡酒売れ筋ブランド」という名称とした。グループ7に所属する2ブランドは，発泡酒，新ジャンル各々のロングセラーかつ販売シェアトップであることから，「トップブランド」という名称とした。グループ8に所属する2ブランドはいずれも新ジャンルのブランドであり，販売シェアも比較的高いことから，「新ジャンル売れ筋ブランド」という名称とした。また，このグループのブランドは，エンド陳列日数が最も多いことも特

164   6　情報発信型消費者の意思決定プロセス

表7　知名・考慮の各集合に含まれる平均ブランド数

	マーケットメイブン	一般消費者	平均ブランド数の差（マーケットメイブン－一般消費者）
知名集合	9.91	8.83	1.08 **
考慮集合	2.38	1.89	0.49 ***

*** 1％水準（両側），** 5％水準（両側），* 10％水準（両側）

表8　グループ別の知名集合に含まれる平均ブランド数

ブランドグループ	ブランド数	マーケットメイブン	一般消費者	平均ブランド数の差（マーケットメイブン－一般消費者）
発泡酒末期ブランド	5	2.21	1.88	0.33 ***
機能性ブランド	4	1.34	1.10	0.24 ***
特定メーカー売れ筋ブランド	2	0.67	0.61	0.06
新製品ブランド	3	0.55	0.45	0.10
新ジャンル末期ブランド	4	1.29	1.17	0.11
発泡酒売れ筋ブランド	1	0.95	0.88	0.07
トップブランド	2	1.58	1.47	0.11 *
新ジャンル売れ筋ブランド	2	1.32	1.26	0.06

*** 1％水準（両側），** 5％水準（両側），* 10％水準（両側）

徴である。

　マーケットメイブンと一般消費者の知名および考慮集合に含まれる平均ブランド数を表7に示す。マーケットメイブンと一般消費者との間で平均ブランド数を比較すると，知名集合，考慮集合共にマーケットメイブンのサイズの方が大きく，それぞれ1.08, 0.49の差があるという結果になった。平均ブランド数の差についてt検定を行ったところ，知名集合では5％水準で，考慮集合では1％水準で共に有意となっている。

　8つのグループごとのマーケットメイブンと一般消費者の知名集合に含まれる平均ブランド数を表8に，同じく考慮集合に含まれる平均ブランド数を表9にそれぞれ示す。

　まず知名集合に含まれる平均ブランド数を見ると，発泡酒末期ブランド，機

6.4 分析Ⅰ:マーケットメイブンの考慮集合のサイズと商品特性　165

表9　グループ別の考慮集合に含まれる平均ブランド数

ブランドグループ	ブランド数	マーケットメイブン	一般消費者	平均ブランド数の差(マーケットメイブン－一般消費者)
発泡酒末期ブランド	5	0.43	0.33	0.10＊
機能性ブランド	4	0.25	0.22	0.04
特定メーカー売れ筋ブランド	2	0.16	0.16	0.01
新製品ブランド	3	0.12	0.06	0.06＊＊
新ジャンル末期ブランド	4	0.22	0.21	0.01
発泡酒売れ筋ブランド	1	0.32	0.20	0.11＊＊＊
トップブランド	2	0.49	0.39	0.10＊
新ジャンル売れ筋ブランド	2	0.39	0.32	0.07

＊＊＊1％水準(両側),＊＊5％水準(両側),＊10％水準(両側)

能性ブランド,トップブランドにおいてマーケットメイブンのサイズの方が大きく,t検定を行った結果,それぞれ順に1％,5％,10％水準で有意となっている。しかし新製品ブランドについては,10％水準でも有意とならなかった。

以上の結果より,「仮説1-1:マーケットメイブンは,一般消費者に比べて,新製品を知名集合に入れやすい」は不支持,「仮説1-2:マーケットメイブンは,一般消費者に比べて,機能性製品を知名集合に入れやすい」は支持となった。

次に,考慮集合に含まれる平均ブランド数を見ると,発泡酒末期ブランド,新製品ブランド,発泡酒売れ筋ブランド,トップブランドにおいてマーケットメイブンのサイズの方が大きく,t検定を行った結果,それぞれ順に10％,5％,1％,10％水準で有意となっている。以上の結果より,「仮説1-3:マーケットメイブンは,一般消費者に比べて,新製品を考慮集合に入れやすい」と「仮説1-4:マーケットメイブンは,一般消費者に比べて,定番売れ筋ブランドを考慮集合に入れやすい」は共に支持となった。

また,知名集合・考慮集合間での平均脱落ブランド数を表10に示す。これを見ると,発泡酒末期ブランド,機能性ブランドにおいてマーケットメイブンの脱落ブランド数の方が一般消費者に比べて多く,t検定を行った結果,共に5

166 6 情報発信型消費者の意思決定プロセス

表10 グループ別の知名集合・考慮集合間での平均脱落ブランド数

ブランドグループ	ブランド数	マーケットメイブン	一般消費者	平均ブランド数の差（マーケットメイブン－一般消費者）
発泡酒末期ブランド	5	−1.77	−1.54	−0.23 **
機能性ブランド	4	−1.09	−0.89	−0.21 **
特定メーカー売れ筋ブランド	2	−0.51	−0.46	−0.05
新製品ブランド	3	−0.43	−0.39	−0.05
新ジャンル末期ブランド	4	−1.07	−0.97	−0.10
発泡酒売れ筋ブランド	1	−0.64	−0.68	0.04
トップブランド	2	−1.10	−1.08	−0.02
新ジャンル売れ筋ブランド	2	−0.92	−0.94	0.02

*** 1％水準（両側），** 5％水準（両側），* 10％水準（両側）

％水準で有意となっている。ただ，これらのブランドは知名集合においてマーケットメイブンのサイズの方が大きいとされたものとほぼ同様である。

分析Iの結果をまとめると，まず，マーケットメイブンの知名集合や考慮集合のサイズは一般消費者に比べて大きいことが明らかになった。これは知名集合のサイズには差があり，考慮集合のサイズには差がないという Elliott *et al*. (1993)の指摘とは異なる結果になっている。これは今回取り扱った発泡酒・新ジャンルカテゴリーは，新製品の投入が多く，商品の改廃の多いカテゴリーであることから，マーケットメイブンは多くのブランドを認知しているだけでなく，考慮集合に入れるブランド数も一般消費者に比べて多くなることが理由として考えられる。

次にマーケットメイブンの知名集合や考慮集合に含まれるブランドの特性は一般消費者に比べてどのように異なるのかということについては，マーケットメイブンは一般消費者に比べて機能的に特徴の強い商品をより多く知名集合に入れるが，新製品については必ずしもそうでないことが明らかになった。これは分析で取り扱った発泡酒・新ジャンルカテゴリーの新製品は，広告等の露出度が他のカテゴリーに比べて高いことから，マーケットメイブンに限らず一般の多くの消費者にも認知されていることが考えられる。とはいえ，機能的に特

徴の強い商品をより多く知名集合に入れるという傾向については，Geissler et al.（2005）が指摘したような，技術に対する親近感が強いというマーケットメイブンの特性を支持する結果であると言えよう。

考慮集合に関しては，マーケットメイブンは，一般消費者に比べて新製品だけでなく，定番となる売れ筋ブランドもより多く考慮集合の対象に入れていることが明らかになった。これは，質の高いブランドにロイヤルティを持ちやすいというWiedman et al.（2001）の指摘を支持する結果であると言えよう。この結果は，マーケットメイブンは単なる新し物好きだけではなく，良質の定番ブランドも好む特徴にあることを示唆している。

また知名集合・考慮集合間での平均脱落ブランド数も見てみたが，ここで抽出されたブランドは，知名集合においてマーケットメイブンのサイズの方が大きいとされたものとほぼ同様という結果であった。知名集合に含まれている数が多いブランドは，考慮集合としてブランドを絞り込む際，その分だけ脱落する数が多いということが理由として考えられる。またこれはマーケットメイブンの特性を持つ消費者を一括りにし，全体の平均値として出してしまっているため，ブランドを絞込むルールの違いがよく識別できなくなってしまっているものと考えられる。マーケットメイブンの中には，似たような特徴のブランドを集合に入れる人もいれば，異なる多種多様なブランドを集合に入れる人もいるように，マーケットメイブン各々によって知名および考慮集合内の構成ルールと絞込みルールが異なることが考えられる。

そこで次に，消費者個々の考慮集合の構成ルールと絞込みルールの違いを考慮した分析を試みる。

6.5 分析II：マーケットメイブンの情報処理プロセス

ここでは，マーケットメイブンの考慮集合の構成ルールと絞込みルールについて明らかにする。具体的には，マーケットメイブンの知名集合および考慮集合内はどのような特徴のブランドで構成されているのか，ということと，マー

ケットメイブンは知名段階から考慮段階までの間にどのような特徴のブランドを除外しているのか，の2点について明らかにする。

まず，マーケットメイブンの知名集合内はどのような特徴のブランドで構成されているのかについて検討する。分析Ⅰで明らかになったように，マーケットメイブンは知名集合のサイズが大きく，また製品に関する知識を多く持っている。このことからマーケットメイブンは，ある特定のグループのブランドに限って知名しているのではなく，幅広いグループのブランドを網羅するような形で知名していることが想定される。

これらの点を踏まえ，以下の仮説を設定する。

仮説2-1：マーケットメイブンは一般消費者に比べて，複数のグループのブランドを知名集合に含める層の人数が多い。

次に，マーケットメイブンは知名段階から考慮段階までの間にどのようにブランドを絞り込んでいるのかについての仮説を検討する。Elliott et al. (1993) は，マーケットメイブンは一般消費者に比べて処理集合が大きいことを，Geissler et al. (2005) は，マーケットメイブンは情報処理をすることを楽しむ性格にあることをそれぞれ指摘している。つまり，マーケットメイブンは一般消費者に比べて情報処理力が高いことから，特定のグループのブランドに限って絞り込むのではなく，幅広いグループのブランドから絞り込んでいくことが想定される。

これらの点を踏まえ，以下の仮説を設定する。

仮説2-2：マーケットメイブンは一般消費者に比べて，複数のグループのブランドから絞込む層の人数が多い。

そして，マーケットメイブンの考慮集合内はどのような特徴のブランドで構成されているのかについての仮説を検討する。池田 (2008) は，マーケットメ

イブンはオピニオンリーダーに比べて特定商品への関与とブランド・コミットメント共に相関が低いことを指摘している。つまり、マーケットメイブンは特定商品へのブランド・コミットメントは弱い傾向にあり、複数のブランドに対してコミットメントを持っているか、もしくはバラエティ・シーキングの傾向にあることが想定される。

これらの点を踏まえ、以下の仮説を設定する。

仮説2-3：マーケットメイブンは一般消費者に比べて、複数のグループのブランドを考慮集合に含める層の人数が多い。

以上の仮説を検証するために、分析Ⅰと同じく、日本の首都圏に立地するスーパーマーケットA店を利用している消費者パネルのライフスタイルおよびブランド評価の聴取データを用いる。ここで対象となる消費者は、分析Ⅰと同じく684名であり、そのうちマーケットメイブンは220名、それ以外の消費者（一般消費者）は464名となる。

ここでは、消費者パネル各々の知名集合内のブランドの構成パターン、ブランド絞込みパターン、考慮集合内のブランド構成パターンという3つのブランド構成パターンをそれぞれ整理・集約するため、各消費者パネルの知名集合内、知名から考慮にかけてのブランド絞込み、考慮集合内のブランド構成の各々の類型化を行った。共にk-means法のクラスター分析を適用した結果、消費者パネルの知名集合内のブランド構成パターンとブランド絞込みパターンについては4つの消費者クラスターに、考慮集合内のブランド構成パターンについては5つの消費者クラスターに分類した。

消費者パネルの知名集合内のブランド構成パターン名と8つのブランドグループ別の知名率を表11に示す。ここでは1に近いほど表側にあるブランドグループの知名率が高いことを意味する。消費者パネルのブランド絞込みパターン名と8つのブランドグループ別の脱落率については表12に示す。ここでは、-1に近いほど表側にあるブランドグループからの脱落率が高いことを意味する。

表11 知名集合内ブランド構成パターン別のブランドグループ知名率

		知名集合内ブランド構成パターン			
		1 単一売れ筋ブランド知名層	2 複数売れ筋ブランド知名層	3 全既存ブランド知名層	4 既存ブランド・新製品知名層
ブランドグループ	発泡酒末期ブランド（5）	0.14	0.39	0.60	0.90
	機能性ブランド（4）	0.09	0.24	0.50	0.81
	特定メーカー売れ筋ブランド（2）	0.08	0.21	0.61	0.93
	新製品ブランド（3）	0.03	0.08	0.24	0.77
	新ジャンル末期ブランド（4）	0.07	0.23	0.52	0.90
	発泡酒売れ筋ブランド（1）	0.77	0.96	0.97	1.00
	トップブランド（2）	0.45	0.88	0.94	0.99
	新ジャンル売れ筋ブランド（2）	0.29	0.76	0.87	0.98
知名集合内ブランド数		3.83	8.74	13.61	20.42
N（全体）		239	229	156	60

知名率が0.5以上。

表12 ブランド絞込みパターン別のブランドグループ知名・考慮間脱落率

		知名・考慮集合間ブランド絞込みパターン			
		1 全ブランド絞込層	2 売れ筋ブランド絞込層	3 売れ筋・末期ブランド絞込層	4 単一売れ筋ブランド絞込層
ブランドグループ	発泡酒末期ブランド（5）	−0.84	−0.39	−0.51	−0.11
	機能性ブランド（4）	−0.77	−0.29	−0.35	−0.06
	特定メーカー売れ筋ブランド（2）	−0.84	−0.21	−0.44	−0.05
	新製品ブランド（3）	−0.73	−0.08	−0.19	−0.03
	新ジャンル末期ブランド（4）	−0.84	−0.15	−0.54	−0.08
	発泡酒売れ筋ブランド（1）	−0.87	−0.79	−0.70	−0.52
	トップブランド（2）	−0.84	−0.67	−0.71	−0.33
	新ジャンル売れ筋ブランド（2）	−0.79	−0.60	−0.66	−0.23
絞込みブランド数		−18.67	−7.69	−11.01	−2.93
N（全体）		54	202	132	296

脱落率が−0.5以下。

6.5 分析Ⅱ：マーケットメイブンの情報処理プロセス

表13 考慮集合内ブランド構成パターン別のブランドグループ考慮率

		考慮集合内ブランド構成パターン				
		1 トップブランド考慮層	2 特定メーカー売れ筋考慮層	3 売れ筋考慮層	4 低考慮層	5 バラエティ・シーキング層
ブランドグループ	発泡酒末期ブランド（5）	0.00	0.27	0.25	0.17	1.00
	機能性ブランド（4）	0.28	0.32	0.13	0.10	0.34
	特定メーカー売れ筋ブランド（2）	0.00	1.00	0.02	0.00	0.19
	新製品ブランド（3）	0.06	0.08	0.05	0.04	0.20
	新ジャンル末期ブランド（4）	0.20	0.25	0.05	0.10	0.48
	発泡酒売れ筋ブランド（1）	0.28	0.08	0.59	0.00	0.56
	トップブランド（2）	1.00	0.39	0.00	0.00	0.93
	新ジャンル売れ筋ブランド（2）	0.34	0.28	0.60	0.00	0.66
考慮集合内ブランド数		2.41	2.96	1.84	0.45	5.60
N（全体）		127	79	114	270	94

考慮率が0.5以上。

　消費者パネルの考慮集合内のブランド構成パターン名と8つのブランドグループ別の考慮率については表13に示す。ここでは知名率と同様に，1に近いほど表側にあるブランドグループの考慮率が高いことを意味する。

　知名集合内のブランド構成パターンでは，消費者クラスター1は発泡酒売れ筋ブランドの知名率のみが高いため，「単一売れ筋ブランド知名層」という名称とした。なおこの層の知名ブランド数は3.83と最も少ない。消費者クラスター2は，トップブランドと発泡酒・新ジャンルの売れ筋ブランドの知名率が高いため，「複数売れ筋ブランド知名層」という名称とした。消費者クラスター3は，新製品以外のすべての既存ブランドの知名率が高いため，「全既存ブランド知名層」という名称とした。消費者クラスター4は，すべての既存ブランドだけでなく新製品の知名率も高いため，「既存ブランド・新製品知名層」という名称とした。なおこの層の知名ブランド数は20.42と最も多い。

　ブランド絞込みパターンでは，消費者クラスター1は全ブランドからの脱落率が高いため，「全ブランド絞込層」という名称とした。消費者クラスター2

表14 知名集合内ブランド構成パターン所属構成比

	知名集合内ブランド構成パターン				計
	1 単一売れ筋ブランド知名層	2 複数売れ筋ブランド知名層	3 全既存ブランド知名層	4 既存ブランド・新製品知名層	
一般消費者（N＝464）	0.38	0.32	0.21	0.08	1.00
マーケットメイブン（N＝220）	0.28	0.36	0.26	0.10	1.00
全体（N＝684）	0.35	0.33	0.23	0.09	1.00

Pearsonのχ^2値：7.656　自由度：3（10％水準で有意）
　　構成比が高い方を示す。

は発泡酒および新ジャンル売れ筋ブランド，トップブランドからの脱落率が高いため，「複数売れ筋絞込層」という名称とした。消費者クラスター3は発泡酒および新ジャンル売れ筋ブランドだけでなく，末期ブランドからの脱落率が高いため，「売れ筋・末期ブランド絞込層」という名称とした。消費者クラスター4は発泡酒売れ筋ブランドからの脱落率のみが高いことから，「単一売れ筋ブランド絞込層」という名称とした。

　考慮集合内のブランド構成パターンでは，消費者クラスター1はトップブランドの考慮率が高いため，「トップブランド考慮層」という名称とした。消費者クラスター2は特定メーカー売れ筋ブランドの考慮率が高いため，「特定メーカー売れ筋考慮層」という名称とした。消費者クラスター3は発泡酒と新ジャンルの売れ筋ブランドの考慮率が高いため，「売れ筋考慮層」という名称とした。消費者クラスター4はいずれのブランドにおいても考慮率が低いため，「低考慮層」という名称とした。消費者クラスター5は発泡酒末期ブランド，発泡酒売れ筋ブランド，トップブランド，新ジャンル売れ筋ブランドの考慮率が高く，考慮しているブランドの構成が幅広いことから，「バラエティ・シーキング層」という名称とした。

　それぞれ4つの知名集合内のブランド構成パターンとブランド絞込みパターン，5つの考慮集合内のブランド構成パターンを導き出したが，ここで一般消

6.5 分析Ⅱ：マーケットメイブンの情報処理プロセス　173

表15　ブランド絞込みパターン所属構成比

	知名・考慮集合間ブランド絞込みパターン				計
	1 全ブランド絞込層	2 売れ筋ブランド絞込層	3 売れ筋・末期ブランド絞込層	4 単一売れ筋ブランド絞込層	
一般消費者（N＝464）	0.08	0.27	0.19	0.47	1.00
マーケットメイブン（N＝220）	0.09	0.35	0.20	0.36	1.00
全体（N＝684）	0.08	0.30	0.19	0.43	1.00

Pearson の χ^2 値：7.800　自由度：3（5％水準で有意）
　　構成比が高い方を示す。

表16　考慮集合内ブランド構成パターン所属構成比

	考慮集合内ブランド構成パターン					計
	1 トップブランド考慮層	2 特定メーカー売れ筋考慮層	3 売れ筋考慮層	4 低考慮層	5 バラエティ・シーキング層	
一般消費者（N＝464）	0.18	0.11	0.15	0.43	0.12	1.00
マーケットメイブン（N＝220）	0.19	0.12	0.20	0.32	0.17	1.00
全体（N＝684）	0.19	0.12	0.17	0.39	0.14	1.00

Pearson の χ^2 値：8.881　自由度：4（10％水準で有意）
　　構成比が高い方を示す。

費者とマーケットメイブンが各々のパターンに所属する構成比を算出した。一般消費者とマーケットメイブンの考慮集合内ブランド構成パターン所属構成比については表14に，一般消費者とマーケットメイブンのブランド絞込みパターン所属構成比については表15に，一般消費者とマーケットメイブンの考慮集合内ブランド構成パターン所属構成比については表16にそれぞれ示す。

　まず一般消費者とマーケットメイブンの知名集合内ブランド構成パターン所属構成比を見ると，全体では単一売れ筋ブランド知名層が0.35と最も高く，ついで複数売れ筋ブランド知名層の0.33，全既存ブランド知名層の0.23，既存ブランド・新製品知名層の0.09となっている。この構成比の傾向が一般消費者と

マーケットメイブンの間で差異があるかどうかを確認するため、χ^2検定を行った結果、χ^2値は7.656となり、10％水準で有意となった。つまり、知名集合内のブランド構成パターンの傾向は、一般消費者とマーケットメイブンの間では差異があることになる。具体的には、一般消費者はマーケットメイブンに比べて単一売れ筋ブランド知名層の構成比が0.38と高いこと、マーケットメイブンは一般消費者に比べて複数売れ筋ブランド知名層、全既存ブランド知名層、既存ブランド・新製品知名層の構成比がそれぞれ0.36、0.26、0.10と高いことが言える。

以上の結果より、「仮説2-1：マーケットメイブンは一般消費者に比べて、複数のグループのブランドを知名集合に含める層の人数が多い」は支持となった。

次に一般消費者とマーケットメイブンのブランド絞込みパターン所属構成比を見ると、全体では単一売れ筋ブランド絞込層が0.43と最も高く、ついで売れ筋ブランド絞込層が0.30となっている。この構成比の傾向が一般消費者とマーケットメイブンの間で差異があるかどうかを確認するため、χ^2検定を行った結果、χ^2値は7.800となり、5％水準で有意となった。つまり、ブランド絞込みパターンの傾向は、一般消費者とマーケットメイブンの間では差異があることになる。具体的には、一般消費者はマーケットメイブンに比べて単一売れ筋ブランド絞込層の構成比が0.47と高いこと、マーケットメイブンは一般消費者に比べて売れ筋ブランド絞込層の構成比が0.35と高いことが言える。

以上の結果より、「仮説2-2：マーケットメイブンは一般消費者に比べて、複数のグループのブランドから絞込む層の人数が多い」は支持となった。

そして、一般消費者とマーケットメイブンの考慮集合内ブランド構成パターン所属構成比を見ると、全体では低考慮層が0.39と最も高く、ついでトップブランド考慮層の0.19、売れ筋考慮層の0.17、バラエティ・シーキング層の0.14となっている。この構成比の傾向が一般消費者とマーケットメイブンの間で差異があるかどうかを確認するため、χ^2検定を行った結果、χ^2値は8.881となり、10％水準で有意となった。つまり、考慮集合内のブランド構成パターンの傾向

6.5 分析Ⅱ：マーケットメイブンの情報処理プロセス

は一般消費者とマーケットメイブンの間では差異があることになる。具体的には、一般消費者はマーケットメイブンに比べて低考慮層の構成比が0.43と高いこと、マーケットメイブンは一般消費者に比べて売れ筋考慮層とバラエティ・シーキング層の構成比がそれぞれ0.20, 0.17と高いことが言える。

以上の結果より、「仮説4：マーケットメイブンは一般消費者に比べて複数のグループのブランドを考慮集合に含める層の人数が多い」は支持となった。

分析Ⅱの結果をまとめると、まずマーケットメイブンは一般消費者に比べて、複数のグループのブランドを知名集合に含めることが明らかになった。具体的には、マーケットメイブンは一般消費者に比べて複数売れ筋ブランド知名層、全既存ブランド知名層、既存ブランド・新製品知名層の構成比が高い傾向にあった。マーケットメイブンの知名集合のサイズが大きいことは、分析Ⅰの結果からも明らかになったが、マーケットメイブンは、ある特定のグループのブランドに限って知名しているのではなく、幅広いグループのブランドを網羅するような形で知名していることがわかった。

次にマーケットメイブンは一般消費者に比べて、知名段階から考慮段階までの間にかけて、複数のグループのブランドから絞込むことが明らかになった。具体的には、マーケットメイブンは一般消費者に比べて売れ筋ブランド絞込層の構成比が高い傾向にあった。Elliott et al. (1993) やGeissler et al. (2005) の指摘に見られたように、マーケットメイブンは一般消費者に比べて情報処理力が高いことから、特定のグループのブランドに限って絞り込むのではなく、幅広いグループのブランドを横断的に絞り込んでいくことがわかった。

そしてマーケットメイブンは一般消費者に比べて複数のグループのブランドを考慮集合の中に含める傾向にあることが明らかになった。具体的には、マーケットメイブンは一般消費者に比べてバラエティ・シーキング層の構成比が高い傾向にあった。これがバラエティ・シーキングであるのか、複数のブランドに対してコミットメントが強いからなのかについては明らかにできていないが、少なくともマーケットメイブンは特定の限られた商品へのブランド・コミットメントというものは持たず、様々な特徴を持つブランドを横断的に考慮する傾

向にあることが考えられる。

　以上の知見を踏まえると，近年のチェーン小売業では，商品管理の効率化の観点からアイテムの絞込みと売れ筋商品への集約化を進める企業が多いが，小売業がこのような情報収集力と発信力のあるマーケットメイブンを顧客として取り込んでいくためには，マーケットメイブンに支持されるような品揃えの幅を確保していく必要がある。そのため消費財メーカーとしては，情報に関して影響力のある顧客から支持されているかどうかという観点を意識した棚割や売場の提案が必要になるものと考えられる。

6.6　本章のまとめ

　本章では，ブランドの情報を積極的に発信する特徴を持つ消費者であるマーケットメイブンの存在に着目し，マーケットメイブンの意思決定プロセスの特徴について明らかにした。具体的には，マーケットメイブンの特徴として，以下の5つの知見を抽出することができた。

① マーケットメイブンは，一般消費者に比べて機能的に特徴の強い商品をより多く知名集合に入れる
② マーケットメイブンは，一般消費者に比べて新製品だけでなく，定番となる売れ筋ブランドもより多く考慮集合の対象に入れる
③ マーケットメイブンは一般消費者に比べて，幅広いタイプのブランドを網羅的に知名集合に含める
④ マーケットメイブンは一般消費者に比べて，ブランド知名段階から考慮段階にかけて特定のタイプのブランドに限って絞り込むのではなく，幅広いタイプのブランドを横断的に絞り込んでいく
⑤ マーケットメイブンは，一般消費者に比べて幅広いタイプのブランドを横断的に考慮集合の中に含める

　これらの知見から，マーケットメイブンは新しいブランドや機能的に特徴の

強いブランドはよく知っているが,単なる新し物好きではなく,良質の定番ブランドも好んでいるという特性があることがわかる。またブランドをよく知っているし,そこから購入候補のブランドに絞り込んでいく過程は,幅広いタイプのブランドを対象に横断的に行っていることから,一般消費者に比べて情報処理能力が高い傾向にあることがわかる。また,最終的な購入候補のブランドには様々な特徴を持つものが含まれているというバラエティ・シーキングの特性を持っていることもわかる。

また本章では,マーケットメイブンの意思決定プロセスとして,彼らの考慮集合に着目したが,従来の考慮集合の研究では,考慮集合のサイズや集合内に含まれる商品の特性に着目したものが多い。本章の分析によって,マーケットメイブンの中での知名および考慮集合内の商品構成ルールと知名段階から考慮段階までの商品絞込みルールについての知見を抽出できたことは,考慮集合の研究領域に対しても意義のある貢献をしたものと考えられる。

このようなマーケットメイブンの行動特性は,小売店頭でのマーケティング意思決定にも活用できるのではないかと考えられる。具体的には,マーケットメイブンは新製品に関する情報を多く持っている上,実際に新製品のトライアル購買確率も高い(Steenkamp and Gielens, 2003)ことから,マーケットメイブンの新製品購買行動に着目すれば,その新製品の今後の売上の成否について何かしらの示唆を抽出できる可能性がある。この点について次の第7章で明らかにしていきたい。

(1) 本章は,吉田秀雄記念事業財団委託研究「2020年のマーケティング・コミュニケーション」の初年度(平成23年度)報告書の一部(寺本担当箇所)となる。
(2) Clark, R. A., R. E. Goldsmith (2005), Market Mavens: Psychological Influences, *Psychology and Marketing*, 22 (4), 289-312.
(3) Rogers, E. M. (1962), *The Diffusion of Innovation*, The Free Press.
(4) Robertson, T. S. (1967), Consumer Innovators: The Key to New Product Success, *California Management Review*, 23-30.
(5) Lazarsfeld, P. F., B. Bernard, G. Hazel (1944), *The People's Choice: How the Voter Makes Up His Mind in a Presidential Campaign*, Duell, Sloan and Pearce.
(6) Myers, J. H., T. S. Robertson (1972), Dimensions of Opinion Leadership, *Journal of*

Marketing Research, 9 (February), 41-46.
(7) King, C. W., J. O. Summers (1970), Overlap of Opinion Leadership Across Consumer Prodduct Categories, *Journal of Marketing Research*, 7 (February), 43-50.
(8) Feick, L. F., L. L. Price (1987), The Market Maven : A Diffuser of Marketplace Information, *Journal of Marketing*, 51 (1), 83-97.
(9) King, C. W., J. O. Summers (1970), 前掲論文。
(10) 池田謙一 (2008),「新しい消費者の出現:採用者カテゴリー要因の再検討」, 宮田加久子, 池田謙一,『ネットが変える消費者行動』, NTT出版, 第5章所収, 114-144。
(11) Walsh, G., K. P. Gwinner, and S. R. Scott (2004), What Makes Mavens Tick? Exploring the Motives of Market Mavens' Initiation of Information Diffusion, *Journal of Consumer Marketing*, 21 (2), 109-122.
(12) Geissler, G. L., S. W. Edison (2005), Maket Mavens' Attitude Towards General Technology : Implications for Marketing Communications, *Journal of Marketing Communications*, 11 (2), 73-94.
(13) 呉國怡 (2005),「『市場の達人』とインターネット:『オピニオン・リーダー』との比較」, 池田謙一,『インターネット・コミュニティと日常世界』, 誠信書房, 第7章所収, 135-147。
(14) von Hippel, E. (1986), Lead Users : A Source of Novel Product Concepts, *Management Science*, 32 (7), 791-805.
(15) 濱岡 豊 (2007),「共進化マーケティング2.0―コミュニティ, 社会ネットワークと創造性のダイナミックな分析に向けて―」, 三田商学研究, 第50巻第2号, 67-90。
(16) Price, L. L., L. R. Feick, A. Guskey-Federouch (1987), Couponing Behavior of the Market Maven : Profile of a Super Couponer, *Advances in Consumer Research*, 15, 354-359.
(17) Elliot, M. T., A. E. Warfield (1993), Do Market Mavens Categorize Brands Differently? *Advances in Consumer Research*, 20 (1), 202-208.
(18) Geissler, G. L., S. W. Edison (2005) 前掲論文。
(19) 池田謙一 (2008), 前掲論文。
(20) 池田謙一 (2008), 前掲論文。
(21) Wiedmann, K. P., G. Walsh, V. W. Mitchell (2001), The German Mannmaven : An Agent for Diffusing Market Information, *Journal of Marketing Communications*, 7 (4), 195-212.
(22) Goodey, C., R. East (2008), Testing the Market Maven Concepts, *Journal of Marketing Management*, 24 (3-4), 265-282.
(23) Steenkamp, J. E. M., K. Gielens (2003), Consumer and Market Drivers of the Trial Probability of New Consumer Packaged Goods, *Journal of Consumer Research*, 30 (3), 368-384.
(24) Feick, L. F., L. L. Price (1987), 前掲論文。
(25) 池田謙一 (2010),『クチコミとネットワークの社会心理―消費と普及のサービスイノベーション研究』, 東京大学出版会。
(26) 池田謙一 (2008), 前掲論文。

(27) 池田謙一（2010），前掲書。
(28) 清水　聰（2006），『戦略的消費者行動論』，千倉書房。
(29) Hauser, J. R., B. Wernerfelt (1990), An Evaluation Cost Model of Consideration Sets, *Journal of Consumer Research*, 16 (4), 393-408.
(30) Reilly, M., T. L. Parkinson (1985), Individual and Product Correlates of Evoked Set Size for Consumer Package Goods, *Advances in Consumer Research*, 12, 492-497.
(31) 恩蔵直人（1994），「想起集合のサイズと関与水準」，『早稲田商学』，第360・361合併号，99-121。
(32) Brisoux, J. E., E. J. Cheron (1990), Brand Categorization and Product Involvement, *Advances in Consumer Research*, 17, 101-109.
(33) Elliot, M. T., A. E. Warfield (1993)，前掲論文。
(34) Bronnenberg, B. J., W. R. Vanhonacker (1996), Limited Choice Sets, Local Price Response, and Implied Measures of Price Competition, *Journal of Marketing Research*, 33 (2), 163-173.
(35) Nowlis, S. M., I. Simonson (2000), Sales Promotions and the Choice Context as Competing Influences on Consumer Decision Making, *Journal of Consumer Psychology*, 9 (1), 1-17.
(36) Erden, T., J. Swait (2004), Brand Credibility, Brand Consideration, and Choice, *Journal of Consumer Research*, 31 (1), 191-199.
(37) Aurier, P., S. Jean, J. L. Zaichkowsky (2000), Consideration Set Size and Familiarity with Usage Context, *Advances in Consumer Research*, 27, 307-313.
(38) Desai, J. J., W. D. Hoyer (2000), Descriptive Characteristics of Memory-Based Consideration Sets: Influence of Usage Occasion Frequency and Usage Location Familiarity, *Journal of Consumer Research*, 27 (3), 309-323.
(39) Brisoux, J. E., E. J. Cheron (1990)，前掲論文。
(40) Shocker, A. D., M. Ben-Akiva, B. Boccara, P. Nedungadi (1991), Consideration Set Influences on Consumer Decision-Making and Choice: Issues, Models, and Suggestions, *Marketing Letters*, 3 (3), 181-197.
(41) 清水　聰（2006），前掲書。
(42) Robert, J. H., J. M. Lattin (1997), Consideration: Review of Research and Prospects for Future Insights, *Journal of Marketing Research*, 34 (3), 406-410.
(43) Wright, P. L., F. Barbour (1977), Phased Decision Strategies: Sequels to Initial Screening, in North Holland TIMS Studies in the Management Science: Multiple Criteria Decision Making, 6, M. K. Starr and Milan Zeleny (eds), Amsterdam, North Holland, 223-239.
(44) Lussier, D. A., R. W. Olshavsky (1979), Task Complexity and Contingent Processing in Brand Choice, *Journal of Consumer Research*, 6 (2), 154-165.
(45) Gensch, D. H. (1987), A Two-Stage Disaggregate Attribute Choice Model, *Marketing Science*, 6 (3), 223-239.
(46) Ben-Akiva, M., B. Boccara (1995), Discrete Choice Models with Latent Choice Sets, *International Journal of Research in Marketing*, 12 (1), 9-24.

(47) Elliot, M. T., A. E. Warfield (1993), 前掲論文。
(48) Robert, J. H., J. M. Lattin (1997), 前掲論文。

7 情報発信型消費者と
新製品トライアル購買予測[1]

多くの新製品が市場に導入されては姿を消している。例えば，米国の消費財市場における新製品の成功率は20%であり，しかも75%の新製品は市場導入時に失敗すると言われている（Kotler, 2000）[2]。このような状況下において，新製品のマーケティングの継続や方針変更の意思決定を少しでも早く行うことは，メーカーと小売業の双方にとって常に重要な課題となっている。そのため，新製品を市場に導入した後，できるだけ短期間のデータから，しかも高い精度で新製品の需要予測を行うことが重要となってくる。特に近年の消費財市場では，消費者の購買履歴データの入手が容易になってきており，消費者の購買履歴データを適用した需要予測モデルの構築が多くの研究者によって行われている。

その際，予測の精度を高めるためのアプローチとして，店頭でのプロモーションをはじめとしたマーケティング変数の考慮やパラメータの推定方法の高度化に関する議論が多いが，予測に適用する購買履歴データを構成する消費者サンプルを精緻化に関する議論はあまり行われていない。消費者の中でも，特に口コミの発信元である情報発信型消費者というタイプの消費者が存在する。その中でも6章で扱ったマーケットメイブンは，「多くの製品，店舗，市場動向に関する情報を持っており，他の消費者にそれを率先して教えたり，質問に答えられる消費者」（Feick and Price, 1987）[3]を指す。またマーケットメイブンは，新製品が発売されてからのトライアル購買が他の消費者に比べて早い（Steenkamp and Gielens, 2003）[4]という特徴が見られる。したがって，マーケットメイブンの新製品購買行動は，需要予測の精度向上に活用できるのではないかと考えられる。

よって本章では，情報発信型消費者の購買行動による新製品トライアル購買の予測方法を検討する。具体的には，マーケットメイブンの新製品トライアル購買傾向から，新製品の今後の販売成否を予測することと，先行研究において

予測に必要とされる実績期間よりも短期間のデータを基に傾向を判定することを試みる。

7.1 新製品の需要予測に関する先行研究

新製品の需要予測については，従来から様々な方法が試みられてきた。新製品の需要予測のタイプは，①コンセプトテストを基にしたモデル，②プリテストの結果を用いて予測するモデル，③テストマーケットを基にしたモデル，④商品発売の初期状況から予測するモデルに大別できる（Wind *et al*., 1981）[5]。このうち，商品開発が終了し，実際に商品が完成してからその商品の売れ行きを測定するのが，③テストマーケットを基にしたモデル，④商品発売の初期状況から予測するモデル，である。この③と④のタイプは，普及率モデルと反復購買モデルに分けられる（Lilien *et al*., 1992）[6]。普及率モデルは，主として購買頻度の低い耐久消費財に用いられ，反復購買モデルは，主として購買頻度が高く，かつ反復購買が発生しやすい製品に多く用いられる。反復購買モデルは新製品の購買行動をトライアルとリピートの２つに識別し，この２つの段階を考慮した需要予測モデルがマーケティングにおいて長い間適用されている（Fader *et al*., 2004）[7]。

片平（1988）は，耐久財と非耐久財では需要予測に対するトライアルとリピートの影響力が異なることから，商品の性質によってモデルを分類する必要性を提案している。耐久財の場合，ひとたび購入すればそのシェアは確立されていくことから，トライアルのみを捉えれば十分なのに対し，非耐久財の場合には，トライアルよりもその後のリピートの方がシェアに大きく影響するためである。彼は耐久財の予測をトライアルモデル，反復購買までも含めて考慮すべき非耐久財のモデルをトライアル・リピートモデル，として分類している[8]。中村（2001）は片平（1988）の分類を発展させ，トライアル・リピートの軸のほかに，商品の購買頻度の軸を加えた需要予測モデルの分類を提案している[9]。このうち本書の分析対象となる食品や日用雑貨品は購買頻度も高いことから，

7.1 新製品の需要予測に関する先行研究

トライアルだけでなくリピートも重要となってくる。よって本章では，反復購買モデルに焦点を当ててレビューする。

反復購買モデルには，①テストマーケットを基にしたモデルと，②消費者パネルの購買履歴データを適用したモデルに分類することができる。

①テストマーケットを基にしたモデルとして，TRACKER（Blattberg & Golantry, 1978）や ASSESSOR（Silk & Urban, 1978）がある。TRACKER モデルは，知名率モデル，トライアルモデル，予測モデルの3つのサブモデルで構成される需要予測モデルで，新製品の潜在的な消費者に対する質問票調査からの収集データによる分析となる[10]。新製品導入後，新製品の購買サイクルに合わせて1ヵ月おきに3回，計3ヵ月間のテストマーケットを行い，500から1,000名のサンプルを収集する。それに当該ブランドの価格，メディア媒体，配荷率などのデータを用いて予測する。まず知名率はブランドの知覚と広告量のウェイトで求められ，広告量のウェイトが下がればその商品の認知者の人数も減ると仮定している。次のトライアルモデルは，t 期における新商品トライアル購買者数を予測するモデルで，t 期に初めて当該商品を知名した人と，知名していたがトライアル購買をしていない人という，2種類の人を潜在的な消費者と捉え，それに商品価格を加えてモデルを構築している。そして最後の予測モデルでは，トライアルする人と反復購買する人を分けて予測して，最終的な各期の売上を予測している。

ASSESSOR モデルは，新製品導入前に，実験室によるプリ・テストマーケットを行うことで，テストマーケットおよび本格導入時のシェア予測を行うというモデルであり，選好モデルとトライアル・リピートモデルの2つのサブモデルで構成される[11]。まず新製品のターゲットにふさわしい被験者を300人集め，ブランドの想起集合や属性，選好に関する質問票調査を行った上で，既存製品と対象新製品の広告反応や棚に並べた商品を買ってもらうという模擬購買，後日新製品の家庭での使用状況とリピート購買意向を確認するという手順で新製品の評価やトライアル・リピートのデータを収集する。まず選好モデルでは，各被験者の模擬購買前のブランドの想起集合，定和対比較選好（「ブランドＡ

とBでは7：3でAが好き」），模擬購買後の選好データを用いて，各被験者の新製品の購買確率を推定し，新製品の知名している被験者とそうでない被験者の購買確率の加重平均をとってマーケットシェアを算出する。次にトライアル・リピートモデルでは，最終的に何パーセントの人がトライアルするかという究極的累積トライアル購買率と，同じくリピートするかという究極的反復購買率を算出し，それを掛け合わせてマーケットシェアを算出する。この2つのサブモデルによる予測値の比較を行い，双方の予測値が収束するようにモデルの見直しを行うことで予測精度を上げている。

②消費者パネルの購買履歴データを適用したモデルとして，Parfitt & Collins（1968）のモデルがある。このモデルは，パネルデータを用いてトライアル購買率，リピート購買率，購買量ウェイトを求め，それらを掛け合わせることで最終的なシェアを予測するモデルである[12]。ここでトライアル購買率は，当該商品が属する商品カテゴリーの新規購入者に占める当該ブランドのトライアル購買者の人数比で求められる。リピート購買率は，その当該商品カテゴリー内の商品をトライアルしてから購買した数に占める当該ブランドの購買数で算出する。そして購買量ウェイトは，当該ブランドの1回当たりの購買量を分析対象全ブランドの平均1回当たりの購買量で割った数値である。この研究では，発売後24週間程度のデータがあれば，1年から1年半年後のシェアはかなりの精度で予測できるとされている。

さらにParfitt & Collins（1968）のモデルを基に，リピート購買の深さを考慮したモデル（Eskin, 1973）[13]，広告・クーポン効果を考慮したモデル（Nakanishi, 1973）[14]，新製品の認知段階を考慮したモデル（Pringles et al, 1982）[15]に発展している。ただしこれらのモデルは，集計データであることから世帯の平均的な反応しか把握できない，長期間のデータが必要となり早期の段階で新製品を予測するには適さない，などの課題が挙げられる。

杉田ら（1993）はこれらの課題に対応し，家計の異質性を組み込んだスプリット・ハザードモデルを構築し，異なる商品カテゴリーから6つのブランドを抽出して，その予測精度を既存のParfitt & Collinsモデルと比較している[16]。

7.1 新製品の需要予測に関する先行研究　185

彼らのモデルでは,発売後13週間のデータを用いてモデルを推測し次の17週間でモデルの予測精度の検証を行っている。その結果,分析対象となる6つの新製品のうち,チョコレート菓子と麦芽飲料は Parfitt ＆ Collins モデルの方が予測精度は高かったが,残りの4つとなる,アイスクリーム,シリアル,焼きおにぎり,チョコスナックではスプリット・ハザードモデルの方が予測精度は高く,短期間のデータでも精度の高い予測が可能であることが示された。また Fader et $al.$ (2004) も比例ハザードモデルをベースに,共変数のダイナミックな変化と値引きとクーポンの影響を考慮した新製品需要予測モデルを構築している[17]。

以上,新製品の需要予測についての先行研究をレビューしたが,これらの先行研究の課題として2点指摘できる。

まず第1に,新製品の需要予測に関する研究では,究極のトライアル購買率を測定する Parfitt ＆ Collins (1968) のモデルを基礎に,予測精度の向上の方向として,変数の追加 (Eskin, 1973 ; Nakanishi, 1973 ; Pringles et $al.$, 1982),消費者の異質性の考慮を前提とした推定方法の高度化 (杉田ら, 1993 ; Fader et $al.$, 2004) の2点に留まっている。これらの予測に用いる消費者サンプルの選定条件は,当該カテゴリーやブランドをある一定量購買している等,分析に耐えうる購買履歴データ量を持っているか否かが中心であり,例えば「マーケットメイブン」というような,消費者のライフスタイルや価値観情報を基に,消費者サンプルを選定することによって精度を向上させるというアプローチは見られない。

第2に,需要予測に用いているデータの期間の問題がある。杉田ら (1993) のモデルは予測に用いるデータ期間の短縮化に貢献したものとなっているが,それでも13週間 (約3ヵ月) のデータが必要である。新製品を供給するメーカーとしては,需要予測結果を基に生産調整やコミュニケーション計画の修正等を判断することを考えると,さらなる期間短縮化が望まれるはずである。

本研究では,これらの課題を踏まえ,まず研究Ⅰとして,マーケットメイブンの新製品トライアル購買の特徴を把握し,新製品トライアル購買を予測する

ための考慮点を抽出する。次に研究IIとして，抽出された考慮点を踏まえたマーケットメイブンの購買履歴データを適用した新製品トライアル購買の予測モデルを構築する。

7.2 分析I：マーケットメイブンの新製品トライアル購買の特徴分析

分析Iではマーケットメイブンの新製品トライアル購買の特徴を把握し，新製品トライアル購買を予測するための考慮点を抽出する。ここでは，マーケットメイブンの新製品トライアル購買の特徴に関する仮説を構築する。

Feick and Price (1987) は，マーケットメイブンは他の消費者に比べて新製品の認知が早く，市場動向に関する情報を積極的に収集し，他の消費者にそれを教える特徴があることを指摘している[18]。また Moorthy and Zhao (2000) は，CPG 市場では，製品の消費こそが，その製品の情報収集手段として特に重要であることを指摘している[19]。したがって，多くのマーケットメイブンにいち早く購買，消費される新製品は，他の消費者にもその情報が派生されることから，他の消費者のトライアル購買にも発展し，結果的に順調に購買量が推移するものと考えられる。逆に，マーケットメイブンに購買，消費されない新製品は，他の消費者のトライアル購買に発展しないことから，購買量の推移が不調に終わり，早期に購買が終了されるものと考えられる。

以上を踏まえ，以下の仮説を設定する。

仮説1a：購買が継続される新製品は，マーケットメイブンによる浸透率が高い。
仮説1b：購買が早期に終了される新製品は，マーケットメイブンによる浸透率が低い。

ここで設定した仮説を確認するために，購買者全体の週別浸透率とマーケッ

7.2 分析Ⅰ：マーケットメイブンの新製品トライアル購買の特徴分析

トメイブンの週別浸透率の推移の比較を行う。

まずマーケットメイブンを特定するために，日本の首都圏に立地するスーパーマーケットA店を利用している購買者パネル977名に聴取したライフスタイル調査結果を用いる。本章でも6章と同様に，「情報収集行動」6項目以上，かつ「情報発信と購買意思決定行動」7項目以上（該当率各50％以上）の消費者を「マーケットメイブン」と設定する。これらの分類に基づくと，マーケットメイブンは294名となり，購買者パネル全体に占める比率は30.1％となる。Feick and Price（1987）におけるマーケットメイブンの比率は31.7％であり[20]，過去の研究でも概ね30％前後の水準となっていることから，ここでの比率も妥当な水準であると言える。

次に分析対象製品は，A店において2005年4月以降発売（店頭配荷）した，カレー，スナック，野菜飲料，リキュールに該当する新製品8アイテムである。またこれら8アイテムの中には，対象となる購買者パネルによる購買実績週数が30週超となるものと30週未満となるものが各4アイテムになる。

浸透率の算出には，同じくA店を利用している購買者パネルの分析対象製品の購買履歴データを適用する。その算出方法は，分析対象製品の所属カテゴリーの全購買者数を基準にした，週別の累積トライアル購買者比率とし，対象購買者全体を基準とするパターンとマーケットメイブンを基準とするパターンの2通りの浸透率を算出している。

分析対象となる各アイテムにおける，マーケットメイブンの浸透率から全体の浸透率を差し引いた差分の推移を表1に示す。分析対象アイテムのうち，ブランドA，C，E，Gは新製品として店頭配荷後30週超の購買継続がされたものである。一方，ブランドB，D，F，Hは30週以内で購買が終了されたものである。そこで店頭配荷後30週超の購買が継続されたアイテムと30週以内で購買が終了されたアイテムの数値の特徴を比較すると，購買継続されたアイテムの方が，購買終了したアイテムに比べて正の値になっている傾向にある。これはマーケットメイブンの浸透率の方が全体に比べて高い傾向にあることを表している。マーケットメイブンと全体の浸透率の差の検定（t検定）の結果を表

表1 分析対象アイテムの浸透率の差分の推移 (マーケットメイブン−全体)

	30週超購買が継続されたアイテム				30週以内に購買が終了されたアイテム			
	カレールーA	スナックC	野菜ジュースE	リキュールG	カレールーB	スナックD	野菜ジュースF	リキュールH
第1週	0.36	−0.21	−1.38	0.80	−0.13	−0.10	−0.25	0.59
第2週	0.39	−0.32	−1.11	0.43	0.40	0.19	−0.52	0.41
第3週	0.27	0.01	−0.56	0.72	−0.48	1.12	0.20	0.58
第4週	0.54	0.29	−0.68	0.88	−0.53	1.01	−0.15	−0.67
第5週	0.42	0.23	−0.79	1.04	−0.09	1.44	0.12	−1.13
第6週	0.45	0.51	−0.20	1.04	0.20	1.59	0.60	−1.26
第7週	0.75	0.80	0.58	0.95	0.00	1.59	0.48	−0.53
第8週	1.01	1.19	0.35	0.82	−0.08	1.59	0.13	−0.36
第9週	1.01	1.44	−0.13	1.11	−0.25	1.48	0.02	−0.20
第10週	0.89	1.12	−0.13	1.27	−0.79	1.38	−0.10	−0.17
第11週	0.89	1.12	−0.25	1.56	−0.76	1.41	−0.33	0.15
第12週	0.78	2.40	0.54	1.72	−0.46	1.41	−0.45	0.15
第13週	0.55	1.80	0.42	1.47	−0.06	1.41	−0.45	0.03
第14週	0.43	1.74	0.31	0.84	−0.17	1.41	−0.56	−0.22
第15週	0.32	2.02	0.47	1.29	−0.29	1.31	−0.36	−0.47
第16週	0.58	1.92	0.35	1.17	−0.40	1.20	−0.48	−0.72
第17週	0.47	1.50	−0.13	1.17	−0.51	1.10	−0.44	−1.09
第18週	0.47	1.68	0.07	1.04	−0.25	0.99	−0.78	−1.34
第19週	0.61	1.47	1.65	1.04	−0.22	0.89	−1.01	−1.46
第20週	0.38	1.50	1.23	1.20	−0.45	0.78	−1.01	−1.46
第21週	0.41	1.40	1.11	1.20	−0.19	0.82	−1.25	−1.46
第22週	0.82	1.65	0.81	0.95	−0.19	0.44	−1.36	−1.30
第23週	0.82	1.47	0.69	1.11	0.07	0.58	−1.36	−1.55
第24週	0.71	2.31	0.50	1.15	0.07	0.83	−1.28	−1.55
第25週	0.59	4.70	1.05	1.72	−0.04	1.07	−1.28	−1.55
第26週	0.59	5.13	1.21	1.60	−0.04	0.97	−0.85	−0.98
第27週	0.59	5.95	1.21	1.63	−0.04	0.86	−0.80	−0.98
第28週	0.59	6.09	1.09	1.63	−0.16	0.65	−0.80	
第29週	0.48	6.09	0.98	1.92	−0.16	0.65	−0.80	
第30週	0.36	6.09	0.86	2.20	−0.27		−0.65	

表2 分析対象アイテムの浸透率の差の検定結果
(マーケットメイブン-全体間)

		週平均浸透率		マーケットメイブン・全体間の差
		マーケットメイブン	全体	
30週超購買が継続されたアイテム	カレールーA	4.19	3.59	0.59*
	スナックC	9.46	7.27	2.18*
	野菜ジュースE	16.18	15.78	0.40
	リキュールG	5.78	4.54	1.24**
30週以内に購買が終了されたアイテム	カレールーB	7.48	9.55	-2.07*
	スナックD	6.42	5.35	1.08***
	野菜ジュースF	7.34	7.87	-0.54**
	リキュールH	6.62	7.36	-0.74**

***1％水準, **5％水準, *10％水準

2に示す。購買継続されたアイテムの中では、野菜ジュースEを除く3つのアイテムにおいてマーケットメイブンの浸透率は、全体の浸透率に比べて有意に高い状況が見られる。また購買終了したアイテムの中では、スナックDを除く3つのアイテムにおいて、全体の浸透率は、マーケットメイブンの浸透率に比べて有意に高い状況が見られる。

以上の結果より、「仮説1a：購買が継続される新製品は、マーケットメイブンによる浸透率が高い」、「仮説1b：購買が早期に終了される新製品は、マーケットメイブンによる浸透率が低い」、は共に支持されることとなった。

また購買継続されたアイテムの方が、購買終了したアイテムに比べて正の値が拡大傾向にある。これはマーケットメイブンの浸透率の上昇傾向が全体に比べて長く続いていることを表している。一方、購買終了されたアイテムは、第7週目を境に浸透率の差分の値が横ばいまたは縮小傾向にある。これは、第7週目までを目処に、マーケットメイブンによって積極的にトライアル購買されているアイテムは、今後も順調にトライアル購買が進むが、積極的にトライアル購買されていないアイテムは、その後はトライアル購買が順調に進まずに購買終了を迎えてしまう状態であることを表している。このような傾向から、新

製品発売後第7週目までのマーケットメイブンの浸透率の状態が，新製品の購買継続の成否の境界になる可能性がある。

7.3 分析Ⅱ：マーケットメイブンの購買履歴による新製品トライアル購買の予測

分析Ⅰでは，新製品の購買継続の可否とマーケットメイブンの浸透率の関係を示し，その結果，購買が継続される新製品はマーケットメイブンの浸透率が高いことが明らかになった。また，購買の継続の可否はマーケットメイブンの第7週目までの浸透率の状態で説明できる可能性があることも指摘できる。これは，予測に適用する消費者サンプルを精緻化することにより，従来の研究で適用されていた期間に比べて短いデータを適用しても，予測精度を維持ないしは向上させられる可能性を示唆している。

そこで分析Ⅰでの結果を踏まえ，分析Ⅱでは，マーケットメイブンの浸透率データを用い，予測に適用する消費者サンプルの精緻化，データ適用期間の短縮化という観点から，新製品の浸透率の予測を行う。新製品の需要予測に関する研究では，究極のトライアル購買率を測定する Parfitt & Collins モデル (Parfitt & Collins, 1968) を基礎に，予測精度の向上の方向として，変数の追加 (Eskin, 1973 ; Nakanishi, 1973 ; Pringles et al., 1982)，消費者の異質性の考慮を前提とした推定方法の高度化 (Fader et al., 2004) の2点に留まっている。消費者のライフスタイルや価値観情報を基に，予測に用いる購買履歴データを構成する消費者サンプルの精緻化によって精度を向上させるというアプローチは見られない。

したがって，本研究の予測では，Parfitt and Colins (1968) のモデルによる予測式を基礎に，前述の通り，マーケットメイブンの浸透率データを用い，予測に適用する消費者サンプルの精緻化，データ適用期間の短縮化という観点から，新製品の浸透率の予測を行う。Parfitt and Colins (1968) のモデルによる予測式を式（1）に示す。

7.3 分析II：マーケットメイブンの購買履歴による新製品トライアル購買の予測

$$P(t) = K(1 - e^{-at}) \qquad (1)$$

ここで，$P(t)$ は t 期の浸透率，K は究極の浸透率，a は成長率のパラメータを表す。なお，K および a は対数線形による最小二乗法で推定する。

予測に適用するデータは，分析Ⅰと同様に，スーパーマーケットA店を利用している購買者パネル977名に聴取したライフスタイル調査結果とA店において2005年4月以降に発売された，カレー，スナック，野菜飲料，リキュールに該当する新製品8アイテムの購買履歴データである。

予測の有効性を確認するためのステップは次のように設定する。まずマーケットメイブンの短期間のデータによる予測の有効性を確認するために，マーケットメイブンと全購買者との比較と，通常期間（13週間）と短期間（7週間）との比較を考慮したデータ構成とする。具体的には，①マーケットメイブンによる7週間の浸透率データ（マーケットメイブン7週），②マーケットメイブンによる13週間の浸透率データ（マーケットメイブン13週），③全購買者による13週間の浸透率データ（全体13週），④全購買者による7週間の浸透率データ（全体7週），の4種類のデータ間での予測精度を比較する。なお，分析Ⅰで得られた知見を基に，ここでは短期間を7週間に設定している。

次に，短期間の設定の妥当性を確認するために，マーケットメイブンによる①6週間の浸透率データ（マーケットメイブン6週），②7週間の浸透率データ（マーケットメイブン7週），③8週間の浸透率データ（マーケットメイブン8週），の3種類のデータ間での予測精度を比較する。

予測精度の比較方法は，各データによる浸透率の予測値と実績値の平均平方誤差MSEの数値による比較を行う。MSEの計算式を式（2）に示す。

$$MSE = \frac{1}{T} \sum_{t=1}^{30} (X_t - \hat{X}_t)^2 \qquad (2)$$

ただし，T は30週間，X_t は t 週の浸透率の実績値，$\hat{X}_t$ は t 週の浸透率の予測値である。

まずマーケットメイブンの短期間のデータによる予測の有効性を確認する。

図1 マーケットメイブン・全購買者別および期間別データによる浸透率の推移
(実績値と予測値)

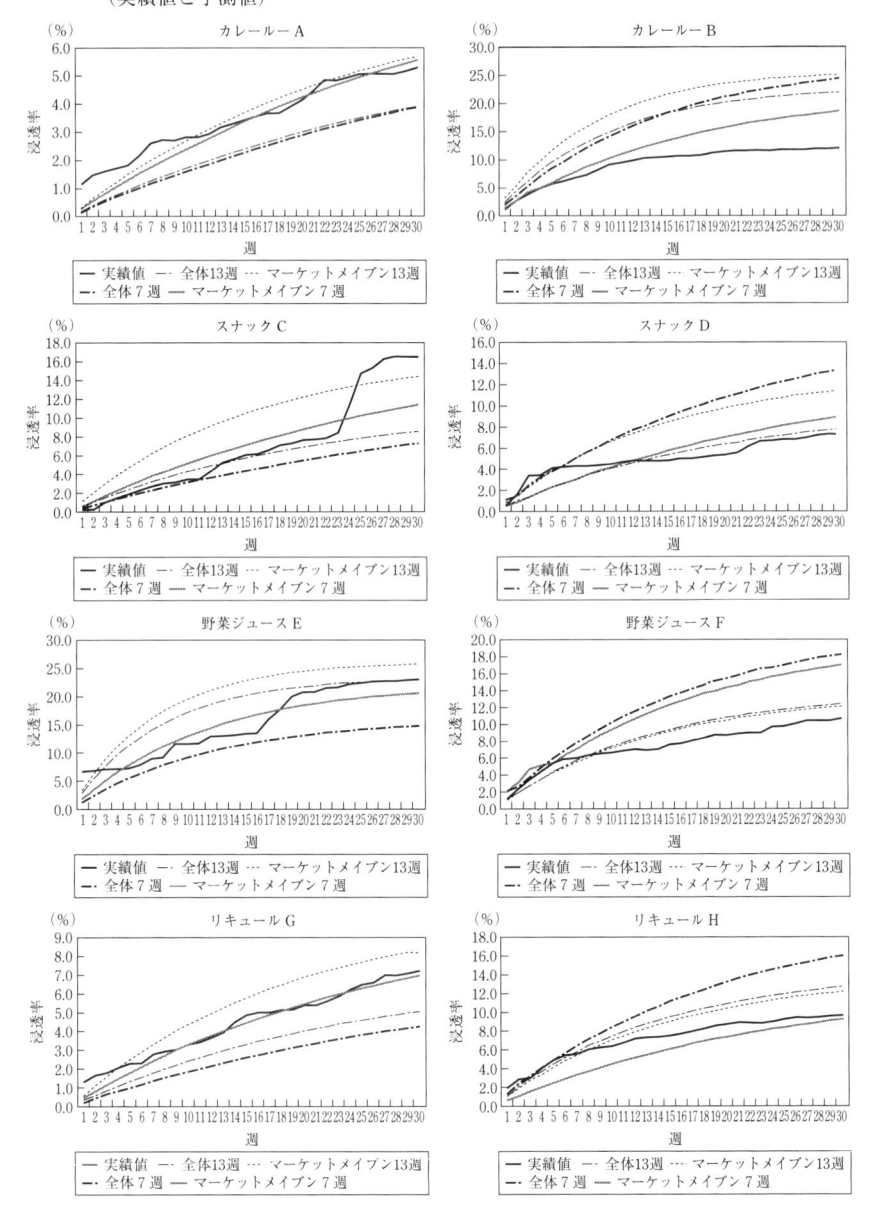

7.3 分析Ⅱ：マーケットメイブンの購買履歴による新製品トライアル購買の予測

表3　MSEによる予測精度の比較（全体-マーケットメイブン別期間別）

		マーケットメイブン7週	全体13週	マーケットメイブン13週	全体7週
30週超購買が継続されたアイテム	カレールーA	0.016	0.142	0.019	0.167
	スナックC	0.659	1.280	1.397	1.894
	野菜ジュースE	0.533	1.579	3.519	3.201
	リキュールG	0.012	0.200	0.121	0.425
30週以内に購買が終了されたアイテム	カレールーB	1.413	5.582	10.723	6.607
	スナックD	0.152	0.075	1.020	1.653
	野菜ジュースF	2.070	0.264	0.218	2.991
	リキュールH	0.195	0.350	0.234	1.401
対象アイテム平均値		0.631	1.184	2.156	2.292

①マーケットメイブンによる7週間の浸透率データ（マーケットメイブン7週），②マーケットメイブンによる13週間の浸透率データ（マーケットメイブン13週），③全購買者による13週間の浸透率データ（全体13週），④全購買者による7週間の浸透率データ（全体7週），の4種類のデータを適用した対象アイテム別の予測値と実績値の推移を図1に示す。分析対象アイテムのうち，アイテムA，C，E，Gは新製品として店頭配荷後30週超の購買継続がされたものである。一方，アイテムB，D，F，Hは30週以内で購買が終了されたものである。これを見ると，店頭配荷後30週超の購買継続がされているアイテムA，C，E，Gでは，マーケットメイブン7週による予測値が全体7週による予測値よりも常に高い状態で推移している。一方，30週以内で購買が終了されているアイテムB，D，F，Hでは，マーケットメイブン7週による予測値が全体7週による予測値よりも常に低い状態で推移している。

またこれらの予測値と実績値のMSEを表3に示す。この結果から，マーケットメイブン7週のMSEが対象8アイテム中6アイテムにおいて最小の値となっている上，対象8アイテムのMSEの平均値も4種類のデータの中で最小値となっている。したがって，マーケットメイブン7週のデータは，全体7週，全体13週，マーケットメイブン13週のデータに比べて予測の精度が優れている

194   7 情報発信型消費者と新製品トライアル購買予測

表4 MSEによる予測精度の比較 (マーケットメイブン期間別)

		マーケットメイブン 7週	マーケットメイブン 6週	マーケットメイブン 8週
30週超購買が継続されたアイテム	カレールーA	0.016	0.110	0.038
	スナックC	0.659	0.696	0.633
	野菜ジュースE	0.533	2.877	0.503
	リキュールG	0.012	0.033	0.035
30週以内に購買が終了されたアイテム	カレールーB	1.413	8.434	3.235
	スナックD	0.152	20.646	6.238
	野菜ジュースF	2.070	3.913	1.306
	リキュールH	0.195	0.543	0.116
対象アイテム平均値		0.631	4.656	1.513

ことになる。

次に短期間の設定として7週間とすることへの妥当性を確認する。マーケットメイブン7週と,マーケットメイブン6週間のデータ(マーケットメイブン6週),同8週間のデータ(マーケットメイブン8週)を適用した時の予測値と実績値のMSEを表4に示す。この結果から,マーケットメイブン7週のMSEが対象8アイテム中4アイテムにおいて最小の値となっているが,MSEが最小値となるアイテム数がマーケットメイブン8週のデータと同じ状況である。ただし,対象8アイテムのMSEの平均値を見ると,マーケットメイブン7週が最小値となっている。したがって,短期間の設定として7週間とすることは,予測の精度面で最も優れていることになる。

7.4 考　察

本章では,分析Ⅰとして,マーケットメイブンの新製品トライアル購買の特徴分析を,分析Ⅱとして,マーケットメイブンの購買履歴を適用した新製品トライアル購買の予測を行った。

まずマーケットメイブンの新製品トライアル購買の特徴分析では,購買者全

体の週別浸透率とマーケットメイブンの週別浸透率の推移の比較を行った。その結果，30週超の購買継続がされているアイテムでは，購買者全体の浸透率に比べてマーケットメイブンの浸透率が高い傾向にあることがわかった。この結果より，購買が継続される新製品は，マーケットメイブンによる浸透率が高いことと，購買が早期に終了される新製品は，マーケットメイブンによる浸透率が低いという2つの仮説が支持されることとなった。Steenkamp and Gielens (2003) は，マーケットメイブンは新製品へのトライアル購買確率が高いことを指摘しているが，分析Iの結果より，マーケットメイブンの浸透率の高低と新製品の購買継続の成否の間に関係があることが明らかになった。また購買終了されたアイテムは，新製品発売後第7週目を境にマーケットメイブンと全購買者との間の浸透率の差分が横ばいまたは縮小傾向にあることがわかった。このことから，新製品発売後第7週目までのマーケットメイブンの浸透率の状態が，新製品の購買継続の成否のターニングポイントになる可能性があることを指摘した。

次にマーケットメイブンの購買履歴を適用した新製品トライアル購買の予測では，新製品の浸透率と購買継続の成否は，新製品発売後第7週目までのマーケットメイブンの浸透率の状態で説明できるという仮説の下，全購買者とマーケットメイブンとの比較と，13週間と7週間との比較を行った。その結果，まず店頭配荷後30週超の購買継続がされているアイテムでは，マーケットメイブン7週による予測値が全体7週による予測値よりも常に高い状態で推移している。一方，30週以内で購買が終了されているアイテムでは，マーケットメイブン7週による予測値が全体7週による予測値よりも常に低い状態で推移していることがわかった。これは，マーケットメイブンと購買者全体の浸透率の予測値の高低によって，新製品の今後の購買継続の成否を判別することができることを示唆している。

また予測値の精度では，マーケットメイブン7週のMSEが最も小さい値を示しており，マーケットメイブンの浸透率を基に予測を行うと，従来予測に適用してきた期間より短いデータで精度の高い予測が可能となることが明らかに

なった。逆に，従来の適用期間であるマーケットメイブン13週の MSE は高い値を示している。これは，マーケットメイブンは，短期間の購買履歴で高い精度の予測ができることから，予測に適用する期間を長くしてしまうと，逆に予測数値が大きく見積もられてしまう傾向にあることを示していると言える。

7.5　本章のまとめ

　本章では，マーケットメイブンという一部の限定された消費者の新製品トライアル購買傾向から，新製品の今後の販売成否を予測することと，先行研究において予測に必要とされる実績期間よりも短期間のデータを基に傾向を判定することを試みた。具体的には，究極のトライアル購買率を測定する Parfitt & Collins（1968）のモデルを基礎に，予測に用いる購買履歴データを構成する消費者サンプルをマーケットメイブンに限定することによって精度を向上させるというアプローチを採用した。その結果，次の2点の知見を得ることができた。

　第1に，マーケットメイブンと購買者全体の浸透率の予測値の高低によって，新製品の今後の購買継続の成否を判別できることが明らかになった。

　第2に，マーケットメイブンの浸透率を基に予測を行うと，従来予測に適用してきた期間より短いデータで精度の高い予測が可能となる。具体的には，マーケットメイブンの新製品発売後第7週目までのデータは，最も予測精度が高いことが明らかになった。

　新製品の需要予測に関する研究では，予測の精度を高めるためのアプローチとして，店頭でのプロモーションをはじめとしたマーケティング変数の考慮やパラメータの推定方法の高度化に関する議論が多い。しかし本章から得られた知見は，予測の精度を向上させる上で，消費者サンプル全部で適用すればよいというものではなく，予測に適用する消費者サンプルを選別し，精緻化する必要があることを示唆していると言えよう。

　本章の分析では，マーケットメイブンの新製品トライアル購買率が高いと新製品として順調な成長を見せることが明らかになったが，マーケットメイブン

に新製品を購買してもらうためには，店頭においてどのようなコミュニケーションを展開すればよいのであろうか。特にカテゴリー内に強力な既存ブランドがある中，マーケットメイブンに既存ブランドからスイッチさせることが新製品の育成上重要となるものと考えられる。そこで次の8章では，マーケットメイブンの新製品購買を促すような店頭コミュニケーションの展開要件について検討していきたい。

(1) 本章は，吉田秀雄記念事業財団委託研究「2020年のマーケティング・コミュニケーション」の初年度（平成23年度）報告書の一部（寺本担当箇所）および Teramoto, T., A. Shimizu (2012), Prediction of Trial Purchase of New Product Based on Purchase History of Market Mavens, *2012 INFORMS Marketing Science Conference* を加筆修正したものである。
(2) Kotler, P. (2000), *Marketing Management*, The Millenium Edition, Prentice Hall.
(3) Feick, L. F., L. L. Price (1987), The Market Maven: A Diffuser of Marketplace Information, *Journal of Marketing*, 51 (1), 83-97.
(4) Steenkamp, J. E. M., K. Gielens (2003), Consumer and Market Drivers of the Trial Probability of New Consumer Packaged Goods, *Journal of Consumer Research*, 30 (3), 368-384.
(5) Wind, Y. J., V. Mahajan, R. C. Cardozo (1981), *New Product Forecasting : Models and Applications*, Lexington Books.
(6) Lilien, G. L., P. Kotler, K. S. Moothy (1992), *Marketing Models*, Prentice Hall.
(7) Fader, P. S., B. G. S. Hardie, C. Huang (2004), A Dynamic Changepoint Model for New Product Sales Forecasting, *Marketing Science*, 23 (1), 50-65.
(8) 片平秀貴 (1988),『マーケティング・サイエンス』, 東京大学出版会。
(9) 中村 博 (2001),『新製品のマーケティング』, 中央経済社。
(10) Blattberg, C. R., J. Golanty (1978), Tracker: An Early Test Market Forecasting and Diagnostic Model for New Product Planning, *Journal of Marketing Research*, 15 (May), 192-202.
(11) Silk, A. J., G. L. Urban (1978), Pre-Test Market Evaluation of New Packaged Goods: A Model and Measurement Methodology, *Journal of Marketing Research*, 15 (May), 171-191.
(12) Parfitt, J. H., J. K. Collins (1968), Use of Consumer Panels for Brand Share Prediction, *Journal of Marketing Research*, 5 (May), 131-146.
(13) Eskin, G. J. (1973), Dynamic Forecasts of New Product Demand Using A Depth of Repeat Model, *Journal of Marketing Research*, 10 (May), 115-129.
(14) Nakanishi, M. (1973), Advertising and Promotion Effects on Consumer Response to New Products, *Journal of Marketing Research*, 10 (Aug), 242-249.
(15) Pringles, L. G., R. D. Wilson, E. I. Brody (1982), NEWS: A Dicision-Oriented

Model for New Product Analysis and Forecasting, *Marketing Science*, 1 (1), 1-29.
(16) 杉田善弘，中村 博，田島博和（1993），「非集計レベルのデータを用いた新製品トライアル購買モデル」，『マーケティング・サイエンス』，第2巻第1号，32-45。
(17) Fader, P. S., B. G. S. Hardie, C. Huang (2004)，前掲論文。
(18) Feick, L. F., L. L. Price (1987)，前掲論文。
(19) Moorthy, S., H. Zhao (2000), Advertising Spending and Perceived Quality, *Marketing* Letters, 11 (3), 221-233.
(20) Feick, L. F., L. L. Price (1987)，前掲論文。

8 情報発信型消費者の
　　店頭コミュニケーション反応[1]

本章では，口コミの発信元である情報発信型消費者の中でも，6章と7章で扱ったマーケットメイブンが既存製品から新製品にスイッチ購買する際の店頭コミュニケーションへの反応状況について明らかにする。

マーケットメイブンは，新製品が発売されてからのトライアル購買が他の消費者に比べて早い（Steenkamp and Gielens, 2003）[2] という特徴が見られ，その特徴を受けて7章では，マーケットメイブンの新製品トライアル購買傾向から，新製品の今後の販売成否を予測することと，予測に必要とされる実績期間よりも短期間のデータを基に傾向を判定することを試みた。その結果，マーケットメイブンの新製品トライアル購買率が高いと新製品として順調な成長を見せることが明らかになったが，マーケットメイブンに新製品を購買してもらうための，店頭でのブランド・コミュニケーション方法を検討することが次の課題として考えられよう。

本章では，このような問題意識の下，既存製品から新製品にスイッチする際の店頭コミュニケーションへの反応状況について，マーケットメイブンと一般消費者との間での差異を明らかにする。

8.1　ブランドスイッチの影響要因に関する先行研究

ブランドスイッチの影響要因に関する研究は，①消費者のプロフィールの観点による影響，②消費者の行動特性の観点による影響，③対象ブランドの製品特性の観点による影響，の3つに整理できる。

①消費者のプロフィールの観点による影響の研究例として，Gönul and Srinivasan（1997）は，消費者の収入や教育水準の差異とブランドスイッチの関係を示している。彼らは，おむつカテゴリーのA，B，Cの3ブランドの購

買履歴データと対象消費者のプロフィール情報を適用し，値引きやクーポンによる影響のほかに，収入や教育水準の影響を識別する分析を行っている。その結果，A, B, Cの3ブランドの中において，ブランドスイッチの際に値引きの影響やクーポンの影響を受けるブランドの組み合わせは様々であるが，収入が低い消費者ほどブランドスイッチをしやすいこと，教育水準とブランドスイッチ行動には関係がないこと，が明らかになっている[3]。また Sloot and Verhoef（2008）はインターネット調査パネルを用い，性や年齢とブランドスイッチ意向の関係を分析しているが，彼らの結果によると，性や年齢の差異はブランドスイッチ意向には関係のないことが示されている[4]。

②消費者の行動特性の観点による影響の研究例として，McAlister et al.（1982）や Lattin（1987）によるバラエティ・シーキング行動のモデル化が挙げられる。彼らは，当該ブランドの購買が次回の購買機会において他のブランドにスイッチし，当該ブランドの購買確率が低下することをバラエティ・シーキングと捉えた上で，ブランドレベルでのバラエティ・シーキング行動を測定している[5]。また Ailawadi et al.（2007）はブランドスイッチと買い溜め（ストック）の関係を示している。彼らは，ヨーグルトカテゴリーとケチャップカテゴリーを対象に，プロモーション時の購買増分の中にブランドスイッチが占めている比率と，前回のプロモーションによるストックの影響分の比率を算出している。その結果，ヨーグルトカテゴリーではプライベート・ブランドが，ケチャップカテゴリーではハインツが他のブランドに比べてブランドスイッチの比率が低く，その背景として，前回のプロモーション時にストック購買の比率が高かったことが明らかになっている[6]。

③対象ブランドの製品特性の観点による影響の研究例として，Sloot and Verhoef（2008）が挙げられる。彼らは，インターネット調査パネルを用いて様々な条件下でのブランドスイッチ意向について聴取している。その条件として，プライベート・ブランドとナショナル・ブランド，カテゴリー内の品揃えアイテム数の大小，高品質ブランドの品揃えの大小，快楽的特徴の強弱，カテゴリー内のブランド増殖状況，プロモーション実施頻度の大小を取り上げてい

る。その結果，ブランドスイッチされやすい製品特性として，プライベート・ブランドであること，カテゴリー内の品揃えアイテム数が多いこと，快楽的特徴の弱い製品であること，ブランド増殖が多いカテゴリーの製品であること，プロモーション実施頻度の大きい製品であること，が明らかになっている[7]。

以上，ブランドスイッチの影響要因に関する先行研究をレビューした。ブランドスイッチの影響要因については多くの知見が見られるが，消費者のプロフィールの観点によるものは，性・年齢による差異（Sloot and Verhoef, 2008）[8]や収入・教育水準の差異（Gönul & Srinivasan, 1997）[9]に留まっており，マーケットメイブンのように情報発信力の有無との関係については明らかになっていない。

本章では，この点を踏まえ，既存製品から新製品にスイッチする際のプロモーション反応について，マーケットメイブンと一般消費者との間での差異を明らかにする。

8.2 仮　説

ここでは，既存製品から新製品にスイッチする際のプロモーション反応について，マーケットメイブンと一般消費者との間での差異に関する仮説を構築する。

まず，マーケットメイブンは，多くの種類の製品や店舗などのマーケットに関する情報を持ち，人々が欲する情報に対して返答できる人（Feick and Price, 1987）[10]であることから，店頭で新製品を購買する際には，価格だけでなく，それ以外の様々な要素を勘案して意思決定を行うことが想定される。したがってマーケットメイブンは，一般消費者に比べ，新製品と競合既存製品の間の価格差がなくても新製品を購買する傾向にあることが考えられる。

この点を踏まえ，次の仮説を設定する。

仮説1：マーケットメイブンは，新製品と競合既存製品の価格差に対する反応

度が低い。

　また前述のように，マーケットメイブンは，店頭で新製品を購買する際には，様々な要素を勘案して意思決定を行うことが想定されるが，意思決定に影響を与える要素の1つとして，店頭での特別陳列が挙げられる。現にマーケットメイブンは新製品の特別陳列に強く反応する（Steenkamp and Gielens, 2003）[11]し，メディアに対して積極的である（Price *et al*., 1988）[12]ことから，マーケットメイブンは一般消費者に比べて店頭での製品の情報提供を重視していることが想定される。さらにマーケットメイブンは，新製品のトライアル購買確率が高いこと（Steenkamp and Gielens, 2003）[13]から，新発売であることに高い関心を持っており，競合となる既存製品が特別陳列されていても，新製品の方を購買する確率が高いことが想定される。

　これらの点を踏まえ，以下の仮説を設定する。

仮説2-1：マーケットメイブンは，一般消費者よりも，新製品の特別陳列反応度が高い。
仮説2-2：マーケットメイブンは，競合既存製品の特別陳列状況に関係なく新製品を購買する。

8.3　分析方法

　前節で設定した仮説を確認するための分析モデルを構築する。二項ロジスティック回帰モデルを基礎に，マーケットメイブンのパラメータの差を識別するモデルを適用する。分析モデルを式（1）に示す。

8.3 分析方法

$$\log \frac{P(Y_{ht}=1)}{1-P(Y_{ht}=1)} = \alpha + \beta(PR_{ht} - COMPR_{ht}) + \beta_m(PR_{ht}^m - COMPR_{ht}^m) \\ + \gamma SD_{ht} + \gamma_m SD_{ht}^m + \delta COMSD_{ht} + \delta_m COMSD_{ht}^m$$

(1)

ここで，$P(Y_{ht}=1)$：消費者 h が購買機会 t 期において新製品を購買する確率，PR_{ht}：消費者 h の購買機会 t 期における新製品の価格掛け率変数，$COMPR_{ht}$：消費者 h の購買機会 t 期における競合既存製品の平均価格掛け率変数，PR_{ht}^m：マーケットメイブン m に所属する消費者 h が購買機会 t 期における新製品の価格掛け率変数，$COMPR_{ht}^m$：マーケットメイブン m に所属する消費者 h の購買機会 t 期における競合既存製品の平均価格掛け率変数，SD_{ht}：消費者 h の購買機会 t 期における新製品の特別陳列変数，SD_{ht}^m：マーケットメイブン m に所属する消費者 h の購買機会 t 期における新製品の特別陳列変数，$COMSD_{ht}$：消費者 h の購買機会 t 期における競合既存製品の特別陳列変数，$COMSD_{ht}^m$：マーケットメイブン m に所属する消費者 h の購買機会 t 期における競合既存製品の特別陳列変数，α は固有パラメータ，β は新製品・競合既存製品間の価格差への反応の基準パラメータ，β_m は β に対するマーケットメイブン m の差分パラメータ，γ は新製品の特別陳列反応の基準パラメータ，γ_m は γ に対するマーケットメイブン m の差分パラメータ，δ は競合既存製品の特別陳列反応の基準パラメータ，δ_m は δ に対するマーケットメイブン m の差分パラメータ，をそれぞれ示す．

本研究の分析には，日本の首都圏に立地するスーパーマーケット A 店を利用している購買者パネルの購買履歴データおよび A 店での店頭コミュニケーション実施履歴データを適用する．また 6 章と 7 章と同様に，購買者パネルの中からマーケットメイブンを特定するために，スーパーマーケット A 店を利用している購買者パネル977名に聴取したライフスタイル調査結果を用いる．この調査では「情報収集行動」に関する12項目と「情報発信と購買意思決定行動」に関する14項目の中から自分自身の行動・考えに該当する項目を選択してもらう方式を採っている．マーケットメイブンは，製品に関する情報収集や活

用が積極的であること（Feick and Price, 1987 ; Price et al., 1988)[14]，知名集合，処理集合，保留集合のサイズが大きいこと（Elliott et al., 1993)[15]や技術に対する親近感が強いこと（Geissler et al., 2005)[16]という過去の先行研究から得られた特性を踏まえ，①メディアや口コミによる情報収集行動と，②情報発信と購買意識決定行動という2つの観点による測定項目を用いることが適切であると捉えた。

これらの項目の回答数を基に，「情報収集行動」6項目以上，かつ「情報発信と購買意思決定行動」7項目以上（該当率各50％以上）の消費者を「マーケットメイブン」と設定する。これらの分類に基づくと，マーケットメイブンは294名となり，購買者パネル全体に占める比率は30.1％となる。Feick and Price（1987）におけるマーケットメイブンの比率は31.7％であり[17]，過去の研究でも概ね30％前後の水準となっていることから，本章での比率も妥当な水準であると言える。

分析対象カテゴリーは野菜ジュースとビール系リキュールの2カテゴリーである。分析対象製品は，野菜ジュースについては2007年2月に発売された新製品Aと競合既存製品C，Dとし，ビール系リキュールについては2008年3月に発売された新製品Bと競合既存製品E，Fとする。分析対象期間は，それぞれの新製品の発売後6ヵ月とする。

8.4　分　析　結　果

本章の分析結果を表1に示す。新製品と競合既存製品間の価格掛け率差の基準パラメータ β を見ると，野菜ジュースでは−12.850，ビール風リキュールでは−20.325であり，共に有意となっている。これは，一般消費者は新製品の価格が競合既存製品に比べて低く，かつその差が大きいほど新製品の選択確率が高くなることを意味している。つまり，野菜ジュースとビール風リキュール共に，一般消費者が新製品を選択する際に，競合既存製品との価格差への反応度が高いことを示している。ただし，マーケットメイブンにおける新製品と競合

8.4 分析結果

表1 パラメータの推定結果

	野菜ジュース	ビール風リキュール
新製品・既存製品間価格掛け率差（一般消費者）：β	-12.850***	-20.325**
新製品・既存製品間価格掛け率差（マーケットメイブン）：β_m	2.981*	2.108*
新製品特別陳列（一般消費者）：γ	1.434***	1.281**
新製品特別陳列（マーケットメイブン）：γ_m	-0.247	1.176*
既存製品特別陳列（一般消費者）：δ	-0.058	-2.280***
既存製品特別陳列（マーケットメイブン）：δ_m	0.375	1.880***
Cox & Snell R^2	0.490	0.176
Nagelkerke R^2	0.678	0.250

*** 1％水準，** 5％水準，* 10％水準

既存製品間の価格掛け率差の差分パラメータ β_m は，野菜ジュースでは2.981，ビール風リキュールでは2.108であり，共に有意となっており，マーケットメイブンは新製品を選択する際に，一般消費者に比べて価格差への反応度が低いことを示している。この結果より，「仮説1：マーケットメイブンは，新製品と既存競合製品の価格差に対する反応度が低い」は支持された。

次に，新製品の特別陳列の基準パラメータ γ を見ると，野菜ジュースでは1.434，ビール風リキュールでは1.281であり，共に有意となっている。これは，一般消費者は新製品が店頭で特別陳列されていると，それに反応して購買することを示している。ただし，マーケットメイブンにおける新製品の特別陳列の差分パラメータ γ_m を見ると，野菜ジュースでは有意とならず，ビール風リキュールでは1.176で有意となっている。これは，マーケットメイブンはビール風リキュールの新製品が特別陳列をされていると，一般消費者以上に強く反応して購買することを示している。この結果より，「仮説2-1：マーケットメイブンは，新製品の特別陳列反応度が高い」は，野菜ジュースでは不支持，ビール風リキュールでは支持ということから，一部支持ということとなった。

さらに，競合既存製品の特別陳列の基準パラメータ δ を見ると，野菜ジュースでは有意とならず，ビール風リキュールでは-2.280で有意となっている。

これは，一般消費者はビール風リキュールの競合既存製品が特別陳列をされていると，その競合既存製品を購買することを示している。ただし，マーケットメイブンにおける競合既存製品の特別陳列の差分パラメータ δ_m を見ると，野菜ジュースでは有意とならず，ビール風リキュールでは1.880で有意となっている。これは，マーケットメイブンは競合既存製品が特別陳列されていても，一般消費者に比べて反応せず，新製品を購買することを示している。この結果より，「仮説2-2：マーケットメイブンは，競合既存製品の特別陳列状況に関係なく新製品を購買する」は，野菜ジュースでは不支持，ビール風リキュールでは支持ということから，一部支持ということとなった。

8.5 考　察

ここでは，野菜ジュースとビール風リキュールの2つのカテゴリーを対象に分析したマーケットメイブンの店頭コミュニケーション反応度の差異について，小売店頭でのマーケティング施策への示唆と関連付けて考察する。

まずマーケットメイブンは新製品を選択する際に，一般消費者に比べて競合既存製品との価格差への反応度が低いことが明らかになった。これは，マーケットメイブンは一般消費者に比べて競合既存製品との価格差になびかずに新製品を購買していることになる。マーケットメイブンは新製品を購買する際，価格以外の様々な要素を重視する傾向にあることが想定される。したがって，マーケットメイブンのような情報発信力のある消費者に対し，価格に依存した店頭コミュニケーションでは，既存競合製品から新製品へのスイッチ購買を促すことが難しいという示唆を得ることができる。

次にマーケットメイブンは新製品が特別陳列をされていると，一般消費者以上に強く反応して購買することが明らかになった。さらに競合既存製品が陳列されていても，マーケットメイブンはそれを購買せず，新製品の方を購買する傾向が強いことも明らかになった。ただし，これらの傾向は，ビール風リキュールでは支持されたが，野菜ジュースの新製品では支持されなかった。この要

因としてカテゴリー間における店頭での特別陳列の実施頻度の違いやカテゴリー内でのブランド・コミットメントの強いブランド数の差異などが関係してくることが考えられる。しかしビール風リキュールでの傾向を見る限り，新製品の特別陳列によって，情報発信力の強いマーケットメイブンの購買を一般消費者以上に促進することができよう。

8.6 本章のまとめ

　本章では，マーケットメイブンが既存製品から新製品にスイッチ購買する際の店頭コミュニケーションへの反応状況について明らかにした。具体的には，次の知見を抽出することができた。

　第1に，マーケットメイブンは一般消費者に比べて競合既存製品との価格差になびかずに新製品を購買することが明らかになった。

　第2に，マーケットメイブンは新製品が特別陳列をされていると，一般消費者以上に強く反応して購買することが明らかになった。さらに競合既存製品が陳列されていても，マーケットメイブンはそれを購買せず，新製品の方を購買する傾向が強いことも明らかになった。

　本章の知見から，一般消費者とマーケットメイブンとの間では，既存製品から新製品にスイッチ購買する際の店頭コミュニケーションの要件が異なることが明らかになった。消費財メーカーが新製品の販売を着実に軌道に乗せ，ブランドとして育成していくためには，口コミなどの情報発信力の強いマーケットメイブンを購買者として取り込んでいくことが必要だと考えられる。ただし，マーケットメイブンのスイッチ購買を促すためには，新製品の価格コミュニケーションだけでなく，着実に店頭で露出することをセットで考えていく必要があることをこの知見は示唆していると言えよう。

(1) 本章は，吉田秀雄記念事業財団委託研究「2020年のマーケティング・コミュニケーション」の初年度（平成23年度）報告書の一部（寺本担当箇所）および寺本 高 (2012)，

「マーケットメイブンの新製品スイッチ購買時のプロモーション反応」,『市場創造研究』, 第1巻第1号, 29-33, Teramoto, T. (2012), Reaction of Information Leaders to Promotion When Switching to a New Product, *2012 KSMS Global Marketing Conference* を加筆修正したものである。
(2) Steenkamp, J. E. M., K. Gielens (2003), Consumer and Market Drivers of the Trial Probability of New Consumer Packaged Goods, *Journal of Consumer Research*, 30 (3), 368-384.
(3) Gönul, F. F., K. Srinivasan (1997), A Dynamic Model of Repeat Purchase and Brand Switching Behavior in a Consumer Products Category, *Journal of Retailing and Consumer Services*, 4 (3), 185-191.
(4) Sloot, L. M., P. C. Verhoef (2008), The Impact of Brand Delisting on Store Switching and Brand Swithing Intension, *Journal of Retailing*, 84 (3), 281-296.
(5) McAlister, L., E. Pessimier (1982), Variety-Seeking: An Interdisciplinary Review, *Journal of Consumer Research*, 9 (3), 311-322.および Lattin, J. M. (1987), A Model of Balanced Choice Behavior, *Marketing Science*, 6 (1), 48-65.
(6) Ailawadi, K. L., K. Gedenk, C. Lutzky, S. A. Neslin (2007), Decomposition of the Sales Impact of Promotion-Induced Stockpiling, *Journal of Marketing Research*, 44 (3), 450-467.
(7) Sloot, L. M., P. C. Verhoef (2008),前掲論文。
(8) Sloot, L. M., P. C. Verhoef (2008),前掲論文。
(9) Gönul, F. F. and K. Srinivasan (1997),前掲論文。
(10) Feick, L. F., L. L. Price (1987), The Market Maven: A Diffuser of Marketplace Information, *Journal of Marketing*, 51 (1), 83-97.
(11) Steenkamp, J. E. M., K. Gielens (2003),前掲論文。
(12) Price, L. L., L. R. Feick, A. Guskey-Federouch (1988), Couponing Behavior of the Market Maven: Profile of a Super Couponer, *Advances in Consumer Research*, 15, 354-359.
(13) Steenkamp, J. E. M., K. Gielens (2003),前掲論文。
(14) Feick, L. F., L. L. Price (1987),前掲論文および Price, L. L., L. R. Feick, A. Guskey-Federouch (1988),前掲論文。
(15) Elliot, M. T. and A. E. Warfield (1993), Do Market Mavens Categorize Brands Differently?, *Advances in Consumer Research*, 20 (1), 202-208.
(16) Geissler, G. L. and S. W. Edison (2005), Maket Mavens' Attitude Towards General Technology: Implications for Marketing Communications, *Journal of Marketing Communications*, 11 (2), 73-94.
(17) Feick, L. F., L. L. Price (1987),前掲論文。

9　店頭コミュニケーションと
　　　ブランド・ライフサイクル[1]

　3章から5章までは態度形成について、6章から8章までは情報共有について、それぞれ店頭でのブランド・コミュニケーションとの関係について述べてきた。店頭コミュニケーションを通じてブランドに対する態度形成と情報共有がうまく機能することにより、新製品として発売されたブランドはロングセラーとして成長していくことが期待できる。

　そこで本章では、新製品として店頭で発売されてからロングセラーとして定着するまでの店頭コミュニケーションの道筋を明らかにする。特に近年、スーパーマーケットをはじめとした小売業では、価格に依存した販売促進を展開する傾向が続いている。このような販売促進活動は消費者の参照価格をはじめとした商品ブランドに対する評価の低下を招き、商品ブランドのライフサイクルの短縮化を促していると見られる。寺本（2008）では、主要チェーン小売業11店舗のPOSデータを基に、1997年、1999年、2001年、2003年に発売された新発売商品の残存期間（1年未満、2～4年、5年以上）別の商品アイテム数構成比の推移を示している[2]。その結果から新商品アイテムの残存期間の短縮化が進行しており、ロングセラー・ブランドとして市場に持続する商品アイテムが少なくなっていることが指摘されている[3]。商品ブランドを市場に投入するメーカーとしては、このようなライフサイクルの短縮化に歯止めをかけ、ロングセラーとしてブランドを育成するような販売方法を検討することが課題となっていると言えよう。

　本章では、このような問題意識の下、店頭でのブランド・コミュニケーションとブランド・ライフサイクルの関係について定量的に捉え、新製品をロングセラーとして育成していくための店頭展開要件を抽出する。

210　9　店頭コミュニケーションとブランド・ライフサイクル

9.1　ロングセラー・ブランドに関する先行研究のレビュー

　ロングセラー・ブランドとは，上原・福田（1995）によると，「長い期間にわたって市場に存在し，なおかつ収益を得ているブランド」を指す[4]。ここでの「長い期間」とは具体的に「5年以上」と捉えられている。

　ブランドの小売店頭での販売展開方法とロングセラー化の関係について捉えることを考えた場合，ロングセラー化によって影響を受ける関係者はメーカー，小売業，消費者の3者に分けることができる。またその影響の受け方として，（1）ロングセラー化によるメリット，（2）ロングセラー化の要件，（3）ロングセラー化の阻害要因，（4）ロングセラー化の阻害によるデメリット，の4つの要素が考えられる。本節では，ロングセラー・ブランドに関する先行研究について，これら3者の立場と4つの要素から整理を行った上で，先行研究の課題を提示する。

◆メーカーの立場による研究
（1）ロングセラー化によるメリット

　Aaker（1991）は，ブランド・エクイティ（資産）の形成のメリットとして，「露出と経験が増大するにつれて，時と共に強大になっていく」，「広告支援が打ち切られたとしても認知水準が高く維持される傾向にある」ことを指摘している[5]。同じくブランド・エクイティのベネフィットとしてKeller（1998）は，「強いロイヤルティと，競争や危機への強い抵抗力」，「大きなマージン」，「マーケティング・コミュニケーション効果の増大」，「ブランド拡張機会の増加」等を指摘している[6]。

（2）ロングセラー化の要件

　上原・福田（1995）は，新聞記者によるブランド評価を基に，「差別化製品の先発的市場導入」，「製品コンセプトの明確化，不変化，品質安定化」，「製品

の複雑性の排除」,「消費者の変化に合わせた改良・変更」,「同一コンセプトのもとで製品バリエーションをつける」,「シェアの拡大・製品の露出度向上」の6点を指摘している[7]。石井(1995)は,特定ブランドのケース分析を基に,「顧客とのコミュニケーションを常に新鮮に保つ」ことを指摘している[8]。青木(1998)もケース分析を基に,「ブランドの一貫性」,「拡張による市場適応」,「ブランドの革新性」,「ブランドの継続性」を挙げている[9]。蔡(2002)は,家具,バイク,自動車,冷蔵庫の商品カテゴリーを対象に,長寿命商品において消費者が高く評価している製品属性を抽出している。その結果,例えば家具では,「価格」,「材質」,「形状」,自動車では,「燃費」,「価格」,「デザイン」が要件として挙げられている[10]。

(3) ロングセラー化の阻害要因

Achenbaum(1992)は,マーケティング・マネジャーは実質的な消費者ニーズが存在しない製品ラインの拡張,ならびに無意味なブランド投入やイメージの一貫性を欠くブランド投入によるカテゴリー拡張を冒しがちである点を指摘している[11]。また山中(1991)は,開発者の担当商品が攻撃されたと感じた場合や営業から市場活性化の施策を強く請われた場合に製品ライン拡大への強い誘惑に駆られる点,「消費の多様化」という名目のもとに多品目化が正当化される点,マーケターが製品ライフサイクルの成長期や成熟期において製品ラインを拡大したくなる点の3点を指摘している[12]。

(4) ロングセラー化の阻害によるデメリット

新製品開発・市場導入に伴う流通コストの増加(Kurt Salmon Associates, Inc., 1994)[13],ブランドを投入するメーカーの商談能力の低下[14]が挙げられる。ブランドのロングセラー化が進まないと,メーカーの小売業向けセールス担当者は既存製品を中心とした商談ではなく,新製品の提案に依存した商談になる傾向にある。この依存状態が続くと,新製品の投入がないと商談を進められないという状態になり,取引先となる小売業の売場カテゴリーの課題解決に向け

た提案という形の商談からは程遠い状態になってしまうことが挙げられる。

◆小売業との関係による研究
(1) ロングセラー化によるメリット

　Montgomery (1978) は，ポジティブなイメージを有するブランドでは，在庫し，再注文し，そして陳列することに関する小売業者とのマーケティング交渉が迅速になる点を指摘している[15]。また上原・福田 (1995) は，「流通業者のパワー拡大に対して，メーカーはチャネル戦略上，独自のパワー資源を強化せざるを得なくなってきている中，その1つとしてロングセラーが有効な働きを担う」というように，ロングセラー・ブランドは，流通業者のバイイングパワーの拡大に対するパワーバランスの維持の役割であることを指摘している[16]。

(2) ロングセラー化の要件

　Keller (1998) はブランド・エクイティに貢献できるためのチャネル戦略として，インダイレクト・チャネルでは小売業者とのマーケティング・パートナーシップを構築し，具体的には「小売細分化活動」と「共同広告プログラム」の実施を提案している[17]。

(3) ロングセラー化の阻害要因

　小売業がPOSシステムの導入を1つの契機として，メーカーから小売業へパワーシフト (Fahy and Taguchi, 1995；Goldman, 1994；Larke, 1994；Lothia et al., 1999)[18] したことにより，品揃えの主導権がメーカーから小売業に移行してしまっている (住谷, 2000)[19] ことが挙げられる。特に，近年の小売業のマーチャンダイジング戦略では，新製品の導入を中心として商品を改廃することが重要な役割を果たしている状況である (中村, 2001；加藤, 2007)[20]。

(4) ロングセラー化の阻害によるデメリット

　陶山・後藤 (2007) はブランド・ロイヤルティの向上とストア・ロイヤルテ

ィの向上とは密接不可分の関係があることを示している[21]。また中村（2006）は小売業の優良顧客は特定カテゴリーの優良顧客と重複することから，小売業とメーカーのターゲットとなる顧客層は概ね一致することを示している[22]。陶山・後藤（2007）と中村（2006）の指摘は，ブランドのロングセラー化が進まないと，ブランド・ロイヤルティの向上が見込めず，それが結果として小売業におけるストア・ロイヤルティの向上も見込めなくなることを示唆している。

◆消費者との関係による研究
(1) ロングセラー化によるメリット

　Keller（1998）はブランド・エクイティのベネフィットとして価格プレミアムを得ることができる[23]とし，Simon（1979）は価格プレミアムを有するブランドの消費者は長期にわたり，価格上昇に対して非弾力的に反応し，価格下落や当該ブランドの値引きに対して弾力的に反応することを指摘している[24]。

(2) ロングセラー化の要件

　新製品の投入の成功という観点から捉えると，新製品投入後の消費者によるトライアル購買とリピート購買の水準が高いことが挙げられる（中村, 1991；杉田ら, 1993；坂下ら, 2009）[25]。また清水（2006a）は，対象ブランドをロングセラー・ブランド，売上上位ブランド，カテゴリー内売上トップブランドの3グループに分け，対象ブランドの特売時，エンド（特別陳列）時，チラシ掲載時の購買実績を3グループ間で比較している。その結果，売上上位ブランドは，エンドやチラシ，特売等，プロモーションでの購買割合の高い消費者に支持されているのに対し，ロングセラー・ブランドはそのような消費者に特別に支持されているわけではないことを指摘している[26]。

(3) ロングセラー化の阻害要因

　消費者の立場における要因として，バラエティ・シーキング（McAlister and Pessemier, 1982）[27]によるブランド間のスイッチ行動が挙げられる。この

スイッチ行動は,「過去に使用した銘柄に対する不満足の結果というよりは,むしろ飽きないしは新奇性欲求に基づくスイッチである」(青木, 1989)[28]と考えられている。また三浦(1998)は,日本の消費者の諸特徴として,製品瑕疵不許容,鮮度信仰,新奇性志向,過剰性選好の4点を挙げている[29]。

(4) ロングセラー化の阻害によるデメリット

　Supermarket Business (1994) は,消費者は新製品の"新"とか"一層良くなった"などのメッセージには騙されなくなっているというように,「新製品の認知度の低下」を指摘している[30]。また Kahn and McAlister (1997) は,本質的に見分けのつかない代替製品が多くなると,価格競争によって消費者は代替製品を抵抗なく試し買いすることになり,ますます製品間の差異が失われ,その結果としてブランド・ロイヤルティが次第に衰退するという,ロングセラー化が進まないことによる悪循環構造を指摘している[31]。

　以上のように,先行研究のレビューを通じて,メーカー,小売業,消費者の3者の立場から(1)ロングセラー化によるメリット,(2)ロングセラー化の要件,(3)ロングセラー化の阻害要因,(4)ロングセラー化の阻害によるデメリットの4つの影響要素として整理した。またこの3者の立場と4つの影響要素の関係のレビュー一覧を表1に示している。

　この整理の枠組みで示している通り,ブランドのロングセラー化に関する先行研究は,メーカー,小売業,消費者の3者の立場から議論がされており,その議論の内容についても,メリットに関するもの,要件に関するもの,阻害要因に関するもの,阻害によるデメリットに関するものに分けられることがわかったが,先行研究の課題として2点指摘できる。

　1点目は,ブランドが実際に購買される場である小売店頭での販売展開および店頭での購買者の反応の実態を基にした要件抽出が十分に行われていない点である。先行研究では,製品コンセプトや製品属性等の製品戦略面での指摘が中心となっており,店頭での売上規模やプロモーションの頻度,店頭露出展開量,さらには購買者の購買反応の水準など,店頭での売上実績,店頭での陳列

表1 ロングセラー化によって影響を受ける関係者とその影響要素のレビュー一覧

			ロングセラー化によって影響を受ける関係者		
			メーカー	小売業	消費者
ロングセラー化による影響要素	(1)	ロングセラー化によるメリット	Aaker（1991） Keller（1998）	Montgomery（1978） 上原・福田（1995）	Keller（1998） Simon（1979）
	(2)	ロングセラー化の要件	上原・福田（1995） 石井（1995） 青木（1998） 蔡（2002）	Keller（1998）	中村（1991） 杉田ら（1993） 清水（2006b） 坂下ら（2009）
	(3)	ロングセラー化の阻害要因	山中（1991） Achenbaum（1992）	Goldman（1994），Larke（1994），Fahy and Taguchi（1995），Lothia et al.（1999）住谷（2000），中村（2001），加藤（2007）	McAlister and Pessemier（1982） 三浦（1998）
	(4)	ロングセラー化の阻害によるデメリット	Kurt Salmon Associates, Inc.（1994）	中村（2006） 陶山・後藤（2007）	Supermarket Business（1994） Kahn and McAlister（1997）

状況・プロモーション展開，店頭での世帯購買者の購買行動面での要件指摘が十分でないことが挙げられる。

また，小売店頭での陳列・プロモーション展開の実態として，それらの効果を指摘した研究は多岐にわたり，その点を整理した研究として，シェルフ・ディスプレイの効果（田島・青木，1989）[32]，店頭プロモーションの売上効果（恩蔵・守口，1994）[33]，店頭プロモーションの消費者情報処理面での効果（清水，2006b）[34]等がある。しかしこれらの研究においても，ロングセラー・ブランドとして長期間にわたって市場に残存するための視点での知見の抽出は行われていない。

2点目は，ロングセラー・ブランドとして長期間にわたって市場に残存するための経年による視点が十分に考慮されていない点である。今でこそロングセ

ラー・ブランドと言われているが，新商品としての導入段階，さらには成長段階というライフサイクルの段階ごとにどういう売られ方がなされた結果，現在のロングセラーに至っているのかというように，ロングセラーとしての成功または失敗の道筋を考慮した知見の抽出が必要であると考えられる。その中でも清水（2006a）は，ロングセラー・ブランドの購買者の購買の特徴について，プロモーション時の購買状況から指摘している[35]ように，前述の1点目の課題を考慮した知見の抽出を試みているが，ロングセラー・ブランドとして長期間にわたって市場に残存するための視点での知見の抽出には至っていない点が課題として挙げられる。

9.2 仮 説

本章では，前項で指摘した課題の下，最寄品ブランドの小売店頭での販売展開とロングセラー化の関係について定量的に捉える上での仮説を提示する。ここでは，小売店頭での販売展開とロングセラー化の関係の視点として，前述の1点目の課題において指摘した，「店頭での売上実績」，「店頭での陳列状況・プロモーション展開」，「店頭での世帯購買者の購買行動」の3点を取り上げる。その際，前述の2点目の課題において指摘した，ブランドのライフサイクル段階ごとに前述の3つの視点を考慮する必要がある。したがって当該ブランドのライフサイクル段階の差異を踏まえた上で，これらの視点による仮説を以下に述べる。また仮説を整理したものを表2に示す。

まず，店頭での売上実績とロングセラーの関係についての仮説を検討する。清水（2006a）では，売上上位ブランドは，エンドやチラシ，特売等，プロモーションでの購買割合の高い消費者に支持されているのに対し，ロングセラー・ブランドはそのような消費者に特別に支持されているわけではないことが指摘されている[36]。また中村（2001）は，新製品のトライアル購買の際，通常価格で購買した消費者は，次回のリピート購買時においても通常価格で購買する確率が高いことを指摘している[37]。したがって，ロングセラーとして年々

表2 本章の仮説の一覧

		VS 高カテゴリー		VS 低カテゴリー	
		導入期	成長期	導入期	成長期
売上実績との関係	通常時売上数量	+	+	+	+
陳列状況・プロモーション展開との関係	特売比率	−	−	−	−
	平均値引率	−	−	−	−
	平均陳列フェース数	+	+	▲	▲
世帯購買者の購買行動との関係	世帯浸透率	+	+	+	+
	世帯内購買数量シェア	+	+	+	+

+:正の関係, −:負の関係, ▲:関係なし

残存を続けているブランドは，導入・成長過程において，通常価格時でも購買する消費者に支持され，通常価格の状態でも安定的に売上数量を確保できているものと考えられる。

これらの点を踏まえ，以下の仮説を設定する。

仮説1：ブランドの通常価格時の売上数量は当該ブランドの残存に正の影響がある。

次に，店頭での陳列状況・プロモーション展開とロングセラーの関係についての仮説を検討する。

Kalwani and Yim (1992) は，同水準の値引率に一定回数以上接触する，または一定水準以上の値引率に接すると，消費者の記憶の中の基準価格を指す参照価格が低下したまま，回復しないことを指摘している[38]。また中村 (2006) は，消費者の中で割安な参照価格が形成されてしまうと，売上を確保するためにさらに値引きをしなければならなくなり，結果として値崩れが発生し，ブランドの価値が損なわれていくことを指摘している[39]。これらの指摘の裏を返せば，ロングセラーとして年々残存を続けているブランドは，ブランドの売上に占める特売比率や平均値引率が抑制されていることが考えられる。

これらの点を踏まえ,以下の仮説を設定する。

仮説 2-1:ブランドの特売比率は当該ブランドの残存に負の影響がある。
仮説 2-2:ブランドの平均値引率は当該ブランドの残存に負の影響がある。

また渡辺(1991)は,バラエティ・シーキング性の高い商品を売場展開する際には,売場内での商品の露出が重要であることを指摘している[40]。したがって,ロングセラーとして年々残存を続けているブランドのうちバラエティ・シーキング性の高いブランドは,売場の棚における陳列フェース数を多く取る形で売場内にコンスタントに露出をしているものと考えられる。一方,バラエティ・シーキング性の低いブランドでは,売場内での露出の大小はロングセラーとしての残存には影響しないものと考えられる。

これらの点を踏まえ,以下の仮説を設定する。

仮説 2-3:バラエティ・シーキング性の高いブランドでは,陳列フェース数はブランドの残存に正の影響がある。
仮説 2-4:バラエティ・シーキング性の低いブランドでは,陳列フェース数はブランドの残存に影響がない。

さらに,店頭での世帯購買者の購買行動とロングセラーの関係についての仮説を検討する。

中村(1997)は,流通の店頭配荷率と売上金額の2軸を基にした新製品評価の枠組みを提示している。その中では,店頭配荷率が高く,かつ売上金額が高い新製品は「成功」と見なされている[41]。また竹内(2005)は,広告の投下量と店頭配荷率,売上の関係を示しており,その中では,店頭配荷率の高さと売上の大きさには正の有意な関係があることが実証されている[42]。つまり,商品の店頭配荷率が高いと,消費者のトライアル購買につながりやすくなり,それが商品の世帯浸透率の向上につながり,結果として当該商品の売上向上につ

ながることが考えられる。したがって，ロングセラーとして年々残存を続けているブランドは，導入段階，成長段階において，世帯浸透率が高いことが考えられる。

また清水（2006a）は，ロングセラー・ブランド，売上上位ブランド，カテゴリー売上トップブランドという3つのタイプのブランドの購買実績の比較の中で，ロングセラー・ブランドにはロイヤルユーザーが多数存在することを指摘している[43]。したがって，ロングセラーとして年々残存を続けているブランドは，導入段階，成長段階において，当該ブランドを集中的に購買するロイヤルユーザーに支持され続けていることが考えられる。

これらの点を踏まえ，以下の仮説を設定する。

仮説3-1：ブランドの世帯浸透率は当該ブランドの残存に正の影響がある。
仮説3-2：ブランドの世帯内購買数量シェアは当該ブランドの残存に正の影響がある。

9.3 分析方法

ここでは，ロングセラーとして市場に残存するための，ライフサイクルの段階ごとの要件抽出を行い，前節で提示した仮説の検証を行う。分析手法として，目的変数を1：残存，0：撤廃，とする二項ロジスティック回帰モデルを適用し，1年目残存するための要件，2年目残存するための要件，というように発売1年目から3年目までの年次ごとに分析を行い，各年次において残存に影響する項目を抽出する。その際，ライフサイクルの各段階の実績のみで評価するのではなく，例えば，2年目の残存要件を抽出する際，2年目の実績のみで説明するのではなく，1年目の実績も組み込んで評価するように，過去の実績も考慮して説明する必要がある。

分析サンプルは，2001年〜2003年に発売された加工食品15カテゴリーに属する3,226アイテム である[44][45]。ただし，2年目以降は残存したアイテムを対

表 3 店頭展開要素と説明変数，変数作成用データ

	説明変数名	変数作成用データ
売上実績との関係	通常時売上数量 PI	首都圏 2 店舗の POS データ
陳列状況・プロモーション展開との関係	特売比率（数量基準）	首都圏 2 店舗の POS データおよびコーザル（販促・陳列情報）データ
	平均値引率	
	平均陳列フェース数	
世帯購買者の購買行動との関係	世帯浸透率	首都圏 2 店舗を利用する世帯スキャン・パネルデータ
	世帯内購買数量シェア	

象として分析している。さらにバラエティ・シーキング特性の高低による傾向の差異を抽出するために，対象の15カテゴリーを渡辺（1991）に基づき，バラエティ・シーキング特性の高い7カテゴリー1,356アイテム[46]，同じく低い8カテゴリー1,870アイテムに分割した上で分析を行っている[47]。

分析に適用した説明変数，説明変数作成用データ内容は表3に示す。売上実績との関係を示す変数として，「通常時[48]売上数量 PI[49]」，陳列状況・プロモーション展開との関係を示す変数として，「特売[50]比率」，「平均値引率」，「平均陳列フェース数」，世帯購買者の購買行動との関係を示す変数として，「世帯浸透率」，「世帯内購買数量シェア」をそれぞれ設定している。説明変数は，すべてにおいて首都圏2店舗における2001年～2005年の5年間の実績データより作成している[51]。なお，本章で利用している POS データ，コーザルデータ，世帯購買履歴データは，いずれも同一の店舗から収集したものである。

また本分析の定式は式（1）になる。

$$\log \frac{P(Y_t=1)}{1-P(Y_t=1)} = \alpha + \sum_t \sum_m \beta_{mt} IDX_{mt} \qquad (1)$$

ここで，$P(Y_t=1)$：t 期において製品が残存する確率，IDX_{mt}：t 期（$t=1,2,3$）の分析指標 m（$m=1$：通常時売上数量 PI，2：特売比率（数量基準），3：平均値引率，4：平均陳列フェース数，5：世帯浸透率，6：世帯内購買金額シェア），α：定数項，β_{mt}：t 期の分析指標 m のパラメータ，と

なる。

9.4 分析結果

　本分析の結果となる，ライフサイクル年別の残存への影響係数について，バラエティ・シーキング特性の高いカテゴリー（以下，VS高カテゴリー）の結果を表4に，バラエティ・シーキング特性の低いカテゴリー（以下，VS低カテゴリー）の結果を表5にそれぞれ示す。また，仮説の検証結果の一覧を表6に示す。ここで示している導入期はライフサイクル年の1年目を，成長期は同2-3年目をそれぞれ指している。

　まず，「売上実績との関係」の結果として，発売1年目から3年目の各年の通常時数量PIの係数について見ると，VS高カテゴリーでは，導入期（1年目）は正に有意となっているが，成長期（2-3年目）は2年目のみが正に有意となっており，3年目は有意でない。VS低カテゴリーでは，導入期および成長期が共に正に有意となっている。これらの結果より，「仮説1：通常時の売上数量はブランドの残存に正の影響がある」は，導入期においてはVS高カテゴリーと低カテゴリー共に支持となったが，成長期においてはVS高カテゴリーでは一部支持，VS低カテゴリーでは支持となった。

　次に，「陳列状況・プロモーション展開との関係」の結果として，特売比率，平均値引率，平均陳列フェース数について見る。特売比率においては，VS高カテゴリーでは，導入期が正に有意になっているが，成長期のすべての期間が有意でない。VS低カテゴリーでは，導入期および成長期が共に正に有意となっている。これらの結果より，「仮説2-1：ブランドの特売比率は当該ブランドの残存に負の影響がある」は導入期・成長期，VS高低にかかわらず不支持となった。平均値引率においては，VS高カテゴリーでは，導入期が負に有意になっているが，成長期のすべての期間が有意でない。VS低カテゴリーでは，導入期および成長期のうち3年目が負に有意となっており，2年目が有意でない。これらの結果より，「仮説2-2：ブランドの平均値引率は当該ブランドの

表4 ライフサイクル年別の残存への影響係数 β (VS 高カテゴリー)

	発売1年目 (t=1)	発売2年目 (t=2)	発売3年目 (t=3)
通常時数量 PI（発売1年目）	5.005***	−1.579***	0.174
通常時数量 PI（発売2年目）		8.384***	−1.359
通常時数量 PI（発売3年目）			0.013
特売比率（数量基準）（発売1年目）	0.017***	0.000	0.012
特売比率（数量基準）（発売2年目）		−0.002	−0.028
特売比率（数量基準）（発売3年目）			0.004**
平均値引率（発売1年目）	−0.052***	0.010	−0.088
平均値引率（発売2年目）		−0.011	0.090
平均値引率（発売3年目）			−0.053
平均陳列フェース数（発売1年目）	−0.201***	−0.126	−0.195
平均陳列フェース数（発売2年目）		−0.046	0.232
平均陳列フェース数（発売3年目）			−0.168
世帯浸透率（発売1年目）	−0.057	−0.132**	−0.133
世帯浸透率（発売2年目）		0.365***	−0.000
世帯浸透率（発売3年目）			0.727***
世帯内購買数量シェア（1年目）	0.104***	0.066**	0.019
世帯内購買数量シェア（2年目）		0.067***	0.069
世帯内購買数量シェア（3年目）			−0.005
Cox & Snell R^2	0.156	0.308	0.287
Nagelkerke R^2	0.221	0.413	0.393
分析サンプル数	1,356	672	205

*** 1％水準，** 5％水準，非表示は10％水準でも有意でない。

9.4 分析結果

表5 ライフサイクル年別の残存への影響係数 β (VS低カテゴリー)

	発売1年目（t=1）	発売2年目（t=2）	発売3年目（t=3）
通常時数量PI（発売1年目）	6.783***	−4.079***	−1.515
通常時数量PI（発売2年目）		19.473***	−3.232**
通常時数量PI（発売3年目）			11.679***
特売比率（数量基準）（発売1年目）	0.021***	0.006	−0.016
特売比率（数量基準）（発売2年目）		0.010**	−0.004
特売比率（数量基準）（発売3年目）			0.063***
平均値引率（発売1年目）	−0.038***	−0.001	−0.035
平均値引率（発売2年目）		−0.011	0.049
平均値引率（発売3年目）			−0.164***
平均陳列フェース数（発売1年目）	−0.209***	−0.038	0.445
平均陳列フェース数（発売2年目）		−0.298**	−0.267
平均陳列フェース数（発売3年目）			0.364
世帯浸透率（発売1年目）	−0.053	−0.310***	−0.268
世帯浸透率（発売2年目）		0.501***	−0.033
世帯浸透率（発売3年目）			0.186
世帯内購買数量シェア（1年目）	0.030***	0.023	0.110
世帯内購買数量シェア（2年目）		0.006	−0.014
世帯内購買数量シェア（3年目）			0.068
Cox & Snell R^2	0.176	0.436	0.344
Nagelkerke R^2	0.238	0.583	0.505
分析サンプル数	1,870	843	299

*** 1％水準，** 5％水準，非表示は10％水準でも有意でない。

表6　本章の検証結果の一覧

		VS 高カテゴリー				VS 低カテゴリー			
		導入期		成長期		導入期		成長期	
		仮説	結果	仮説	結果	仮説	結果	仮説	結果
売上実績との関係	通常時売上数量	＋	○	＋	△	＋	○	＋	○
陳列状況・プロモーション展開との関係	特売比率	－	×	－	×	－	×	－	×
	平均値引率	－	○	－	×	－	○	－	△
	平均陳列フェース数	＋	×	＋	×	▲	×	▲	×
世帯購買者の購買行動との関係	世帯浸透率	＋	×	＋	○	＋	×	＋	△
	世帯内購買数量シェア	＋	○	＋	△	＋	○	＋	×

仮説　＋：正の関係，－：負の関係，▲：関係なし
結果　○：仮説の支持，△：仮説の一部支持，×：仮説の不支持

残存に負の影響がある」は，導入期においてはVS高カテゴリーと低カテゴリー共に支持となったが，成長期においてはVS高カテゴリーでは不支持，VS低カテゴリーでは一部支持となった。平均フェース数においては，VS高カテゴリーでは，導入期（1年目）が負に有意となっており，成長期が有意でない。VS低カテゴリーでは，導入期および成長期のうち2年目が負に有意，3年目が有意でない。これらの結果より，「仮説2-3：バラエティ・シーキング性の高いブランドでは，陳列フェース数はブランドの残存に正の影響がある」は導入期・成長期にかかわらず不支持となり，「仮説2-4：バラエティ・シーキング性の低いブランドでは，陳列フェース数はブランドの残存に影響がない」も導入期・成長期にかかわらず不支持となった。

さらに，「世帯購買者の購買行動との関係」の結果として，世帯浸透率，世帯内購買数量シェアについて見る。世帯浸透率においては，VS高カテゴリーでは，導入期が有意でないが，成長期が正に有意となっている。VS低カテゴリーでは，導入期が有意でないが，成長期のうち2年目が正に有意となっており，3年目が有意でない。これらの結果より，「仮説3-1：ブランドの世帯浸

透率は当該ブランドの残存に正の影響がある」は，導入期においてはVS高カテゴリーと低カテゴリー共に不支持となったが，成長期においてはVS高カテゴリーでは支持，VS低カテゴリーでは一部支持[52]となった。世帯内購買数量シェアにおいては，VS高カテゴリーでは，導入期が有意であるが，成長期のうち2年目のみが正に有意となっており，3年目が有意でない。VS低カテゴリーでは，導入期が有意であるが，成長期が有意でない。これらの結果より，「仮説3-2：ブランドの世帯内購買数量シェアは当該ブランドの残存に正の影響がある」は，導入期においてはVS高カテゴリーと低カテゴリー共に支持となったが，成長期においてはVS高カテゴリーが一部支持，VS低カテゴリーが不支持となった。

9.5 考　察

　前項に記したライフサイクル年別の残存への影響分析の結果の解釈について，「売上実績との関係」，「陳列状況・プロモーション展開との関係」，「世帯購買者の購買行動との関係」の3点から改めて考察する。

　まず売上実績との関係では，通常時数量PIとの関係について検討した。この結果，商品の導入期である1年目には，カテゴリーのバラエティ・シーキング性の高低にかかわらず，商品の残存と通常時数量PIとの間には正の影響関係にあることが確認できた。しかし成長期においては，バラエティ・シーキング性の低いカテゴリーでは正の影響関係を2-3年目にわたって確認できたが，バラエティ・シーキング性の高いカテゴリーでは正の影響関係を2年目までしか確認できなかった。これらの傾向から，ロングセラー・ブランドの要件として，新商品としての市場導入期には，通常価格時の売上効果が確保されていることが重要だという示唆を得ることができる。

　ただし，2年目以降の成長期には，バラエティ・シーキング性の低いカテゴリーに属する商品では，引き続き通常価格時の売上効果が確保されていることが重要だが，バラエティ・シーキング性の高いカテゴリーに属する商品では，

通常価格時の売上効果は必ずしも要件には含まれないことが言える。また成長期の段階における過去の通常時数量PIの影響を見ると，いずれも前年の実績と負の影響関係にあることがわかる。この結果は，前年の通常時数量PIが低く，かつ当年の通常時数量PIが高い商品が今後も引き続き残存することを示しており，導入期は売上実績が低く，年を経るごとに徐々に売上実績を伸ばしてゆく商品の方が，ロングセラーとして残存しやすいことを示唆している。

次に，店頭陳列・プロモーションとの関係では，特売比率，平均値引率，平均陳列フェース数との関係について検討した。この結果，商品の導入期には，カテゴリーのバラエティ・シーキング性の高低にかかわらず，特売比率は正の影響関係，平均値引率は負の影響関係にあることがわかった。これらの傾向から，新商品としての導入期には，特売による購買刺激を与えながらも，値引き水準を抑えていくことが重要であるという示唆を得ることができる。

しかし平均陳列フェース数は負の影響関係にあることがわかった。したがって，フェース数を多くして露出度を高める展開はブランドのロングセラー化を目指す上では必ずしも重要でないということが言える。また成長期の段階における過去の特売比率，平均値引率，平均陳列フェース数の影響を見ると，いずれも前年の実績とは影響関係にないことがわかる。このことから，成長期の段階の店頭陳列・プロモーション施策を検討する上で，導入期の段階での店頭陳列・プロモーション施策は関係しないことが言える。

そして世帯購買者の購買行動との関係では，世帯浸透率，世帯内購買数量シェアとの関係について検討した。この結果，商品の導入期には，カテゴリーのバラエティ・シーキング性の高低にかかわらず，世帯浸透率は影響関係になく，世帯内購買数量シェアは正の影響関係にあることがわかった。また2年目以降の成長期には，カテゴリーのバラエティ・シーキング性の高低にかかわらず，世帯浸透率は正の影響関係にあることがわかった。これらの傾向から，商品の導入期には，購買者の裾野を広げる（浸透率の上昇）ことよりも，ロイヤルティ形成（世帯内購買数量シェアの上昇）が重要であり，購買者の裾野を広げる活動は2年目以降に重要になってくるという示唆を得ることができる。またこの

結果は，新商品の導入段階には店頭配荷率の上昇や新商品の試用購買率の上昇に躍起になるという，従来のメーカーの新商品販売方針に対し，ブランドのロングセラー化を目指す上での有効性を改めて検討する必要があるという示唆も与えてくれる．

9.6 本章のまとめ

本章では，ブランドの小売店頭での販売展開方法とロングセラー化の関係について定量的に捉え，ブランドのロングセラー化に向けた店頭展開要件を抽出した．その際，「店頭での売上実績」，「店頭での陳列状況・プロモーション展開」，「店頭での世帯購買者の購買行動」の3つの視点とブランドのライフサイクル段階による差異を考慮した．その結果，ブランドのロングセラー化に向けた要件として，以下の知見を把握することができた．

第1に，市場導入期には，通常価格での売上効果が確保されていることである．

第2に，市場導入期には，特売による購買刺激は与えながらも，値引き水準を抑えていくことである．

第3に，市場導入期には，購買者の裾野を広げる（世帯浸透率の上昇）ことよりも，ロイヤルティ形成（世帯内購買数量シェアの上昇）が重要であり，購買者の裾野を広げる活動は2年目以降の要件になってくる．

特に，新商品発売段階での世帯浸透率と世帯内購買数量シェアの関係は，消費財メーカーが自社ブランドを育成していくためのブランド・コミュニケーションのあり方に対し，有効な示唆になることが期待できる．

本章における残された課題についても触れておきたい．

第1に，店頭以外でのコミュニケーション活動やブランド自身の商品力等が考慮できていない点が挙げられる．本章での知見として，世帯浸透率と世帯内購買数量シェアの関係のあり方について指摘したが，この関係の背景となる要因を把握するためにも，上記の2点の要素を考慮した分析を検討する必要があ

る。

　第2に，ブランドのリニューアルによるライフサイクルの継続性を考慮できていない点が挙げられる。本章での分析対象サンプルはJANコード基準の商品アイテムになるため，ブランドのリニューアルに伴うJAN変更を捕捉できていない。しかし，ロングセラー化の要件として，ブランドのリニューアルが指摘されている（青木, 1998）ことを踏まえると，上記の点を捕捉した上での分析を検討する必要がある。

　第3に，消費者のライフスタイルや心理状態面の影響を考慮できていない点が挙げられる。本章では，商品軸による分析を行っているが，今後はどのようなタイプの消費者に支持されるとロングセラーにつながるのか，というように消費者軸による分析も検討する必要がある。

　第4に，消費財メーカーが投入したブランドの商品力について，彼ら自身が定期的かつスピーディーに予測し，今後の市場での成長が見込めないと判断された商品を早めに撤退させるが故に，結果としてロングセラーにならないという可能性も考えられる。このようなメーカーによる商品の存続・撤退の意思決定基準に関する調査についても，インタビュー等を通じて検討する必要がある。

　いずれにせよ，本章の知見により，新商品を店頭に展開する際に，ロングセラー商品として育成していくための店頭でのブランド・コミュニケーションの道筋の1つを示すことができた。消費財メーカーは，新商品を店頭で展開する際には，とにかく拡販したいのか，それとも着実に育成していくのか，というように商品の位置づけによって店頭でのコミュニケーションが異なることに注意する必要があるものと考えられる。

（1）本章は，寺本 高（2009），「最寄品ブランドの小売店頭での販売展開方法とロングセラー化の関係」，『流通研究』，第12巻第2号，59-73を加筆修正したものである。
（2）ここでいう「残存期間が5年以上」の商品をロングセラー・ブランドと捉えると，ロングセラー・ブランドの商品アイテム構成比は，1997年には34％であったのが，2003年には9％となっている。一方，「残存期間が1年未満」の商品を短命ブランドと捉えると，短命ブランドの商品アイテム数構成は，1997年には33％であったのが，2003年には45％になっている。

(3) 寺本 高（2008），「店頭でのブランド育成のポイント」，『値上げおよび PB 拡大環境下におけるナショナル・ブランド育成戦略セミナー』，流通経済研究所。
(4) 上原征彦，福田 亮（1995），「ロングセラーの論理とその戦略」，『マーケティング・ジャーナル』，第59号，pp. 6-15。
(5) Aaker, D. A. (1991), Managing Brand Equity, 陶山計介・中田善啓・尾崎久仁博・小林 哲訳（1994），『ブランド・エクイティ戦略―競争優位をつくりだす名前，シンボル，スローガン―』，ダイヤモンド社。
(6) Keller, K. L. (1998), Strategic Brand Management, 恩蔵直人・亀井昭宏訳（2000），『戦略的ブランド・マネジメント』，東急エージェンシー。
(7) 上原征彦，福田 亮（1995），「ロングセラーの論理とその戦略」，『マーケティング・ジャーナル』，第59号，pp. 6-15。
(8) 石井淳蔵（1995），「ブランドだけがブランドの現実を説明できる」，『マーケティング・ジャーナル』，第55号，pp. 4-15。
(9) 青木幸弘（1998），「ロングセラー・ブランド化の条件と課題」，『マーケティング・ジャーナル』，第69号，pp. 43-61。
(10) 蔡壁如（2002），「長寿命商品の市場性に関する研究」，『立命館経営学』，第40巻第5号，pp. 83-110。
(11) Achenbaum, A. A. (1992), The Implication of Price Competition on Brands, Advertising and the Economy, *ARF Fourth Annual Advertising and Promotion Workshop*.
(12) 山中正彦（1991），「商品ラインの適正化」，『マーケティング・ジャーナル』，第41号，pp. 16-26。
(13) Kurt Salmon Associates, Inc. (1994), *Efficient Consumer Response*, 村越稔弘監訳，「ECR 流通再編のリエンジニアリング」，NEC 総研，アメリカン・ソフトウェア・ジャパン。
(14) 加工食品メーカー複数社の営業担当幹部へのヒアリング結果による。
(15) Montgomery, D. B. (1978), New Product Distribution: An Analysis of Supermarket Buyer Decisions, *Journal of Marketing Research*, 12 (3), pp. 255-264.
(16) 上原征彦，福田 亮（1995），「ロングセラーの論理とその戦略」，『マーケティング・ジャーナル』，第59号，pp. 6-15。
(17) Keller, K. L. (1998), Strategic Brand Management, 恩蔵直人・亀井昭宏訳（2000），前掲書。
(18) Fahy, J., F. Taguchi (1995), Reassessing the Japanese Distribution System, *Sloan Management Review*, 36 (2), pp. 49-61. Goldman, A. (1991), Japan's Distribution System: Institutional Structure, Internal Political Economy, and Modernization, *Journal of Retailing*, 67 (2), pp. 154-183. Larke, R. (1994), *Japanese Retailing*, London, England: Rouledge. および Lohtia, R., K. Ikeo, R. Subramaniam (1999), Changing Patterns of Channel Governance: An Example from Japan, *Journal of Retailing*, 75 (2), pp. 263-275.
(19) 住谷 宏（2000），「消費財メーカーと組織小売業との信頼の因果分析」，『東洋大学経営論集』，第51号，pp. 191-215。

(20) 中村 博 (2001)、『新製品のマーケティング』、中央経済社。加藤 司 (2007)、「視点 露骨なパワー関係の復活？」、『流通情報』、第456号、pp. 2-3。
(21) 陶山計介、後藤こずえ (2007)、「ブランドとストアのロイヤルティ構造」、『日経広告研究所報』、第231号、pp. 2-7。
(22) 中村 博 (2006)、「小売業の顧客データを活用したメーカーと小売業のコラボレーション」、『流通情報』、第447号、pp. 19-31。
(23) Keller, K. L. (1998), Strategic Brand Management, 恩蔵直人・亀井昭宏訳 (2000)、前掲書。
(24) Simon, H. (1979), Dynamics of Price Elasticty and Brand Life Cycle, *Journal of Marketing Research*, 16 (4), pp. 439-452.
(25) 中村 博 (1991)、「POS データを利用した新製品の評価」、『広告科学』、第22集、pp. 61-67。杉田善弘、中村 博、田島博和 (1993)、「非集計レベルのデータを用いた新製品トライアル購買モデル」、『マーケティング・サイエンス』、第2巻第1・2号、pp. 32-45。および坂下玄哲、杉本徹雄、堀内圭子 (2009)、「リピート購買要因の探索的研究―トライアル購買との関連を手がかりに―」、『マーケティング・ジャーナル』、第111号、pp. 16-27。
(26) 清水 聰 (2006a)、「消費者の態度とブランド力」、『流通情報』、第440号、pp. 11-17。
(27) McAlister, L. and E. Pessemir (1982), Variety Seeking Behavior: An Interdisciplinary Review, *Journal of Consumer Research*, 9 (3), pp. 311-322.
(28) 青木幸弘 (1998)、「ロングセラー・ブランド化の条件と課題」、『マーケティング・ジャーナル』、第69号、pp. 43-61。
(29) 三浦俊彦 (1998)、「日本の消費者はタフな消費者か？ ―消費者行動の国際比較研究に向けての一試論―」、『消費者行動研究』、第5巻第2号、pp. 59-76。
(30) Supermarket Business (1994), Vendors Pushed Records Slew of Not-So-New Items, March, 13.
(31) Kahn, B. E., L. McAlister (1997), *Grocery Revolution: The New Focus on the Consumer*, 小川孔輔、中村 博 (2000)、『グローサリー・レボリューション』、同文舘。
(32) 田島義博、青木幸弘 (1989)、『店頭研究と消費者行動分析―店舗内購買行動分析とその周辺―』、誠文堂新光社。
(33) 恩蔵直人、守口 剛 (1994)、『セールス・プロモーション―その理論、分析手法、戦略―』、同文舘。
(34) 清水 聰 (2006b)、『戦略的消費者行動論』、千倉書房。
(35) 清水 聰 (2006a)、前掲論文。
(36) 清水 聰 (2006a)、前掲論文。
(37) 中村 博 (2001)、『新製品のマーケティング』、中央経済社。
(38) Kalwani, M. U., C. K. Yim (1992), Consumer Price and Promotion Expectations: An Experimental Study, *Journal of Marketing Research*, 29 (1), pp. 90 -100.
(39) 中村 博 (2006)、「小売業の顧客データを活用したメーカーと小売業のコラボレーション」、『流通情報』、第447号、pp. 19-31。
(40) 渡辺隆之 (1991)、「消費者情報処理特性とマーケティング適応」、『マーケティング・ジャーナル』、第41号、pp. 4-15。

(41) 中村 博 (1997), 「販売・流通情報システム」, 『企業診断』, 第44巻第7号, pp. 159-161。
(42) 竹内淑恵 (2005), 「広告認知と店頭配荷による販売への影響」, 『消費者行動研究』, 第11巻第1・2号, pp. 19-33。
(43) 清水 聰 (2006a), 前掲論文。
(44) 対象としたカテゴリーは次の通りである。チーズ, インスタントカレー, 調理済みカレー, ソースミックス, キャンディ・キャラメル, チョコレート, チューインガム, ビスケット・クッキー, 野菜ジュース, 炭酸フレーバー, コーヒードリンク, 日本茶・麦茶ドリンク, スポーツドリンク, ビール, リキュール類 (以上15カテゴリー)。
(45) アイテムはJANコード基準になるため, ブランドのリニューアルに伴うJAN変更は本分析ではカバーしていない。
(46) バラエティ・シーキング特性の高いカテゴリーは次の通りである。ソースミックス, キャンディ・キャラメル, チョコレート, チューインガム, ビスケット・クッキー, コーヒードリンク, 日本茶・麦茶ドリンク, リキュール類 (以上7カテゴリー)。
(47) バラエティ・シーキング特性の低いカテゴリーは次の通りである。チーズ, インスタントカレー, 調理済みカレー, 野菜ジュース, 炭酸フレーバー, スポーツドリンク, ビール (以上8カテゴリー)。
(48) 値引き, 特別陳列, チラシ掲載のいずれも実施されていない状況を指す。
(49) 来店客1,000人当たり実績を指す。
(50) 通常時の価格より3％以上の値引き, または特別陳列, またはチラシ掲載が実施されている状況を指す。
(51) ただし, 2003年発売アイテムの3年目 (2005年) の残存・撤廃の目的変数を作成するために, 2005年の翌年に当たる2006年の実績データを用いている。
(52) 「一部支持」は, 成長期 (2-3年目) の2年間を通じてすべて有意ではないか, そのうち1年間が有意である場合を指す。

10　本書のまとめと今後の展望

　本書は，売上や消費者による購買だけでなく，消費者の態度形成，情報共有まで含めたブランド・コミュニケーションを小売視点で捉えていくことを目的とした。小売店頭でのブランド・コミュニケーションの成果は，従来では売上や消費者による購買であった。しかし近年では，消費者の購買の場が店舗からインターネットに変化してきている中，消費財メーカーがインターネットと並存して店頭をブランド購買の場として捉え続けていくためには，店頭で購買プラスアルファの付加価値をつける形で小売業と取り組んでいく必要があるものと考えられる。

　また消費財メーカーが小売店頭に期待する成果の捉え方についても，「売れる，買ってもらえる」というようなコミュニケーションだけでなく，「そのブランドのファンになってもらえる」「他の人にも勧めてくれる，情報を伝えてくれる」というような視点でのコミュニケーションも小売業との取り組みを通して展開できるかどうかが，これからの消費財メーカーのブランド・コミュニケーション戦略において重要となるものと考えられる。

　このような問題意識から，本書では，小売店頭でのブランド・コミュニケーションの効果を売上や購買だけでなく，態度形成，情報共有まで広げて論じた。

　1章では，本書の実務的意義を示すため，消費者の業態選択行動の変化とそれを受けてのブランド・コミュニケーションの課題について，小売店頭での付加価値の対象と成果の捉え方の観点から論じた。小売店頭での付加価値の対象は消費者とメーカーであり，前者に対しては低価格や特売の場を提供し，後者に対してはブランドを販売する場を提供してきた。しかし他業態，特にインターネット購買の拡大という競争環境を踏まえると，今後はブランドを購買する場だけでなく，ブランド情報を提供する場としても改めて考えていく必要があ

る点を言及した。また付加価値の成果の捉え方についても，従来は売上や消費者の購買であったが，近年の米国の動向や，最近のブランド・コミュニケーション・モデルの発展のポイントを示しながら，購買後の「態度形成」や「情報共有」も考慮していく必要があることを述べた。

　2章では，本書の学術的意義を示すため，ブランド・コミュニケーションの効果分析に関する先行研究をレビューし，本書で論じていく研究の課題を提示した。具体的には，店頭でのブランド・コミュニケーション手法として，値引き，特別陳列，チラシ，店頭POP，デモンストレーション，クーポンを扱い，効果の観点として，①売上への効果，②消費者行動プロセスへの効果の2つから先行研究を整理した。その整理の結果，先行研究の課題として，認知と選択を連動して扱っている研究例が多いのに対し，態度と選択を連動して扱った研究例がほとんど見られないことと，選択後のプロセスに着目した研究例がほとんど見られないことの2点を挙げた。

　1章では，売上や購買だけでなく，その後の態度形成や情報共有の段階まで成果を捉えていく必要がある点を言及したが，店頭でのブランド・コミュニケーションの効果分析の先行研究においても，売上や購買に留まっており，その後の態度形成や情報共有の段階まで踏み込んだ研究は扱われていない点を指摘した。これらの課題を受け，特に情報共有に着目する形で，コミュニケーションへの効果についてのレビューを加えた。これらの研究では，ソーシャルメディアというコミュニケーション媒体をフィールドとしたものが多く，小売店頭でのコミュニケーションと情報共有に着目した研究はほとんど見られない点を挙げた。「売れる，買ってもらえる」というような，店頭でのブランド・コミュニケーションだけでなく，「そのブランドのファンになってもらえる」「他の人にも勧めてくれる，情報を伝えてくれる」というような視点でも，店頭でのブランド・コミュニケーションの効果を明らかにしていくことは，実務的に意義があるだけでなく，学術的にも意義があることを述べた。

10 本書のまとめと今後の展望

3章では、ブランド・コミュニケーションの成果指標として、「態度形成」を扱った。態度形成の具体的な指標として、「ブランド・コミットメント」を取り上げ、店頭での値引きとブランド・コミットメントの関係について明らかにした。

まずブランド・コミットメントの概念、効果、測定方法についてレビューした上で、具体的には、①ブランド・コミットメントと実際の購買結果を示すブランド・ロイヤルティの構造、②ブランド・コミットメントの水準による値引きへの反応度の差異、の2点を明らかにした。

分析方法では消費者セグメントの差異の識別を考慮した多項ロジットモデルを適用し、つゆカテゴリーの購買履歴データとその購買履歴を構成する消費者から聴取した主要つゆブランドのコミットメントに関するデータを用いて分析した。その結果、「真のロイヤルティ」、「見せかけのロイヤルティ」、「潜在的ロイヤルティ」、「ロイヤルティなし」という、ブランド・ロイヤルティまたはブランド・コミットメントの測定だけでは識別することのできない消費者セグメントを導出することができたことと、特定のブランドに対するコミットメントが強ければ、その特定ブランドが価格の値引きを行わなくても購買する傾向にあることが明らかになった。

4章では、特別陳列の演出要素、特にタイプの異なるPOPが掲載されている特別陳列展開時の購買行動とブランド・コミットメントの関係を明らかにした。

まず分析Iとして、タイプの異なるPOP付特別陳列時の販売数量の効果係数を算出し、タイプ間で比較することと、ブランド・コミットメントが上昇した消費者セグメントとブランド・コミットメントが低下した消費者セグメントの間で訴求タイプの異なるPOP付特別陳列時の購買回数を比較することを行った。その結果、対象となった4つのタイプのPOP付特別陳列の中では、プロモーション／特売訴求POP付特別陳列の販売促進効果が最も高いこと、ブランド・コミットメントが上昇した消費者層は、製品訴求POP付特別陳列の

236　10　本書のまとめと今後の展望

実施時に購買する回数が多いこと，ブランド・コミットメントが低下した消費者層は，訴求POPのない特別陳列の実施時に購買する回数が多いこと，が明らかになり，販売促進を目指すためのPOP付特別陳列タイプとブランド育成を目指すためのPOP付特別陳列タイプは異なるということが示された。

　次に分析Ⅱとして，店頭コミュニケーションによる購買経験とブランド・コミットメントの変化の因果関係を確認した。具体的には，ある一時点（第1期）の感情的コミットメントと計算的コミットメントが一定期間の店頭コミュニケーションによる購買を経験することで，一定期間後のある一時点（第2期）の感情的コミットメントと計算的コミットメントにどのように影響するのかを明らかにするモデルを構築した。その結果，感情的コミットメントのような，ブランドとの関係性を維持しようとする肯定的な態度状態と，計算的コミットメントのような「他のブランドに切り替えるのが面倒だ」，「切り替えて失敗したくない」という消極的な態度状態は共に持続される傾向にあることと，店頭コミュニケーションによる購買経験を通じて感情的コミットメントが醸成されることが明らかになった。

　5章では，ブランド・コミットメントと長期的なブランド購買（ブランド・ロイヤルティ）の関係について明らかにした。

　具体的には，まず消費者に内在する感情的コミットメントと計算的コミットメントの異質性の類型の枠組みを提案した。ここでは，消費者における感情的コミットメントと計算的コミットメントの強弱の状態により，「ベストブランド固定型」，「ベストブランド流動型」，「慣性型」，「バラエティ・シーキング型」の4つのタイプに分けられることを示した。

　次にその異質性の類型の枠組みを基に，ブランド・ロイヤルティの長期的維持・強化に望ましい影響を与える感情的コミットメントと計算的コミットメントの状態の類型を明らかにした。分析では，3年間の購買履歴データと，その期間内の各年に聴取したブランド・コミットメントのデータを適用した。その結果，消費者に内在する感情的コミットメントと計算的コミットメントという

10 本書のまとめと今後の展望

2種類のブランド・コミットメントを組み合わせて捉えることが，ブランド・ロイヤルティに対する効果を捉える点で有効であることと，ブランド・ロイヤルティの維持に望ましい影響を与える感情的コミットメントと計算的コミットメントのパターンは，感情的コミットメントと計算的コミットメントが共に強い状態である「ベストブランド固定型」であることが明らかになった。これらの結果より，ブランドにとって望ましい消費者を長期的に維持していく上で，消費者のブランド・ロイヤルティとブランド・コミットメントの双方を考慮する必要があることと，自社ブランドのロイヤルティの長期的な維持を促すためには，感情的コミットメントだけでなく，計算的コミットメントのような打算的でリスク回避的な態度の植え付けも必要であるという示唆を提示した。

6章からは，ブランド・コミュニケーションの成果指標として，「情報共有」を扱った。情報共有の捉え方として，ブランドの情報を積極的に発信する特徴を持つ消費者である「情報発信型消費者」の存在に着目し，一般の消費者と比べての彼らの意思決定プロセスと購買行動の違い，そして彼らの行動特性をマーケティング意思決定に活用する方法について論じた。第6章では，情報発信型消費者の意思決定プロセスとして，考慮集合の絞込みルールに着目し，その特徴を明らかにした。

まず情報発信型消費者の特徴に関する先行研究をレビューし，情報発信型消費者の中でも商品カテゴリー横断的な幅広い知識を持ち，全消費者の中に占める人数も多く，一般消費者のコミュニティの中でうまく情報を拡散させることができるとされる「マーケットメイブン」に着目する意義を示した。その上でまず分析Ⅰとして，マーケットメイブンの知名集合および考慮集合内はどのような特徴のブランドで構成されているのか，次に分析Ⅱとして，マーケットメイブンは知名段階から考慮段階までの間にどのような特徴のブランドを除外しているのか，の2点について明らかにした。

分析では，ビール系のブランドの意思決定に関する聴取データと，対象消費者の情報収集・活用行動に関する聴取データを組み合わせたデータを適用した。

その結果,①マーケットメイブンは新しいブランドや機能的に特徴の強いブランドはよく知っているが,単なる新し物好きではなく,良質の定番ブランドも好んでいるという特性があること,②ブランドをよく知っているし,そこから購入候補のブランドに絞り込んでいく過程は,幅広いタイプのブランドを対象に横断的に行っていることから,一般消費者に比べて情報処理能力が高い傾向にあること,③最終的な購入候補のブランドには様々な特徴を持つものが含まれているというバラエティ・シーキングの特性を持っていること,の3点が明らかになった。

本章の分析によって,マーケットメイブンの中での知名および考慮集合内の商品構成ルールと知名段階から考慮段階までの商品絞込みルールについての知見を抽出できたことは,考慮集合の研究領域に対しても意義のある貢献をしたものと考えられる。

7章では,マーケットメイブンの行動特性は,小売店頭でのマーケティング意思決定にも活用できるのではないかということで,マーケットメイブンの新製品購買行動の傾向を基に,新製品の立ち上げ後の成否を予測する考え方を提案した。具体的には,マーケットメイブンの新製品トライアル購買傾向から,新製品の今後の販売成否を予測することと,先行研究において予測に必要とされる実績期間よりも短期間のデータを基に傾向を判定することを試みた。

まず店頭に配荷された新商品8アイテムを対象に,マーケットメイブンと一般消費者の浸透率を比較したところ,新製品発売後第7週目までのマーケットメイブンの浸透率の状態が,新製品の購買継続の成否の境界になる可能性があることを指摘した。その仮説を基に,究極のトライアル購買率を測定するParfitt & Collins (1968) のモデルを基礎に,予測に用いる購買履歴データを構成する消費者サンプルをマーケットメイブンに限定することによって精度を向上させるというアプローチを適用した。マーケットメイブンの浸透率を基に予測を行うと,従来予測に適用してきた期間より短いデータで精度の高い予測が可能となった。具体的には,マーケットメイブンの新製品発売後第7週目ま

でのデータは，最も予測精度が高いことが明らかになった。

　新製品の需要予測に関する研究では，予測の精度を高めるためのアプローチとして，店頭でのプロモーションをはじめとしたマーケティング変数の考慮やパラメータの推定方法の高度化に関する議論が多い。しかし本章から得られた知見は，予測の精度を向上させる上で，消費者サンプル全部で適用すれば良いというものではなく，予測に適用する消費者サンプルを選別し，精緻化する必要があるという示唆を提示した。

　8章では，マーケットメイブンが既存製品から新製品にスイッチ購買する際の店頭コミュニケーションへの反応状況について明らかにした。具体的には，新製品と競合既存製品の価格差や特別陳列に対する反応度について，マーケットメイブンと一般消費者間で比較した。分析では，野菜ジュースとビール風リキュールの新製品と競合既存製品の購買履歴データと，第6章と第7章と同じく対象消費者の情報収集・活用行動に関する聴取データを組み合わせたデータを適用した。分析モデルについては，二項ロジスティック回帰モデルを基礎に，マーケットメイブンと一般消費者の反応パラメータを識別するモデルを構築した。その結果，①マーケットメイブンは一般消費者に比べて競合既存製品との価格差になびかずに新製品を購買すること，②マーケットメイブンは新製品が特別陳列をされていると，一般消費者以上に強く反応して購買することと，さらに競合既存製品が陳列されていても，マーケットメイブンはそれを購買せず，新製品の方を購買する傾向が強いこと，が明らかになった。

　これらの結果から，新製品の販売を着実に軌道に乗せ，ブランドとして育成していくためには，口コミなどの情報発信力の強いマーケット・メイブンを購買者として取り込んでいくことが必要だと考えられるが，マーケット・メイブンのスイッチ購買を促すためには，新製品の価格プロモーションだけでなく，着実に店頭で露出することをセットで考えていく必要があるという示唆を提示した。

9章では，店頭でのブランド・コミュニケーションとブランド・ライフサイクルの関係を明らかにした。3章から5章までは態度形成について，6章から8章までは情報共有について，それぞれ店頭でのブランド・コミュニケーションとの関係について述べてきた。店頭でのコミュニケーションを通じてブランドに対する態度形成と情報共有がうまく機能することにより，新製品として発売されたブランドはロングセラーとして成長していくことが期待できる。そこで本章では，新製品として店頭で発売されてからロングセラーとして定着するまでの店頭でのコミュニケーションの道筋に着目した。

分析では，2001年～2005年の5年間のPOSデータおよび購買履歴データを用い，目的変数を1：ブランドの残存，0：撤廃，説明変数を大きく売上実績，陳列・プロモーション展開実績，世帯購買者の購買行動の3つのタイプ，計6変数とした二項ロジスティック回帰分析を適用し，1年目残存するための要件，2年目残存するための要件，というように発売1年目から3年目までの年次ごとに分析を行い，各年次において残存に影響する項目を抽出した。その結果，ブランドのロングセラー化に向けた要件として，①市場導入期には，通常価格での売上効果が確保されていること，②市場導入期には，特売による購買刺激は与えながらも，値引き水準を抑えていくこと，③市場導入期には，購買者の裾野を広げる（世帯浸透率の上昇）ことよりも，ロイヤルティ形成（世帯内購買数量シェアの上昇）が重要であり，購買者の裾野を広げる活動は2年目以降の要件になってくること，の3点が明らかになった。

これらの結果より，新商品を店頭で展開する際には，とにかく拡販したいのか，それとも着実に育成していくのか，というように商品の位置づけによって店頭でのコミュニケーションが異なることに注意する必要があるという示唆を提示した。ブランドのロングセラー化に関する従来の研究では，製品コンセプトや製品属性等の製品戦略面での指摘が中心となっており，店頭でのコミュニケーションの展開について言及したものはほとんど見られなかった。新製品として店頭で発売されてからロングセラーとして定着するまでの店頭でのコミュニケーションの道筋に着目した本章の分析は，学術的にも大きな貢献になるも

10 本書のまとめと今後の展望

のと考えられる。

　各章での分析から導き出された貢献は数多くあり，それについては各章で述べているが，各章で共通するような本書の全体的な貢献は以下のようになる。

　まず，店頭でのブランド・コミュニケーションに関する従来の研究では，消費者行動プロセスで言う「選択」までに留まっていた中で，その選択後の「態度形成」と「情報共有」にまで拡張する形でブランド・コミュニケーションの効果を捉えることができたことである。3章から5章では，態度形成に着目し，値引きとブランド・コミットメントの関係，特別陳列および店頭POPとブランド・コミットメントの関係，ブランド・コミットメントと長期的なブランド購買の関係について示すことができた。6章から8章では，情報共有を積極的に行う「情報発信型消費者」に着目し，彼らの意思決定プロセスの特徴，彼らの購買履歴を用いた新製品トライアル購買の予測方法，彼らの店頭コミュニケーション時のブランド・スイッチの特徴について示すことができた。

　次に，消費者の購買履歴データなどの行動データだけでなく，当該消費者のライフスタイルデータや態度データを組み合わせたことにより，消費者の購買だけでなく，その背景となるライフスタイルや態度状態も捉えていく重要性を唱えられたことである。例えば3章では，「真のロイヤルティ」，「見せかけのロイヤルティ」，「潜在的ロイヤルティ」，「ロイヤルティなし」という，購買または態度の一方のみの測定だけでは識別することのできない消費者セグメントを導出した。そしてそのうち，「真のロイヤルティ」の消費者は，競合ブランドの値引きになびかずに当該ブランドを購買していることも明らかになった。この結果は，ブランド・コミットメントという消費者の態度状態を考慮せず，購買行動の結果のみからブランドにとって優良な消費者かどうかを判断すること，またその逆でブランド・コミットメントのみで判断することには注意が必要である点を示唆している。また7章では，情報収集や発信に関するライフスタイル情報を基に，「情報発信型消費者」を抽出し，彼らの購買履歴を用いて新製品トライアル購買を予測する方が，一般消費者のそれよりも予測精度が高

いことが示された。これは，予測に用いる消費者を精査すれば，単純な推定モデルでも十分な予測精度を得られるという，予測精度の向上の方向として，変数の拡張や推定方法の高度化の流れが大きい中に一石を投じることができたものと考える。

そして，消費者一律のブランド・コミュニケーションではなく，消費者を識別したブランド・コミュニケーションの重要性について唱えられたことである。例えば3章では，ブランド・コミットメントが強いだけでなく，実際にブランドを購買しているという「真のロイヤルティ」の消費者が重要であること，5章では，感情的コミットメントと計算的コミットメントが共に強いという「ベストブランド固定型」の消費者が重要であることが示された。また8章では，情報発信型消費者は，一般消費者に比べて値引きよりも新製品の特別陳列に反応することも示されている。小売店頭でのコミュニケーションは，来店した消費者全員に対応したものが多いのが現状であるが，これらの結果は，企業にとって望ましい消費者に限った形でコミュニケーションを図っていく必要性を示唆している。近年は，日本においても FSP（Frequent Shoppers Program）が各大手小売チェーンに導入されたり，ソーシャルメディアを活用した消費者とのコミュニケーションツールの導入が進んでいる。本書の成果は，このような技術環境の変化に対応すべく，消費者一律型から消費者識別型のコミュニケーションへの転換の一助となるものと考える。

最後に，本書での分析を通して得た，今後の展望についても2点触れておきたい。

まず，情報発信型消費者の実際の情報共有行動を踏まえた上で，ブランド・コミュニケーションの効果を明らかにしていく必要がある。本書では，6章から8章まで，「情報発信型消費者」に着目し，彼らの意思決定プロセスや店頭でのブランド・コミュニケーションへの反応状況，さらには新製品の成否の予測への活用まで論じた。しかし，これらの分析では，消費者のライフスタイルに関する質問票の回答傾向から，情報発信型の消費者として見なすことに留ま

っており，彼らが店頭でのブランド・コミュニケーションに対し，実際に情報共有したかどうかは定かではない点が本書での分析の限界であると考えられる。

今後は，情報発信型消費者の購買履歴データと質問表回答データに加え，彼らのインターネットへのアクセス履歴データやソーシャルメディアへの投稿履歴データを用いることで，店頭でのブランド・コミュニケーションに対し，どのくらい購買されただけでなく，そのコミュニケーションに関する情報をどのくらい発信したのか，そしてその発信内容の影響を受けて，どのくらいの人が派生購買したのか，という情報拡散と循環のメカニズムを明らかにする必要がある。このメカニズムを解明するためには，同一の消費者の購買履歴データ，質問票回答データ，インターネットへのアクセス・投稿履歴データの3点をシングルソースとして確保する必要があるため，実証分析を行う以前に，マーケティング・リサーチにおける新たなデータ収集のフレームワークを構築する必要がある。そのようなフレームワークを構築すべく，マーケティング実務者とマーケティング研究者の協働がさらに求められてくるものと考えられる。

次に，店頭コミュニケーションと店外コミュニケーションとの連動と消費者行動プロセスとの関係を明らかにすることである。本書は，小売店頭でのブランド・コミュニケーションに限った形で，消費者行動プロセスの中でも態度形成と情報共有への影響について扱った。しかし，消費者行動プロセスに影響を与えるコミュニケーション要素は，当然小売店頭に限らず店外にも多く存在する。また，ブランドを展開するメーカーでは，製品開発の段階では，ブランドメッセージやそれに合わせたマス・コミュニケーション計画を立てているものの，それが小売店頭段階まで到達せず，実際にはブランドメッセージにそぐわない売り方が店頭で行われてしまうという問題もよく聞かれる。

1章では，ショッパー・マーケティングの推進の枠組みについて触れたが，この枠組みでも，消費者がいるポイントは「自宅」「来店」「店内」の3段階あり，各段階に応じて一貫したブランド・コミュニケーションを展開する必要性が指摘されているものの，各段階のコミュニケーションを連動させることによる影響は明らかにされていないのが現状である。ブランドの購買だけでなく，

ブランドへの態度形成や情報共有まで到達するためには，自宅から店内までどのようなブランド・コミュニケーションの展開パターンを採用すれば良いのか，というように，消費者行動プロセスとクロスメディア・コミュニケーションの関係を明らかにすることが今後求められてくるものと考えられる。

　以上の展望を実現させるためには，マーケティング実務者との共同研究という体制が必要不可欠である。マーケティング実務者との共同研究となると，単なる調査，実験では済ませられず，その成果を運用段階にまで発展させて初めてその研究は成功であったと判断すべきものと考える。筆者は実務出身の研究者ということで，常にその点を念頭において研究を進めてきたという自負があるし，今後も実務に貢献できる研究を進めてゆくことこそが筆者のマーケティング研究者としての大きな使命であると考えている。

索　引

あ

RMSEA ……………………………… 109
AISAS ………………………………… 10
AIDEES …………………………… 10, 34
AIDMA ………………………………… 10
意思決定プロセス ………………… 8, 147-177
異質性 …………………………… 124, 184
イノベーター …………………… 147-150
因果関係 ……………………………… 96
インターネット
　──購買 …………………………… 1, 233
　──ストア ……………………………… 2
インフルエンサー …………………… 33
売上 ……………………… 7, 29, 161, 234
　──反応関数 ……………………… 86
AIC …………………………………… 57
AGFI ………………………………… 109
SNS …………………………………… 33
FSP …………………………… 144, 242
オピニオンリーダー …………… 147-150

か

価格
　──イメージ ……………………… 22
　──掛け率 ………………………… 54
　──差 …………………………… 204
　──プロモーション ……………… 4
　参照── ……………………… 17, 49, 80
慣性型 …………………………… 126, 129
観測変数 ………………………… 105, 132
基準パラメータ ………………… 53, 203
既存製品 ………………………………… 201
業態選択行動 …………………… 1, 233
クーポン …………………… 16, 27, 29, 184, 234
クチコミ ……………………………… 32
検定
　χ^2── ………………………… 174
　t── ………………… 91, 164, 165, 187
　適合度── ………………………… 108
構成ルール ………………………… 167

購買 …………………………………… 7
　──意思決定行動 ……… 159, 187, 203
　──意図 ……………………… 45, 120
　──確率 ……………………… 46, 122
　──金額 ……………………………… 67
　──経験 ……………………………… 85
　──履歴データ … 53, 88, 101, 130, 181, 184, 187, 191, 203
　トライアル── …… 4, 152, 154, 181-197, 199, 213
　リピート── …………………… 4, 213
小売視点 …………………………… 233
コミットメント
　感情的── ……… 42, 55, 95-117, 119-145
　規範的── ………………………… 42
　計算的── ……… 42, 95-117, 119-145
　陶酔的── ………………………… 42
　ブランド・── … 41-81, 85-117, 119-145, 151, 234-237
コミュニケーション
　店外── …………………………… 243
　店頭── …… 15, 29-32, 88, 101, 103, 199-207, 209-228
　ブランド・── … 1, 10-12, 15-37, 41, 85, 147, 199, 209, 233
コンビニエンスストア ……………… 2

さ

差分パラメータ ………………… 53, 203
CAIC ………………………………… 57
GFI ………………………………… 109
GMA …………………………………… 7
絞込みルール …………………… 154, 167
集合
　考慮── …… 46, 122, 150, 154, 158-177
　知名── ………… 150, 154, 158-177
需要予測 ……………………… 182-185
消費者
　──行動特性 …………………… 199-200
　──行動プロセス ……………… 29, 234
　──セグメンテーション ……………… 50

情報
　──共有 ……10, 32, 147, 233, 237-239
　──収集行動 ……………159, 187, 203
　──処理 ………………………………154
　──処理モデル ……………………………16
　──発信 …………………159, 187, 203
　──発信型消費者…147-177, 181-197, 199-207, 237-239
　──量規準……………………………57
食品スーパー……………………………………2
ショッパー・マーケティング ………7, 243
新製品……150, 153, 158, 181-197, 211, 212, 214
浸透率 ……………………186, 190, 219
信頼性係数 ……………………………162
製品
　──関与 ……………………151, 155
　──訴求 …………86, 89, 95, 97-100
　──特性 ……………………199-200
世帯購買特性 …………………………103
潜在変数 ………………………………105
選択…………………………………29, 241
総合スーパー……………………………1
ソーシャルメディア………8, 33, 234, 243

た

態度………………………………………29
　──形成 ……11, 41, 233, 234-237
棚割 ………………………………………9
WTP ……………………………45, 121
知覚
　──価値 ……………………18, 49
　──品質 …………………18, 49, 80
知識 ………………………………………153
チラシ ……………16, 21-23, 29, 213, 234
陳列
　　エンド………………………………20
　　島……………………………………20
　　特別……16, 20-21, 29, 53, 80, 85-117, 202-207, 213, 234
定番………………46, 95, 97-101, 122, 159
データ
　　アクセス履歴……………………243
　　購買履歴……53, 88, 101, 130, 181, 184, 187, 191, 203
　　質問票回答………53, 88, 101, 130, 243
シングルソース………………………48
スキャンパネル・……………19, 47, 53
投稿履歴………………………………243
POS ……………………………………209
マルチソース…………………………48
テーマ訴求……………………86, 88-94
適合度指標………………………………57
デモグラフィック要因 ………………155
デモンストレーション…16, 26-27, 29, 234
店頭
　──コミュニケーション…15, 29-32, 88, 101, 103, 199-207, 209-228
　──配荷率 ……………………………218
　──POP ……16, 23-25, 29, 85, 234
特売訴求………………………86, 88-94
ドラッグストア………………………………2

な

認知………………………………………29
ネットスーパー………………………………2
値引き ………16-20, 29, 41-81, 234
年代構成…………………………………67

は

バイイングパワー ……………………212
バラエティ・シーキング…44, 126, 128-129, 156, 172, 200, 213, 218
パワーシフト …………………………212
販売特性 ………………………………103
BIC ………………………………………57
百貨店 …………………………………………1
ブランド
　　・エクイティ ………210, 212, 213
　　・コミットメント ……41-81, 85-117, 119-145, 151, 234-237
　　・コミュニケーション…1, 10-12, 15-37, 41, 85, 147, 233
　　──スイッチ ……………128, 199-201
　　──特性 ……………………………161
　　・ライフサイクル …94, 209-228, 240
　　・ロイヤルティ………43, 119-145

ナショナル・——　…………200
　プライベート・——　…………200
　ロングセラー・——　……209, 240
分析
　因子——　……106, 132, 152, 161
　回帰——　…………………87
　階層式クラスター——　………162
　クラスター——　………51, 169
　非階層式クラスター——　……135
　分散——　…………138-140
プロフィール……………199-200
プロモーション……………162
平均平方誤差……………191
法
　k-means——　………51, 135, 169
　最小二乗——　…………191
　最尤——　…………57
　主因子——　…………106, 134
　多重比較——　…………138-140

ま

マーケットメイブン……147-177, 181-197,
　　199-207, 237-239
モデル
　刺激反応型——　…………16
　情報処理——　…………16

スプリット・ハザード——　………184
多項ロジット——　…………52
二項ロジスティック回帰——……202, 219
ネスティッド・ロジット——　……157
反復購買——　…………183
パス解析——　…………108
比例ハザード——　…………185
普及率——　…………182

や

予測……………181-197

ら

来店回数………………67
ライフスタイル調査………159, 187, 203
リードユーザー………147-150
ロイヤルティ…………226-227
　真の——　…………43, 49, 61
　潜在的——　…………49, 61
　見せかけの——　………43, 49, 61
　ブランド・——　………43, 119-145

わ

ワンストップショッピング……………4

執筆者紹介

略　歴

- 1973年　神奈川県横浜市生まれ
- 1998年　慶應義塾大学商学部卒業
- 2008年　筑波大学大学院ビジネス科学研究科博士前期課程修了
- 2011年　同大学大学院同研究科博士後期課程修了　博士（経営学）

- 1999年　財団法人流通経済研究所研究員
- 2005年　同研究所主任研究員
- 2009年　同研究所主任研究員　店頭研究開発室長
- 2011年　明星大学経済学部経営学科准教授
- 2012年　同大学経営学部経営学科准教授、現在に至る

主要業績

共著『ショッパー・マーケティング』日本経済新聞出版社
共著『インストア・マーチャンダイジング―製配販コラボレーションによる売り場作り―』日本経済新聞出版社

JCOPY　<㈳日本著作出版権管理システム委託出版物>

本書のコピー、スキャン、デジタル化など無断複写は著作権法上での例外を除き禁じられています。複写される場合は、そのつど事前に（社）出版者著作権管理機構（電話 03-3513-6969、FAX 03-3513-6979、e-mail: info@jcopy.or.jp）の許諾を得てください。また、本書を代行業者などの第三者に依頼してスキャンやデジタル化することは、たとえ個人や家庭内での利用であっても一切認められておりません。

『小売視点のブランド・コミュニケーション』

2012年10月10日　初版第1刷発行

　　　　著　者　寺　本　　　高（てらもと　たかし）
　　　　発行者　千　倉　成　示
　発行所　㈱千倉書房　〒104-0031 東京都中央区京橋2-4-12
　　　　　　　　　　　電　話・03（3273）3931㈹
　　　　　　　　　　　http://www.chikura.co.jp/

©2012 寺本 高, Printed in Japan
カバーデザイン・島　一恵／印刷・シナノ／製本・井上製本所
ISBN978-4-8051-1003-4